Assessment Manual of Dramatherapy

연극치료
진단평가
매 뉴 얼

이 효 원

박영
story

나의 사랑이자 나의 자랑인 남편에게

머리말

　이 책의 제목은 용감하게도 『연극치료 진단평가 매뉴얼』입니다. 읽는 이에 따라서는 그것을 용기 있게 볼 수도 있고 무모하게 느낄 수도 있겠지만 제게 큰 도전이자 성과인 것만은 틀림없습니다. 그동안 연극치료와 함께 해오면서 세 권의 책을 냈지만 이 책만큼 연극치료에 대한 저의 경험과 성찰을 구체적이고 포괄적으로 담아낸 것은 없으니까요. 심리치료에서 진단평가란 참여자의 지금 위치와 가야 할 방향을 제시하는 일종의 나침반 읽기로 상담 초기뿐 아니라 종결에 이르기까지 회기마다 반복해야 하는 중요한 국면입니다. 진단평가와 치료적 개입의 연속이 심리치료의 과정이라 할 때 이 책의 주제는 그 절반을 통해 전체를 다루는 것이라 할 수 있습니다. 그래서 이 책을 쓰는 일이 제게 더 도전으로 다가왔을 것입니다.

　제가 용감함으로 맞선 첫 번째 용은 진단평가입니다. 심리치료에서 진단평가란 참여자가 드러내는 증상의 양상과 그 원인과 의미를 파악하여 그것을 완화하기 위해 어떤 치료적 개입이 필요한지를 설계하는 일이지요. 그것은 참여자의 역사와 그의 인격과 행동을 심리치료적 기준으로 분류하고 평가하는 일이기도 합니다. 그런 점에서 무엇보다 객관성과 정확성이 요구되지만 동시에 심리치료 진단평가에서는 100%의 객관성과 정확성을 충족하는 것이 원천적으로 불가능하며, 그것이 바로 첫 번째 용의 정체입니다. 관찰자의 주관성을 배제하고 대상을 가능한 모든 관점에서 바라봄으로써 그 보편타당한 특질을 파악하는 것이 객관성이라 할 때 심리치료의 진단평가는 심리치료사의 주관성을 배제할 수 없습니다. 심리치료사가 자기에 대한 이해를 높이는 과정에서 자신만의 독특한 편향을 알아차려 경계하는 힘을 기른다 해도 개인의 정체성을 유지하는 한 누구도 주관성을 완전히 표백하기는 어려우니까요.

또 정확성의 문제가 있습니다. 참값에 근사한 정도를 뜻하는 정확성은 흔히 문제에 대한 단 하나의 정답을 요구하며, 정확성을 기하기 위해서는 관찰 도구와 관찰 방식의 정밀성과 정확성이 필요합니다. 그런데 심리치료 진단평가의 관찰 도구와 관찰 방식은 심리치료사의 관점을 일상 언어와 상징 언어로 변형한 체계이며 관찰 대상 또한 참여자의 내면 역동입니다. 다시 말해 관찰 도구와 방식뿐 아니라 관찰 대상까지 모두 단 하나의 참값으로 수렴하는 특성을 간취하기에는 지나치게 추상적이고 다의적이라는 한계를 갖습니다. 오죽하면 열 길 물 속은 알아도 한 길 사람 속은 모른다는 말이 있을까요. 그 속담을 빌면 심리치료의 진단평가는 알 수 없는 사람 속을 다른 사람의 속으로 들여다보려는 일입니다.

그래서 저는 용감하게 객관성과 정확성의 용과 싸우지 않기를 선택합니다. 대신 상호주관성(intersubjectivity)으로써 심리치료 진단평가의 주관성과 다의성을 받아들이기로 한 것입니다.

주관(主觀)은 주인의 시각입니다. 특정 대상에 대해 이해관계가 확실하고 그럼으로써 대상을 지각하고 판단함에 있어 자신의 입장에 근거한 편파성을 띨 가능성이 큽니다. 객관(客觀)은 손의 시각입니다. 손은 이해당사자가 아닌 사람, 제3자를 뜻한다고 할 수 있습니다. 손은 지나가는 이로서 이해가 결부되어 있지 않기에 특정 대상에 대해 중립적으로 지각하고 판단할 가능성이 높겠지요. 그러나 주인과 손은 해당 대상에 대한 관계 여부만 다를 뿐 특정한 역사와 입지를 가진 독특한 개인이라는 점에서는 동일합니다. 그래서 객관이든 주관이든 관찰자의 투사를 벗어날 수는 없습니다. 흔히 우리가 객관이라는 것에 덧씌우는 진실성이 환상이라는 뜻입니다.

객관에 대한 가장 극단적인 환상은 관측과 실험을 통해 실재에 관한 진리를 찾아낼 수 있고 참과 거짓을 확실히 분별할 수 있다고 믿는 과학적 실재론입니다. 그러나 거시 세계에서는 고전 역학이 통용되지만 미시 세계에서는 양자 역학이라는 다른 패러다임이 필요한 것처럼 자연과학에서도 맥락에 따른 차이가 엄연히 존재하며, 정량적 측정에 따르는 오차범위 역시 연구자의 주관적 판단의 영역이라는 사실 등을 고려할 때 과학적 실재론은 근거를 잃습니다.

그리고 그에 대한 대안으로 등장한 것이 바로 상호주관입니다. 상호주관의 시각에서는 객관적 지식이란 존재하지 않으며 다만 대상에 대한 공유된 이해와 지식이 있을 따름입니다. 모든 개인의 지각과 판단은 개별적이고 주관적이지만 공통의 목표를 갖고 노력하며 대화하는 과정을 통해 다수가 동의하는 지식을 사회적으로 구축하는 것이라 보는 것입니다. 따라서 상호주관의 견지에서는 절대적으로 옳거나 틀린 것이 없습니다.

그러나 상호주관 역시 다수의 동의를 전제로 하며, 그를 위해서는 논리적 정합성과 관찰의 정확성을 기하는 것이 당연합니다. 그러므로 진단평가에서는 지각과 판단의 필연적 주관성을 전제로 주관에서 어떻게 보편과 객관에 접근할 것인가를 고민하면서 상호주관에 의지할 수 있을 것입니다.

두 번째 용은 연극치료입니다. 예술치료를 포함한 심리치료에는 매우 다양한 진단평가 도구가 있습니다. 그 다양성의 배경 중 하나는 진단의 내용과 형식이 해당 접근법과 조응할 필요가 있기 때문입니다. 개인의 인성을 그가 연기하는 역할들의 체계로 이해하고 그 역할 레퍼토리가 풍부하고 대립되는 역할들이 병존하는 상태를 건강하다고 간주하는 로버트 랜디의 역할 접근법은 역할을 중심으로 참여자의 기능 상태와 문제를 파악하기 위해 역할 프로파일이나 TAS와 같은 진단평가 도구를 사용합니다. 비슷한 예로 특정한 구조를 따르지 않고 즉흥극의 연속으로 진행하는 데이빗 리드 존슨의 발달 변형(DvT)은 참여자의 즉흥연기 능력 정도와 그의 고유한 이야기를 파악하기 위해 즉흥극의 구조를 활용한 역할 연기 진단검사(DRPT)를 실행합니다. 다시 말해 예술치료 진단평가 도구의 내용과 형식은 해당 접근법의 목표와 그것이 주목하는 표현 방식을 집약한다고 할 수 있습니다.

제가 이 책에서 소개하는 진단평가 도구는 모두 세 가지입니다. 초기 회상 극화, 감정조각상, 여섯조각이야기 회복탄력성 척도가 그것이지요. 이 세 도구는 접근법에 상관없이 연극치료 일반에서 사용할 수 있지만 특히 상처 입은 아이를 위한 연극치료(Dramatherapy for the Wounded Child)를 위해 개발된 것이라는 공통점을 갖습니다. 상처 입은 아이를 위한 연극치료(DWC)는 저의 접근법입니다. 그것은 삶은 누구에게나 상처를 안긴다는 전제에서 출발합니다. 바꿔 말하면 누구에게나 상처 입은 아이가 있다고 할 수 있지요. 그것이 아이인 까닭은 원형적 상처가 어린 시절에 자리를 잡기 때문이기도 하고 자기중심성과 의존성과 경직성이라는 어린 아이의 특성을 공유하기 때문이기도 합니다. 그 상처 입은 아이를 어떻게 만나느냐에 따라 우리는 죽음에 이르기도 하고 성장할 수도 있습니다. 다양한 심리적 질환과 장애는 상처 입은 아이와 자신을 동일시하여 그에 압도된 결과라 할 수 있고, 돕는 어른(helping adult)의 역할을 강화하여 상처 입은 아이를 돌볼 수 있을 때 비로소 거기서 벗어나 성장을 도모할 수 있습니다.

우리를 고통스럽게 하는 상처는 크게 세 가지 뿌리를 갖습니다. 부모와 죽음과 사랑 곧 내가 원하는 부모가 아닌 것, 죽을 수밖에 없는 것, 원하는 대상에게서 원하는 만큼 원하는 대로 사랑받지 못하는 것이지요. 상처 입은 아이의 적나라한 모습입니다. 그 상처를 다루는 방식은 단순합니다. 어떤 부모도 완벽할 수 없음을 받아들임으로써 부모를 부정하거나 바꾸려는 노력을 멈추고 자신이 그들에게서 왔음을 감사하는 것 그리고 자기 자신에게 충분히 좋은 부모가 되어주는 것입니다. 죽음에 대해서도 크게 다르지 않습니다. 수용하는 것 외에 죽음을 만나는 다른 방법이 없으니까요. 죽음을 매 순간 필요한 위험과 한계로서 자각하고 그것을 통해 의미를 부여하는 것을 익힐 필요가 있습니다. 사랑과 관련해서는 자신이 원하는 관계가 등가교환을 전제로 하는 거래인지, 선물로서의 사랑인지 혹은 대상을 일방적으로 이용하는 애착인지를 알아차려 정확하게 선택하고 그 결과를 책임지는 것이 중요합니다. 그리고 부모와 죽음과 사랑에 대해 이렇게 자기중심적이지 않고 유연하고 독립적인 사고와 반응을 할 수 있는 것이 바로 돕는 어른입니다. 그래서 상처 입은 아이를 위한 연극치료는 상처 입은 아이 찾기 – 상처 입은 아이의 고통 만나기 – 돕는 어른 강화하기 – 돕는 어른으로서 상처 입은 아이 돌보기의 흐름으로 진행됩니다.

　　이 맥락에서 초기 회상 극화는 초기 기억에 내포된 자기중심적이고 경직되고 의존적인 욕망을 구체화함으로써 참여자의 상처 입은 아이의 원형적인 모습을 매우 선명하게 보여줍니다. 그리고 감정조각상은 욕망과 함께 우리를 추동하는 강력한 동인이자 삶의 의미로서 참여자가 감정을 어떻게 경험하고 표현하는지를 나타냅니다. 각 감정을 얼마나 편안하게 받아들이는지, 깊이 느끼는지, 정확하게 나타내는지를 통해 정서를 중심으로 참여자의 삶의 균형성과 성숙도를 헤아려볼 수 있지요. 마지막 여섯조각이야기 회복탄력성 척도는 말 그대로 참여자의 회복탄력성 정도를 양적으로 측정하는 도구입니다. 상처 입은 아이를 위한 연극치료의 목표는 돕는 어른의 강화에 있다고 할 수 있으며, 그것은 역경을 긍정적으로 받아들여 오히려 도약의 기회로 삼는 회복탄력성과 매우 긴밀한 연관을 가집니다. 여섯조각이야기 회복탄력성 척도로써 연극치료적 개입의 영향에 따라 돕는 어른이 얼마나 강화되었는지를 확인할 수 있는 것입니다. 아직 체계가 온전히 서지는 않았지만 상처 입은 아이를 위한 연극치료는 이런 윤곽과 방향을 가지고 있으며, 그 맥락 속에 이 책의 세 가지 진단평가 도구가 자리합니다.

이 책을 통해 제가 직면해야 하는 세 번째 용은 매뉴얼입니다. 매뉴얼은 사용 설명서라는 뜻을 가진 말입니다. 그러니까 『연극치료 진단평가 매뉴얼』은 사용자 곧 연극치료사를 대상으로 세 가지 진단평가 도구를 어떻게 사용할 것인가를 알기 쉽고 정확하게 설명해야 하는 책임을 떠안는 제목입니다. 제가 상담에서 개인적으로 초기 회상 극화와 감정조각상과 여섯조각이야기 회복탄력성 척도를 개발하여 사용하는 것과 그에 대한 설명서를 작성하는 것 사이에는 엄청난 차이가 있고 그 간극을 탄탄하게 메우는 것이 저의 도전이었습니다.

그것은 무엇보다 예술치료의 언어인 은유와 상징에 대한 이해와 설득을 요구했습니다. 흔히 수사의 일종으로 취급되는 은유와 상징이 어떻게 그것을 만들어낸 사람의 내면을 투사하는 진단평가의 언어가 될 수 있는지를 직관적으로나 경험적으로가 아니라 학문적 근거를 통해 개념적으로 설명할 필요가 있는 것이지요. 그와 관련하여 다행히 저는 질베르 뒤랑의 『상상계의 인류학적 구조들』과 조지 레이코프와 마크 존슨의 인지언어학에서 큰 도움을 받을 수 있었습니다. 그들의 책을 몇 번씩 고쳐 읽으며 제가 그들보다 나중에 태어났다는 게 얼마나 축복인지를 실감했습니다.

하지만 제가 넘어야 할 산이 그게 전부는 아니었습니다. 가장 중요한 것은 각 진단평가 도구에서 나타나는 은유와 상징을 구체적으로 어떻게 읽어낼 것인가에 대한 적절한 기준을 세우고 그에 따른 의미 있는 차이를 명시하는 것이니까요. 그것은 2005년부터 지금까지의 제 상담 경험을 정리하는 과정이기도 했습니다. 내가 무엇을 목표로 상담하는지, 그것은 어떤 전제를 갖고 있고 어떤 원리로 진행되는지와 함께 매 회기마다 참여자가 산출하는 은유와 상징을 어떤 방식으로 읽어왔는지를 객관화해야 했지요. 그 작업에는 2019년부터 세 차례 진행한 진단평가 워크숍이 중요한 계기가 되었습니다. 현장에서 활동하는 예술치료사들에게 진단평가 사용법을 전하고 그들과 실제 사례를 놓고 의견을 주고받으면서 좀 더 적절한 내용과 형식에 접근할 수 있었습니다.

서둘러 책으로 묶긴 했지만 여기 실린 세 가지 진단평가 도구는 모두 표준화된 검사가 아닙니다. 절차와 규준은 표준화했지만 그것을 충분한 크기의 모집단에게 실시함으로써 그 신뢰도와 타당도와 객관도를 검증하지는 못했다는 뜻입니다. 저는 그것을 제가 맞닥뜨려야 할 네 번째 용이라 생각합니다. 그리고 이 책은 그에 필요한 용기를 충전하기 위한 방편이기도 합니다. 이 책을 읽고 표준화의 필요성을 공감하여 동역에 나설 이를 찾는 것이지요. 행간에 심어둔 저의 간절함이 독자들에게 잘 전해지기를 바랍니다.

이 용감한 책은 그 용감함에 상응하는 빈틈과 어긋남을 갖고 있을 것입니다. 하지만 지금은 그것을 두려워해 몸을 사리기보다 어떻게든 첫 징검돌을 놓는 게 더 필요한 때라고 생각합니다. 그리고 제가 놓친 빈틈과 어긋남이 또 다른 징검돌을 불러내기를 기대합니다. 그렇게 함께 갈 수 있기를요.

끝으로 감사를 전해야 할 분들이 많습니다. 우선 저의 기획을 흔쾌히 책으로 묶어주신 박영스토리의 노 현 대표와 정성스럽게 책을 만들어주신 전채린 과장님께 감사드립니다. 세 차례의 진단평가 워크숍에 참여했던 활동가들을 비롯해 자료사진의 모델이 되어준 진동희 연극치료사와 최은서 연극치료사 그리고 원고를 꼼꼼하게 읽어준 김소진 연극치료사, 원고를 읽고 이해를 돕는 데 필요한 이미지와 분석 양식을 만들어준 엄희진 연극치료사 모두 고맙습니다. 여러분 덕분에 이 책이 지금의 꼴을 갖출 수 있었습니다. 그리고 무엇보다 허리 숙여 감사드리는 분은 여기에 자신의 사례를 제공해주신 참여자들입니다. 그들의 걸음걸음에 평안이 함께하기를 멀리서 기원합니다.

2021년 1월
이효원

차례

PART 03
진단평가의 실제

부록1
여섯조각이야기의 과제 유형에 따른 분류

부록2

은유와 상징

PART 01 ─────────────────────────────────────

은유와 상징

01 진단평가의 방식

진단평가(assessment)는 치료적 개입과 함께 심리치료의 두 축을 이루는 매우 중요한 과정입니다. 연극치료에서는 다양한 진단평가 도구가 사용되고 있고, 그것을 제작과 분석 방식에 따라 크게 기능적 도구와 표현적 도구로 분류할 수 있습니다.

기능적 도구란 참여자의 연극적 기능을 범주화하여 그 수행 정도를 측정하는 것으로 필 존스가 개발한 '극적 신체(The Dramatic Body)'와 '모방 기술 점검표(Mimetic Skills Checklist)'를 대표적인 예로 들 수 있습니다. 극적 신체는 얼굴 표정, 몸짓, 극적 공간에서의 움직임, 음성 표현의 다섯 항목으로 나누어 참여자가 자신의 신체를 극적으로 적절하게 사용하는지를 평가합니다. 모방 기술 점검표 역시 참여자가 상상의 사물, 신체적 활동, 감각, 감정, 추상적 현상을 몸짓으로 얼마나 적절하게 표현하는가를 높음, 적절함, 낮음의 세 단계로 나누어 평가합니다. 즉 기능적 도구는 참여자가 극적 매체를 얼마나 잘 사용하는가에 집중한다고 할 수 있습니다.

반면 표현적 도구는 참여자의 극적 표현에 나타난 상징과 은유를 분석하는 것입니다. 물리 라하드가 개발한 여섯조각이야기(6

- 3 -

Pieces Story-Making), 데이비드 리드 존슨의 역할연기 진단검사(The Diagnostic Role-Playing Test), 로버트 랜디의 TAS(Tell A Story) 등이 모두 표현적 도구에 해당하지요. 참여자가 표현한 결과를 두고 거기 투사된 의미를 읽는 것이라 하겠습니다.

　　이 책에서 얘기할 초기회상 극화와 감정조각상과 여섯조각이야기는 모두 표현적 도구에 속하며, 표현적 진단평가 도구를 잘 사용하기 위해서는 시각적이고 운동 감각적이며 문학적인 은유와 상징을 정확히 읽어내는 것이 중요합니다.

　　연극치료는 참여자가 극적 표현을 통해 통찰과 변형을 이루도록 촉진하는 것으로 그 처음부터 끝까지가 모두 은유와 상징을 다루는 일입니다. 연극치료사의 역할을 중심으로 일별하면 치료의 과정은 진단 - 개입 - 평가로 진행되는데, 진단이 참여자의 표현에 나타난 은유와 상징을 해석하는 것이라면 개입은 특정한 표현의 구조를 제공함으로써 참여자가 기왕의 부적응적인 은유와 상징 대신 적응적인 은유와 상징을 갖도록 변형하는 것이라 할 수 있습니다. 그리고 평가는 진단과 마찬가지로 개입의 결과로 참여자의 표현 곧 거기 담긴 은유와 상징이 어떻게 달라졌는지를 읽어내는 것입니다. 다시 말해 연극치료는 줄곧 은유와 상징과의 씨름이라고도 할 수 있습니다.

　　이런 맥락에서 진단평가 도구에 대한 각론에 들어가기에 앞서 은유와 상징의 발생과 의미를 살펴보겠습니다.

02 우리는 은유로 생각한다

1) 신체화된 마음 이론

호주의 한 심리학자가 흥미로운 실험을 했습니다.[1] 세 개의 대학생 집단을 상대로 한 사람이 강의를 한 다음 피험자들에게 강사의 키가 얼마나 큰 지를 물었는데, 단 각 집단마다 강의한 사람의 신분을 대학생, 시간강사, 정교수로 다르게 소개한 것입니다. 그 결과 피험자들은 똑같은 사람을 두고도 신분에 따라 키를 다르게 판단했는데, 그 편차가 무려 10cm에 달했다고 합니다. 신분이 높아질수록 키가 크다고 지각한 것이지요.

이것은 권력, 부, 미모 등이 일종의 광배로 작용하여 그와 관련 없는 인성, 능력, 행동, 신체적 특징까지 긍정적으로 인식되는 후광 효과(halo effect)를 입증하기 위한 실험이었고, 이 실험의 성공으로 후광 효과가 대상의 물리적 특성에 대한 지각까지 왜곡할 수 있음을 알게 되었습니다.

그런데 저는 이 실험에서 한 가지 질문을 합니다. 왜 사람들은 한결같이 신분이 높을수록 대상을 '크게' 느꼈을까? 어째서 신분이 높을수록 키가 작다고 지각하는 경우는 없을까? 여러분도 잠시 읽기를 멈추고 생각해보시겠어요?

이유가 궁금하실 테니 답부터 말하면 그것은 우리의 마음이 몸처럼 생겼기 때문입니다. 흔히 '마음이 따뜻하다'는 말을 하지요.

---

[1] 이 실험의 아이디어를 빌려 국내 한 방송 프로그램에서도 유사한 목표와 형식의 실험을 한 바 있습니다. JTBC 속사정 쌀롱 1회 은밀한 실험실 후광효과(1) 키 편을 참고하실 수 있습니다.

마음은 만질 수 있는 물리적 실체가 아닌데도 거기에 촉지각과 관련된 '따뜻하다'를 연결한 은유적 표현입니다. 항온동물인 우리에게 따뜻함은 결정적인 생존의 요건이지요. 아기가 태중에서 나와 아직 세상에 적응하지 못했을 때 꼬옥 안아 젖을 주고 토닥여 재워주는 엄마의 품은 참 따뜻합니다. 그런 경험이 반복적으로 축적되면서 따뜻하다는 촉지각적 감각이 안전감이라는 심리적 특성과 단단히 연결되어 '따뜻한 마음'으로 성립하는 것입니다.

'앞길이 창창하다'라는 말도 있습니다. 전도유망(前途有望), 장래가 기대된다는 뜻이지요. 이 말은 미래라는 시간적 개념을 '앞길'이라는 공간으로 나타냅니다. 어째서 '앞'이 '미래'와 포개어질까요? 우리의 몸이 그렇게 생겼기 때문입니다. 우리의 두 눈은 모두 뒤통수가 아니라 얼굴에 붙어있지요. 그래서 우리에게는 보이지 않는 뒤를 향해 걷기보다 앞을 보고 걷는 것이 자연스럽습니다. 그리고 그렇게 앞으로 걸을 때 지나온 등 뒤의 길은 과거로, 닥쳐오는 눈앞의 길은 미래와 이어질 수밖에 없는 것이지요. 우리가 별 생각 없이 쓰는 은유가 실은 몸에 근거한다는 사실을 확인할 수 있습니다.

다시 처음으로 돌아가 신분과 신장의 관계 역시 우리의 마음이 몸에서 자라난 것임을 보여줍니다. 높은 사회적 지위는 권력자를 표상하며, 그것은 신체적인 차원에서 큰 키, 센 힘, 커다란 덩치, 우렁찬 목소리, 쏘아보는 눈빛 등과 연관됩니다. 우리가 어린아이였을 때를 떠올려보면 금세 그 연관성이 필연적임을 알 수 있습니다. 어리고 약한 우리를 보호하고 통제한 어른들은 모두 키가 크고, 힘이 세고, 덩치가 크고, 목소리가 우렁차고, 눈빛이 강했지요. 그것이 우리의 두뇌가 앞서와 같은 착각을 하게 되는 까닭입니다. 그러니까 앞의 실험은 후광효과를 위한 것이었지만, 읽기에 따라서는 두뇌로 표상되는 우리의 지각과 사고 체계가 신체적 은유에 근본을 두고 있음을 보여주는 흥미로운 실험이기도 합니다.

다시 한 번 말하지만 연극치료는 처음부터 끝까지 은유와 상징을 다루는 일입니다. 흔히 은유와 상징은 문학적 수사로 여겨지지만 그것은 수면 밖으로 나온 빙산의 한 모서리일 뿐입니다. 은유와 상징은 우리가 의식하지 못할 뿐 우리가 사용하는 언어와 사고 체계의 중심 원리이며, 그 생성과 작동의 원리 또한 우연한 것이 아니라 우리의 몸과 발달과정에 뿌리를 두고 있습니다. 마음에 대한 이 같은 이해를 '신체화된 마음 이론(embodied cognition)'이라고 합니다.

우리의 마음은 어디에 있을까요? 두뇌? 심장? 장신경계? 17세기 이후로 상식적 관점이 된 데카르트적 사고의 틀로 보면 우리의 마음은 머리에 있다고 하는 게 맞을 겁니다. 그런데 20세기의 과학 혁명이라 일컬어지는 인지 혁명은 몸과 마음의 고전적 이분법을 뒤흔들어 놓았습니다. 인지 과학은 사람의 마음과 컴퓨터가 정보처리의 측면에서 동일한 체계라는 코페르니쿠스적 가설을 내세우면서 하부구조가 상부구조를 결정한다는 상향식 결정론 대신 상부와 하부가 서로 영향을 미친다는 이중 결정 모형을 제시함으로써 과학적 세계관의 급진적 변형을 가져왔다고 합니다.

'신체화된 마음 이론'은 마음을 개인의 두뇌 속에서 일어나는 정보처리로 한정한 인지과학의 한계에서 한 발 더 나아가 마음을 몸의 활동을 통해 환경과 상호작용하며 살아가는 인간의 행위로 확장합니다. 그러니까 마음이 두뇌뿐 아니라 우리의 몸과 환경에 두루 걸쳐있다고 보는 것이지요. 다시 말해 신체화된 마음 이론에서 마음은 추상적인 명제의 형태로 두뇌에 저장된 정보가 아니라 구체적인 몸으로서 사회문화적 환경에 적응하는 유기체가 환경과 상호작용하면서 나타나는 역동적 활동입니다. 그리고 여기서 중요한 것은 무엇보다 몸입니다. 환경과 개인의 상호작용이 몸으로서 그리고 몸을 통해 수행되니까요. 따라서 신체화된 마음 이론에서 마음의 핵심은 몸의 감각 운동적 경험이며, 구체적인 감각 운동적 경험과 추상적인 경험을 처리하는 마음을 이음새 없이 단단히 묶어주는 것이 바로 은유인 것입니다.

2) 일차적 은유

겨울에 유모차를 밀고 나온 엄마는 아기에게 행여 찬바람이 들까 이불을 목까지 올려 덮어주느라 손이 바쁩니다. 또 몸이나 맘이 힘들 때 누군가 가만히 안아주거나 손을 잡아주면 큰 위로가 되지요. 잠깐 제 얘기를 하자면 전 음식을 잘하는 편이 아닙니다. 그래서 대신 식탁에는 늘 금방 지은 밥을 올리는 걸 혼자 원칙으로 하고 있지요.

애정은 이런 식으로 따뜻함과 연결됩니다. 그것은 어떤 인지적 판단이나 선택을 거치지 않고 알아차리지도 못한 사이에 저절로 이뤄집니다. 그 까닭은 발달 초기에 애정 어린 돌봄과 따뜻함이 두뇌 신경망의 차원에서 동시에 활성화되는 일이 반복되면서 그 둘의 연결이 확실하게 자리 잡기 때문입니다. 그래서 거꾸로 따뜻한 감각은 자연스럽게 우리에게 애정으로 경험됩니다. 엄마 품처럼 느껴지

는 것이지요. 그렇게 보편적인 신체화된 경험에 대응하여 형성된
개념적 이미지를 일차적 은유(primary metaphor)라고 합니다.

일차적 은유에는 앞서 말한
* 애정은 따뜻함뿐 아니라
* 중요함은 큼
* 많음은 위
* 행복은 위
* 시간은 운동
* 관계는 울타리
* 친밀함은 가까움
* 나쁜 것은 악취가 나는 것
* 어려움은 짐
* 범주는 그릇
* 유사성은 가까움
* 목표는 도착지 등 수백여 개가 있습니다.

이처럼 감각운동 영역의 원천적 경험을 주관의 영역에 투사하
여 느낌과 판단을 개념화하는 일차적 은유는 우리가 흔히 아는 수
사법으로서의 은유처럼 해석의 대상이 아닙니다. 원관념과 보조관
념을 연결하여 무엇을 추론하는 의식의 작용이 아니라 신경망의 연
결을 통해 즉각적이고 자동적으로 발생하는 개념적 이미지라 할 수
있습니다. 우리는 그릇에 물이 차오르는 것을 보면서 많음과 위를
동시에 경험하고, 그 반복적인 경험이 두뇌 각각의 부위의 뉴런을

동시에 활성화시킴으로써 영구적으로 연결하는 것입니다. 그로 인해 일차적 은유는 일단 습득된 후에는 의식적 해석의 과정을 거치지 않고 자동적으로 발화됩니다.

사고는 근본적으로 분별 작용이지요. 그런데 분별의 기본인 범주(그릇), 중요성(크기), 유사성(거리), 난이도(짐) 등은 전부 일차적 은유로서 작동하며 그런 관점에서 일차적 은유가 사고 과정, 곧 지각과 판단과 추리의 바탕이라고 할 수 있습니다. 좀 더 정확히 말하자면 우리의 사고는 일차적 은유와 비은유적 개념으로 구조화되지만, 은유가 생각의 근본을 이루고 있기 때문에 그것 없이는 주관적 경험과 판단에 대한 사고 자체가 불가능합니다. 그래서 다시 한번 말하지만 은유는 단지 수사의 일종이 아니라 사고의 토대를 형성하고 구체적으로 작동시키는 마음의 주된 언어라 할 수 있습니다. 예술치료에서 참여자가 사용하는 시각적, 운동감각적, 문학적 은유를 바탕으로 그의 마음의 지형을 읽어내는 것이 가능한 까닭이 바로 여기에 있습니다.

3) 은유로서의 증상

은유는 사고뿐 아니라 우리의 행동에까지 영향을 미칩니다. 특히 심리치료와 관련해서는 환자의 증상을 일종의 은유로 간주하는 정신분석의 관점을 꼽을 수 있습니다. 지그문트 프로이트는 요제프 브로이어의 환자였던 안나 O의 사례를 들어 그것을 설명합니다. 내담자인 21살의 안나는 신경성 기침과 두통과 환각을 경험했고 춤을 춘 뒤에는 원인을 알 수 없는 사지마비 증세에 시달리기도 했습니다.

그 증상에 얽힌 사연은 이렇습니다. 그녀에게는 병든 아버지를 6개월 동안 간호했던 게 중요한 사건이었습니다. 정성껏 병상을 지킨 지 3개월쯤 지났을 때 옆집에서 경쾌한 음악소리가 들려왔고 안나는 저도 모르게 춤을 추고 싶다는 충동을 느꼈습니다. 그리고 그 순간에 처음으로 기침이 시작되었죠. 그 뒤로도 종종 아버지를 간호하다 지치면 답답한 방을 뛰쳐나가고 싶다는 생각과 함께 죄책감이 들었다고 합니다.

그러니까 정신분석적 관점에서 안나 O의 증상은 아버지를 돌봐야 한다는 의무와 거기서 벗어나고 싶다는 욕구가 충돌하면서 나타난 것으로, 기침과 사지마비는 뛰쳐나가 춤을 추고 싶어 하는 자신을 스스로 책망하는 죄책감의 은유적 징벌이라 할 수 있습니다.

왜 기침이고 사지마비인지를 좀 더 톺아볼까요? 기침은 본래 호흡기 안에 있는 이물질을 몸 밖으로 뱉어내 제거하려는 생리적 현상이지요. 아버지를 간호하던 중 저도 모르게 올라온 '나도 즐겁게 춤추며 놀고 싶다'는 생각은 안나 O에게 즉시 없애야 할 위협적인 충동으로 느껴졌고, 그것이 기침이라는 신체적 작용으로 나타난 것입니다. 사지마비는 더 뚜렷합니다. 죽음의 기운으로 가득한 병실을 박차고 나가 생명으로 약동하는 리듬에 몸을 맡기고 싶은 마음을 벌하기에는 제멋대로 움직이려는 팔다리를 묶어버리는 것만큼 명징한 방식이 없겠지요. 무의식적으로 사지를 마비시킨 안나 O의 사례는 두 발을 잘라내고서야 멋대로 춤추는 구두를 벗을 수 있었던 빨간 구두 이야기의 소녀를 연상시킵니다.

신경성 기침과 사지마비 증상이 죄책감의 은유적 표현이라는 정신분석의 관점은 앞서 말한 조지 레이코프(George Lakoff)를 필두

로 한 신체화된 마음 이론의 발견과 한 쌍을 이룹니다. 몸의 경험
이 시냅스의 연결을 통해 마음의 경험을 지각하고 표현하는 주된
언어가 된다는 게 인지언어학의 주장이라면, 마음의 경험이 은유로
써 몸의 경험을 통제하고 표현한다는 정신분석의 주장은 작용의 방
향은 다르지만 몸과 마음이 은유라는 길로 이어져있음을 잘 보여줍
니다.

03 우리는 상징으로 산다

1) 이해의 불가능성

"이해란 가장 잘한 오해이고, 오해란 가장 적나라한 이해다."
시인 김소연의 말입니다. "이해란 타인 안으로 들어가 그의 내면과
만나고 영혼을 훤히 들여다보는 일이 아니라, 타인의 몸 바깥에 선
자신의 무지를 겸손하게 인정하고 그 차이를 통렬하게 실감해 나가
는 과정일지 몰랐다." 소설가 김애란의 말입니다. "감각, 느낌, 통
찰, 환상 같은 것들은 모두 개인적이며 상징을 통해 간접적으로 전
달될 수밖에 없다. 우리는 경험에 대한 정보를 경험할 수는 있지만
경험 그 자체를 경험할 수는 없는 것이다." 이건 작가 올더스 헉슬
리의 말입니다. 이 말들이 뜻하는 바를 한 문장으로 집약하면 '타인
을 이해하는 것은 본질적으로 불가능하다'일 것입니다.

그렇습니다. 그러나 그것이 사실인 만큼 똑같은 무게로 사실인
것은 그럼에도 불구하고 우리는 생존을 위해 서로를 판단할 수밖에
없고 그래서 한 순간도 쉬지 않고 판단해 왔으며 앞으로도 판단을
멈출 수 없다는 것입니다. 인간이 집단을 이루어 살게 된 후로 이

세계에는 다양한 판단 체계들이 생겨났지요. 경제적 판단, 정치적 판단, 윤리적 판단, 법률적 판단, 종교적 판단 등. 그리고 이 책의 주제인 진단평가는 치료적 판단에 속합니다. 타인 혹은 타인의 경험에 대한 오차 없는 판단은 본질적으로 불가하지만, 타자와 관계 맺지 않는 삶 또한 가능하지 않기에 실용적 차원에서 다양한 목적의 판단 체계를 세우고 그에 의존하는 것이 우리의 현실이라 할 수 있습니다.

그러므로 우리에게 필요한 것은 오차나 오류를 전적으로 배제한 치료적 판단이란 근원적으로 성립하지 않음을 치료적 판단의 전제로 삼는 것일 것입니다. 그리고 어차피 참여자의 경험 자체를 알 수 없고 상징을 통해 간접적으로 소통할 수밖에 없다면, 다시 진단이란 타자의 상징을 어떻게 읽을 것인가의 해석의 문제이며, 상징이란 특정 관념을 중심으로 의미들이 별구름(星雲)처럼 모여 있는 것인 만큼 그 해석에 있어 정확성과 다양성을 모두를 추구할 필요가 있음을 수용하는 것이 중요합니다. 다시 말해 상징을 해석함에 있어서는 유일한 정답 대신 서로 다른 여러 개의 대답이 가능하지만 그 모두가 동일한 가치와 의미를 갖진 않아서 더 적절하거나 덜 적절한 독해라는 차이가 있음을 기억해야 합니다.

따라서 그 다음 고민은 어떻게 더 적절한 해석을 할 것인가로 옮겨갑니다.

2) 상징의 의미

상징은 달을 가리키는 손이라 할 수 있습니다. 이 은유에서는 손이 상징이고 달이 그것이 내포하는 의미입니다. 손과 그것이 지

시하는 달은 별 유사성이 없을 뿐 아니라 손은 보는 이의 주의를
달로 이끌 뿐 그 자체로는 아무 의미를 갖지 않습니다. 이런 맥락
에서 상징은 '다른 것을 담은 어떤 것' 혹은 '그 자체로 다른 것을
나타내는 것'이라 할 수 있습니다.

'함께 엮다', '짜 맞추다'는 뜻의 그리스어 Symballein에서 유래
한 상징(symbol)은 표시, 기호, 증거의 의미로도 쓰여서 옛날 그리
스에서는 사람들이 헤어질 때 동전을 쪼개 나누어 갖는 풍습이 있
었다고 합니다. 나중에 다시 만났을 때 동전 조각을 서로 맞추어
보려는 것이지요. 고구려의 시조 주몽의 아들인 유리왕의 왕권계승
신화가 떠오르는 대목입니다. 아버지 없이 부여에 살던 유리가 아
버지를 찾자 어머니는 "일곱 모난 돌 위에 소나무 아래" 감춰진 증
표를 찾아 졸본으로 가라고 일러주었고, 주춧돌과 기둥 사이에서
부러진 칼을 발견한 유리가 부왕을 만나 그가 갖고 있던 다른 쪽과
맞추자 부러진 자리에서 피가 나며 단검이 하나로 합쳐졌고, 그것
을 증표로 태자가 되었다는 이야기입니다.

이처럼 상징은 무엇에 대한 표상이라 할 수 있고, 표상(부러진
칼)과 그것이 나타내는 속성(아들)으로 이뤄집니다. 일반적으로 표상
이 감각과 물질로서 형이하의 세계에 속한다면, 그것이 담아내는
속성은 감각되지 않는 관념의 형이상의 세계에 속합니다. 그러니까
상징은 형이하(形而下)의 것으로써 형이상(形而上)의 것을 불러내는
도구라 할 수 있고 그래서 상징을 접하고 읽어내는 과정에서 우리
는 형이하의 차원과 형이상의 차원을 동시에 살게 됩니다. 상징은
우리를 형이상의 차원으로 데려가는 일종의 엘리베이터입니다.

상징은 어떤 사물을 얘기하지만 실제로는 그것을 통해 다른

관념을 의미하고, 표면적으로 어떤 행위를 하지만 이면에서는 그 행위를 넘어선 다른 관념의 세계를 보여주는 간접적이고 비공리적인 표현 방식이며 그로 인해 암시성과 다의성이라는 특징을 나타냅니다. 상징은 말 그대로 대상을 넌지시, 이성에 호소하지 않고 언어 자극을 통해 전달하고, 그것이 불러내는 의미는 하나로 특정되지 않습니다(앞의 달이나 아들과 달리). 은유와 비교해 말하자면 상징은 '원관념이 생략된 은유'라 할 수 있으며, 원관념이 없는 채로도 표현이 가능한 까닭은 그것이 오랜 시간에 걸쳐 형성된 보편적 심성에서 발원하기 때문입니다. 굳이 길게 설명하지 않아도 어떤 상징을 접하면 자연스럽게 그와 관련된 관념을 떠올리게 되는 것이지요. 그래서 상징은 일단 상징으로 성립되기만 하면 사람들의 뇌리에 깊이 각인되어 그 자체로서 영향력을 발휘하는 매우 위력적이고 기능적인 심상입니다.

3) 상상계의 인류학적 구조들

저는 상징을 우리의 삶 전체와의 관련성 속에서 폭넓고 깊이 있게 이해하는 데 질베르 뒤랑(Gilbert Durand)의 『상상계의 인류학적 구조들(Les Structures Anthropologiques de L'imaginaire)』이 매우 결정적으로 기여한다고 봅니다. 그는 그 책에서 앞서 말한 상징의 바탕이 되는 "오랜 시간에 걸쳐 형성된 보편성 심성"이 무엇인지를 명확하게 이야기합니다.

우선 그는 상징을 포함한 상상력에 대한 상식적인 관점을 뒤집습니다. 이성과 상상력을 대립 관계로 놓지 않고 오히려 이성이 초월적 환상인 상상력을 토대로 작동하며 "이성은 상상력의 특수한 형태"라고 통념을 전도시킵니다. 그리고 사물의 속성에서 상징이 발생하는 게 아니라 상징이 보편적 의미에서 동기를 부여받아 그에 부합하는 사물을 발견하는 것이라고 말합니다.

그가 그렇게 말할 수 있는 것은 상상과 상징의 모태를 시간 혹은 시간이라는 죽음에서 찾기 때문입니다. 필멸의 존재인 인간에게는 시시각각 추적해오는, 언제 어디서 어떻게 출몰할지 알 수 없는, 끝내는 우리를 덮쳐 삼켜버릴, 그러나 영원히 거기서 도망치고 싶은 시간과 죽음이 삶에서 다루어야 할 가장 중요한 주제이며, 시간과 죽음에 대해 어떤 반응과 태도를 취하는가에 따라 상상력이 특정한 방향으로 전개된다는 것이 그의 통찰의 얼개입니다. 다시 말해 우리는 상상력으로써 우리의 동물성을 다스려 객관적 이성에 도달하고, 상상계는 의식이 객관적 실재에 적응하는 과정에서 죽음이라는 삶의 본질에 맞서 희망을 세우려는 노력이며, 상징은 주체의 욕망과 환경의 접점이자 기호적 의식으로는 표현할 수 없는 것들을 담아내는 그릇으로서 우리의 정신활동의 실체를 이룬다는 것이지요. 그러니까 개인이 발달 과정에서 겪은 감각 경험이 신체적 은유로써 마음이라는 우리의 지각과 사고 체계를 형성한다면, 인류가 진화 과정에서 상상력으로써 시간과 죽음을 상대로 씨름한 경험이 상징과 상상계라는 정신활동의 구조를 낳았다고 할 수 있습니다. 마음과 마음이 움직이는 경로가 모두 은유와 상징에서 비롯된다고 하겠습니다.

이제 상상계의 좀 더 구체적인 면면을 살펴볼 필요가 있겠지요. 다소 긴 이야기일 수 있지만 상징을 통해 인류의 보편적 심성이 전개되는 경로를 함께 추적해보도록 하겠습니다. 질베르 뒤랑은 상상계의 인류학적 체계를 세우기 위해 가장 먼저 몸과 마음에 관한 서로 다른 두 개의 틀을 결합합니다. 블라디미르 베흐테레프의 반사학과 칼 융의 원형 이론이 그것이며, 그 같은 방식으로 동물로서 인간이 가진 생물학적 특성과 상부구조인 문화, 제도, 이념 등을 유기적으로 연결해냅니다.

반사학은 운동신경계의 조건반사인 운동연합반사를 토대로 고등한 정신활동을 설명하는 분야로, 질베르 뒤랑은 거기서 지배반사라는 개념을 끌어옵니다. 지배반사란 조건반사 중에서 가장 기본적이고 우선적인 몸짓이어서 그것이 작동하면 다른 반사가 모두 억제되는 것을 말합니다. 동물로서 가장 긴급하고 중요한 과제가 반사적 행동으로 몸에 각인된 것이라 해석할 수 있겠지요. 지배 반사 중에서 그가 주목한 것은 세 가지입니다. 첫 번째 자세 반사는 갓난아기들에게서 나타나는 일종의 균형 유지 반사로, 아기를 수직으로 세우면 다른 반사들이 억제되거나 조정되는 것을 볼 수 있습니다. 아기들은 또 태어나자마자 젖이 있는 쪽으로 고개를 돌리고 입으로 빨려 합니다. 그것이 질베르 뒤랑이 주목한 두 번째 지배 반사로 먹는 것, 삼키는 것, 밖의 것을 안으로 받아들이는 것의 중요성을 알려주는 섭취 반사입니다. 세 번째 짝짓기 반사는 다 자란 수컷 동물을 통해 관찰된 것으로 내적으로 동기 부여되며 주기적이고 율동적인 특성을 나타냅니다. 생존과 번식을 절대 명령으로 삼는 생물로서 당연한 지배 반사라 할 수 있습니다.

질베르 뒤랑은 이 세 가지 반사에 원형 이론을 적용하여 자세 반사와 연관된 분열형태(영웅적) 구조, 섭취 반사와 연관된 신비구조,

짝짓기 반사와 연관된 종합(드라마) 구조를 상상계의 세 기둥으로 세웁니다. 분열형태 구조는 선과 악, 빛과 어둠 등 분열과 대립구도를 중시하고, 신비 구조는 동화와 내면화를 지향하며, 종합구조는 상이한 요소의 결합을 강조하면서 무한한 반복의 힘을 표현합니다.

  지배반사를 원형적 상징과 결합시킬 수 있는 것은 그것이 단지 반사적 동작과 행동에 그치지 않고 각 특성에 따른 운동 감각적이고 감정적인 이미지로 확장된다고 보기 때문입니다. 저는 반사학을 통해 인간 행동의 모태가 되는 근원적인 감각운동을 찾아내고, 일어서고 삼키고 리듬을 타는 반사가 자연스럽게 그에 걸맞는 재현과 상징과 연결됨을 포착한 것이 '상상계의 인류학적 구조'를 세움에 있어 매우 탁월한 선택이라 생각합니다.

  질베르 뒤랑은 이어서 분열형태와 신비와 종합의 세 구조를 낮과 밤의 두 체제로 분류합니다. 분열형태 구조를 이미지의 낮의 체제로, 신비 구조와 종합 구조를 함께 이미지의 밤의 체제로 묶는 것입니다. 왜 낮과 밤인가? 시간과 죽음에 대한 인간의 태도를 크게 낮과 밤으로 나눈 것이라 할 수 있습니다. 낮은 밝아 사물의 경계가 두드러지지만 어두운 밤은 뚜렷한 경계를 지우고 어둠 하나로 모든 것을 감싸지요. 그래서 분열과 대립구도를 중시하는 분열형태 구조는 낮의 체제로, 그에 비해 시간과 죽음에 대한 완곡한 반응인 신비 구조와 종합 구조는 밤의 체제로 가르는 것입니다. 그래서 질베르 뒤랑의 상상계는 이미지의 낮의 체제와 밤의 체제 그리고 그것을 이루는 분열형태, 신비, 종합의 세 구조로 이뤄집니다.

  상상계의 세 구조를 조금 더 자세히 살펴보면 이와 같습니다.

(1) 분열형태 구조 - 칼과 화살

필멸의 운명을 타고난 인간은 시간에 대한 콤플렉스를 가질 수밖에 없으며 그래서 더욱 사악하고 추하게 과장된 크로노스는 짐승과 밤과 추락의 세 가지 얼굴로 우리에게 드러납니다. 짐승과 관련한 상상력은 매우 원초적이고 보편적인 동기에서 발생합니다. 그것은 우리가 출생과 성장과정에서 겪는 고통스러운 변화와 죽음의 공포에 대한 투사로서 형성되며, '물어뜯는 아가리'와 말, 황소, 늑대, 개, 사자 등의 상징으로 나타납니다.

밤은 최초의 시간으로서 어둠, 검은 색, 악마, 실명(失明) 등으로 퍼져나가고, 특히 여성성과 부합하여 여성적인 밤의 상징을 중요한 갈래로 확보합니다. 불가역성의 형상인 물과 물의 짐승인 용, 어둠의 물인 눈물, 물결로 파동 치는 머리칼 등이 그것입니다. 또 밤의 얼굴에는 달, 무서운 어머니, 거미, 문어, 실 등 월경혈을 중심으로 한 상징들이 포진합니다. 월경혈은 불길한 물이자 어떻게든 피해야 하는 부정적 여성성을 나타내며, 그것은 죄악의 뉘앙스를 띠면서 시간의 세 번째 얼굴인 추락으로 옮겨갑니다.

우리는 출생 과정에서 최초의 추락을 경험하고 힘들게 걸음마를 배울 때도 중력과의 싸움을 통해 추락의 기억 흔적이 강화됩니다. 추락은 그렇게 근본적으로 고통스러운 경험으로서 운동과 시간성의 이미지를 대표하며, 그래서 많은 신화와 전설이 추락, 현기증, 으스러짐을 죄와 그에 대한 형벌로 사용하는 것을 볼 수 있습니다. 요컨대 시간에 맞서 영원을 갈망하는 마음은 모든 형태의 육체성으로부터 달아나고자 하며, 그 중에서도 특히 월경하는 여성을 시간의 얼굴로서 배척합니다.

　그런 한편 시간과 죽음에 대한 공포와 배척은 그에 대한 과장된 반동을 낳습니다. 짐승과 어둠과 추락이라는 시간의 얼굴들로부터 달아나기 위해 정반대 방향으로 전력질주 하는 것입니다. 짐승에 대해서는 분리의 구도를, 어둠에 맞서서는 빛의 원형을, 추락에 관하여는 상승의 구도를 취함으로써 분열과 대립이라는 분열 형태 구도의 특징을 완성합니다.

　질베르 뒤랑은 상승의 상징들로 시작합니다. 상승을 통해 가닿고자 하는 지점은 형이상학적 공간으로서, 한 차원에서 다른 차원으로의 이행을 가능케 하는 계단과 사다리, 하늘로 치솟은 산, 순수로의 비상을 돕는 날개, 표적을 향해 날아가는 화살 등이 그 비상의 힘을 상징하고, 비상을 통해 도달한 꼭대기에서 상징은 다시 남성적 지배력으로 전환되어 홀, 군주, 독수리, 아버지 등으로 확장됩니다.

　어둠에 대한 공포는 빛을 향한 희구를 불러내어 빛나는 하늘과 떠오르는 태양, 동쪽, 새, 광배 등 빛나는 것들과 빛을 감지하는 시각을 주된 상징으로 삼습니다. 시각은 대상과의 거리를 전제로 한다는 점에서 초월성을 본질로 하며, 낮의 상징체계에서 눈은 통찰력과 도덕적 엄정성을 캐묻는 시선이 됩니다. 그리고 물질성이 승화되는 과정에서 눈은 말과 언어로 대체되며, 말을 가능케 하는 숨과 공기까지 빛의 상징으로 끌어들입니다.

　짐승으로 대변되는 육체성을 떨쳐내고자 하는 분리의 상징은 초월성의 무기와 정화의 도구로 나타납니다. 수직상승의 역동성이 호전성으로 이어지면서 빛이 벼락이나 검으로 바뀌는 것이지요. 그리하여 영웅의 무기는 지배력과 순수성의 상징이 됩니다. 또한 빛을 향한 상승은 육체성을 정화하는 힘으로 나타나 삭발, 할례의식 등의 의례와 더러움을 씻어내는 맑은 물, 태워 없애는 불, 투명한 공기와 말을 원형적 상징으로 합니다.

낮의 상징 체제는 이렇게 시간의 얼굴에 대항하여 칼과 정화로써 초월적 사유의 지배를 확립하고자 하며, 그에 따라 분열과 대립으로서 나타납니다.

(2) 상상력의 가치 전도

분열과 대립 그리고 각각의 운동에서 극단으로 치닫는 이미지의 낮의 체제는 열반처럼 완전한 정화를 갈망하거나 절대적 공허와 자신에 대한 감시와 긴장 상태를 유발합니다. 이미지의 밤의 체제는 그에 대한 대안으로서 상상계의 전체 구조를 떠받치는 다른 한 축을 담당합니다. 섭취와 짝짓기 지배반사를 중심으로 한 밤의 체제는 무엇보다 시간의 공포를 완곡하게 변형하는 데 상상력을 집중합니다. 초월과 순수를 초인의 극한 차원에서 탐색하는 대신 따뜻하고 안심시키는 물질의 내면성이나 현상과 경험의 리듬을 통해 완곡어법으로 접근하지요. 완벽을 향한 고행주의에 육체성에 대한 혐오가 한결 덜어진 사랑이 접목되면서 고통스러운 추구의 가치가 전도되는 것입니다. 질베르 뒤랑은 낮에서 밤으로의 그 같은 가치 전도를 완곡화, 중복, 걸리버화 등의 작용으로 설명합니다.

옛날에 죄악으로 들끓는 도시 니느웨가 있었는데 그곳 사람들을 구하고 싶었던 하나님이 요나라는 예언자를 보내 하나님의 심판이 임박했으니 회개하라고 전하도록 했다. 그런데 나쁜 니느웨 사람들이 구원 받는 게 싫었던 요나는 하나님의 명령을 거스르고 엉뚱한 곳으로 가는 배를 탔다. 하지만 그래 봤자 하나님 손바닥을 벗어날 순 없었던 그는 심한 폭풍을 만나 바다에 빠지고 말았다. 사납게 출렁이는 바다와 싸우며 이대로 죽는구나 싶었을 그의 눈앞에 커다란 물고기가 나타나 그를 통째로 삼켜 버렸고, 물고기 뱃속에서 살아남은 요나는 자신에게 일어난 일들을 돌아보며 신에게 용서를 구했다. 그렇게 사흘이 지난 후에 물고기가 그를 뭍으로 뱉어냈다. 물고기에게 삼켜지기 전과 전혀 다른 사람이 된 요나는 받은 명령에 따라 니느웨로 가서 하나님의 이야기를 전했고 덕분에 온 도시가 신에게 돌아왔다.

　　구약성서에 나오는 요나의 이야기입니다. 가스통 바슐라르는 『대지 그리고 휴식의 몽상』에서 이를 모티프로 한 요나 콤플렉스(Jonah complex)에 대해 말합니다. 보통 요나 콤플렉스라고 하면 엄마 뱃속을 그리워하며 현실에 적응하지 못하는 것을 뜻하는데, 그는 그것이 우리가 태중에 있을 때 무의식에 자리 잡으며 퇴행적 증상이기보다 내밀한 공간에서 안전과 평화를 느끼는 보편적 현상이자 근원적인 욕구라고 봅니다. 엄마의 자궁처럼 "부드럽고 따뜻하며 결코 습격 받은 적 없는 편안함"에 대한 갈망이라는 것이지요. 또한 그는 요나 콤플렉스에서 모태회귀 본능뿐 아니라 부활의 모티프를 읽어냅니다. 물고기 뱃속의 요나가 거듭나기 위해 준비하는 번데기라면 사흘 동안의 유사 죽음을 거쳐 밖으로 뱉어내진 그는 비로소 신의 명령을 이행하는 새로운 존재로 거듭난 아름다운 나비라는 것입니다.

질베르 뒤랑은 여기서 더 나아갑니다. 그는 물고기가 요나를 삼키는 행위에 주목하여 그것을 이미지 낮의 체제의 '물어뜯는 아가리'와 비교합니다. 물고기는 짐승이지만 그것이 커다란 입을 벌려 요나를 삼키는 것은 날카로운 이빨로 상하게 하는 대신 한 입에 꿀꺽 넘겨 공격성을 표백함으로써 오히려 부드럽게 빠는 행위에 가깝게 변형됨을 부각하는 것입니다. 그리고 물고기에게 삼켜진 요나가 죽지 않고 더 나은 존재로 재생된 것처럼 삼킴은 대상을 절멸시키는 대신 가치를 부여하고 신격화한다고 설명합니다. 이미지의 밤의 체제는 이런 방식으로 완곡어법을 구사하여 낮의 체제의 가치를 뒤집습니다.

질베르 뒤랑은 가치 전도의 기제로 완곡화와 더불어 중복과 걸리버화를 꼽습니다. 중복은 이미지들을 겹쳐놓는 것입니다. 끝도 없이 연속되는 TV 속의 TV나 마주보는 거울이 만들어내는 영상을 연상하면 쉽습니다. 그는 그 같은 중복이 주어와 목적어의 역할을 뒤집어 삶과 죽음, 현실과 상상, 과거와 미래, 높은 것과 낮은 것 등의 모순과 대립이 그치는 지점에 데려다준다고 말합니다.

중복을 통한 가치 전도의 예로 우리에게 익숙한 장자의 호접몽을 들 수 있습니다. 『장자(莊子)』 제물론에 이런 이야기가 나오지요.

장자가 어느 날 낮잠을 자며 꿈을 꾸었고, 꿈에서 나비가 되어 신나게 날아다니다 잠시 쉬려 나뭇가지에 앉았다 잠이 들었다. 그런데 잠에서 깨어보니 다시 장자가 되어 있었다. 잠에서 깬 장자는 그래서 사람인 자신이 꿈속에서 나비가 되었던 것인지, 아니면 본래 나비인 자신이 꿈에서 사람이 된 것인지 알기 어렵다고 했다.

질베르 뒤랑의 맥락에서 호접몽은 꿈과 현실을 중복시킴으로써 주체(我)와 객체(物)뿐 아니라 환상과 실재의 대립을 전복합니다. 그는 특히 낭만주의와 초현실주의 문학이 이 중복을 통한 전복을 즐겨 사용한다고 말합니다.

또 다른 가치 전도의 기제인 걸리버화 역시 중복의 변형이라 할 수 있습니다. 『걸리버 여행기』에서 걸리버는 처음에 키가 12cm 정도의 작은 사람들이 사는 나라에 도착하여 우여곡절을 겪고, 그 다음에는 거꾸로 발에 밟히지 않도록 조심해야 할 만큼 거대한 인간들이 사는 나라에서 한동안을 보냅니다. 걸리버 자신은 하나로 동일하지만 처한 맥락에 따라 거인에서 소인으로 급전직하하는 것이지요. 그리고 그와 함께 남성적인 지배력, 거대하고 강한 것으로 상징되는 태양의 가치가 전도됩니다.

질베르 뒤랑은 우리가 축소된 상상력으로 사물의 이면에 스며들어 그것을 이해할 수 있으며 걸리버화된 작은 이미지가 성적인 경향을 강하게 띠는 경우가 종종 있다고 말합니다. 그의 이 같은 언급은 페드로 알마도바르의 영화 《그녀에게》에서 그대로 재현됩니다. 영화 속 영화로 삽입된 흑백의 단편은 다이어트 약을 먹고 손가락 만하게 작아진 남자가 연인의 질 속으로 들어가는 초현실적인 장면을 보여줍니다. 이 같은 걸리버화는 남성적인 힘의 역전이로서 성적인 것이 구강과 소화와 관련된 것으로 퇴행한다는 정신분석의 테마를 확증하기도 합니다.

이렇게 우리의 상상력은 완곡화, 중복, 걸리버화 등의 기제로써 분열과 대립과 극한의 추구로 치닫는 이미지의 낮의 체제의 가치를 뒤집어 이미지의 밤의 체제에 도달합니다. 이미지의 낮의 체제와 밤의 체제의 중심적 상징을 비교하면 이렇습니다.

이미지의 낮의 체제와 밤의 체제의 중심적 상징

낮의 체제	밤의 체제
물어뜯기	삼키기
추락	관능적 하강
새	물고기
날아오르기	끼워 넣기
위협하는 어둠	달콤한 밤
순수한 빛	다양한 색깔
소리	멜로디
말	표현할 수 없는 것
빛나는 에테르	홈을 파는 물질
정상으로의 도약	무겁게 잠기고 파고듦

(3) 신비 구조 - 하강과 잔

질베르 뒤랑은 섭취 지배반사를 중심으로 한 신비 구조의 본질을 '하강과 잔'으로 집약합니다. 밤의 상상력은 시간의 얼굴인 추락의 속도를 늦추어 하강으로 변형합니다. 하강은 시간을 순화함으로써 시간의 공포를 덜고 그 안에서 꿈을 꾸는 내성적인 과정이기도 하지요. 하강과 추락은 속도뿐 아니라 위에서 아래로 내려가는 동안의 경험에 의해서도 갈라집니다. 추락과 달리 하강은 부드럽고 따뜻할 수 있고 그렇게 부드럽고 따뜻한 하강 속에서 시간의 고통은 천천히 침투하는 내면의 희열로 전환됩니다. 앞서 말한 요나 콤플렉스는 삼킴의 구도뿐 아니라 내장으로의 하강으로도 읽을 수 있습니다.

인간은 자궁에서 태어나 무덤에서 죽지요. 자궁과 무덤은 정신의 양극이자 경계로서 삶을 담는 그릇이며, 그 사이에 바다, 대지, 동굴, 집, 숲, 만다라, 배, 자동차, 단지 등 또 다른 그릇의 상징들이 분포합니다. 삼키는 것 중 가장 원초적인 바다는 모성화됨으로써 여러 문화권에서 하강과 귀환의 원형으로 등장합니다. 언어의 종류를 막론하고 물은 어머니와 위대한 여신의 이름과 관련되며 수많은 신화가 물을 탄생의 모태로 사용하는 것 역시 같은 맥락에 있습니다.

대지는 신비스런 최초의 물질이자 그릇으로 간주됩니다. 대지는 그 원초적 수동성으로 휴식의 상상력을 자극하며, 이미지의 밤의 체제에서 물과 함께 모성의 이미지를 담아내는 상징입니다. 낭만주의자들의 자연예찬은 이 모성 회귀의 콤플렉스가 투사된 것이라 할 수 있으며, 『파우스트』를 비롯한 다양한 문학과 예술에서 원초적 어머니와 감싸는 위대한 모성을 향한 희구를 찾아볼 수 있습니다.

동굴은 우주적 자궁이고, 집은 몸과 정신의 소우주적 모형이며, 만다라는 기호화된 신성한 장소로서 유목민의 양탄자처럼 무한히 증식함으로써 중심의 편재성을 보여줍니다. 동굴, 집, 숲, 성당은 내면의 중심이며, 요나 콤플렉스의 작동에 따라 우리는 아무 위협도 없는 최초의 안전을 되찾기 위해 큰 것 안의 작은 곳, 사방이 막힌 곳, 극히 은밀한 곳, 신성한 장소를 추구합니다. 배는 물 위의 거처로 현대인에게 작은 배는 자동차로 대체됩니다. 단지는 일종의 배의 축소물이며 사원과 단지, 무덤과 배는 심리적으로 이음동의어라 할 수 있습니다.

그릇은 한편 자연스럽게 그 안에 담기는 것으로 확장됩니다. 그 내용물은 보통 액체이며 그것은 물과 내면성의 상징 체계를 섭취와 삼킴의 구도와 연결해줍니다. 그래서 먹는 행위는 성체배령 의식처럼 먹이에 대한 공격이 아니라 먹는 이의 변화를 낳는 행위로 전환됩니다. 젖과 꿀은 원형적 양식으로 되찾은 내면의 감미로움을 나타내고, 포도주는 일상을 떠나 신비스런 통합을 가능케 하며, 금은 사물의 정수가 육화된 것으로 섭취의 최종 귀결점을 상징합니다.

(4) 종합 구조 – 은화와 지팡이

이미지의 낮의 체제와 밤의 체제는 리비도의 상징의 두 국면이라 할 수도 있습니다. 죽음의 본능 혹은 영원을 향한 욕망이 공격성으로 객체화되면서 여성성과 어둡고 부정적인 에로스를 상대로 싸움을 벌이는 것이 낮의 체제라면, 밤의 체제 중 섭취 지배반사를 중심으로 한 신비 구조에서는 리비도가 시간의 감미로움과 결합하면서 죽음, 육체, 밤의 이미지가 새로운 가치를 부여받고 모성적 상징으로 변모합니다.

그리고 짝짓기 지배반사의 종합 구조는 리비도의 모호성을 영원을 향한 욕망으로 극복하고자 합니다. 그를 위해 종합 구조의 상상력은 시간을 역사적 신화와 전설로 조직하고 그 주기성을 통해 시간의 공포를 완화하는 전략을 사용합니다. 그것은 구체적으로 시간적 리듬의 순환과 생성과 진보의 두 가지 양상으로 나타나며, 질베르 뒤랑은 각각의 특성을 '은화와 지팡이'라는 상징으로 포착합니다.

운명의 순환을 나타내는 은화는 시간의 주기적 구분과 관련되고 귀환의 원형을 보여주며, 지팡이는 시간적 진보라는 상승의 욕망을 상징합니다. '아론의 싹 트는 지팡이'2의 축소형인 지팡이는 구세주의 원형이기도 하지요. 이렇게 은화와 지팡이로 시간의 측정과 지배를 상징하는 종합 구조의 상상력은 순환과 진보로 강조하는 바는 다르지만 모두 이야기로 전개된다는 공통점을 갖습니다. 그 이야기는 시간이 내포한 모순을 해결하려 애쓰는 종합적 신화로, 시간을 두려워하면서 동시에 희망을 갖고 시간을 완수함으로써 궁극적인 승리를 가져온다는 점에서 극적입니다.

모든 문명은 종교적 달력을 통해 시간을 길들입니다. 우연한 시간의 흐름을 1년이라는 단위로 공간화 함으로써 맹목적 숙명을 지배하고자 합니다. 달은 시간의 첫 번째 척도로 시간적 반복을 구체적으로 상징합니다. 차고 기우는 달의 속성은 변증법적 구조의 드라마로 귀결되며, 그 리드미컬한 반복을 통해 불멸의 상징으로 거듭납니다. 이때 불멸이란 천국에서의 끝없는 삶이 아니라 "발전하는 만큼 소멸하고 죽는 것도 근본적인" 끊임없이 움직이는 삶을 뜻합니다.

달로 상징되는 순환은 자연스럽게 농경의식과 연관되고 숫자

---

2 아론의 싹 트는 지팡이는 구약성서에 기록된 일화로 이스라엘이 이집트에서 탈출하여 광야를 헤맬 때의 일입니다. 모세의 레위지파가 중심 역할을 하는데 나머지 지파들이 불만을 표하자 신은 자신의 뜻을 보여주기 위해 12지파의 대표에게 각 지파를 대표하는 이의 이름을 새긴 지팡이를 하나씩 가져오라 명한 후 그것들을 회막 안 지성소의 법궤 앞에 두게 하고 "내가 택한 자의 지팡이에서는 싹이 날 것이다"라고 했답니다. 그리고 이튿날 온 백성이 지켜보는 가운데 지팡이를 꺼내니 아론의 이름을 새긴 지팡이에서만 "움이 돋고 순이 나고 꽃이 피어 살구 열매가 열린 것"입니다. 그래서 아론의 싹난 지팡이는 신의 약속이자 죽음을 이기고 부활하는 구세주의 상징으로 여겨집니다.

학, 별의 운동, 밀물과 썰물, 계절의 변화 등과 함께 거대한 천체생
물학을 이룹니다. 또 신화적 측면에서 달−농경의 드라마는 달의
여신의 아들 혹은 연인의 죽음과 부활로 나타납니다. 그것은 불리
한 상황과 부정적인 가치를 긍정적인 것으로 바꾸는 변증법의 원형
으로서 예수, 헤라클레스, 오시리스 등을 달의 아들로 볼 수 있지
요. 그것은 또한 희생, 죽음, 장례, 부활의 단계를 거친다는 점에서
통과의례와도 일치합니다.

　　달의 상징은 또한 용, 달팽이, 곰, 토끼, 탈피 곤충과 갑각류로
변형되며, 제 꼬리를 물고 있는 우로보로스인 뱀을 대표적 상징으
로 삼습니다. 기술적 측면에서 달의 상징은 순환의 기술인 방적과
바퀴와 연결됩니다. 페달을 밟는 물레의 리드미컬한 운동은 통일성
있는 사고, 상반된 것들의 융합으로써 운명에 대항하는 마법이 되
어줍니다. 바퀴는 부동 속의 운동, 불안정 속의 안정을 상징합니다.

　　십자가는 사람이 만든 나무로 나무와 동일시되면서 상승의 계
단으로 기능하며, 상반되는 것의 결합과 세계의 전체성 등을 상징
합니다. 십자가처럼 생긴 불붙이는 도구는 리드미컬한 마찰로 나무
와 십자가와 불을 한 덩어리로 묶고 순환과 왕복 운동을 연결하며,
불을 일으키는 왕복의 구도는 성적 몸짓의 전형입니다. 리듬에 대
한 강박은 성적 몸짓에서 시작해 음악적으로 승화되며 그에 따라
음악, 춤, 시는 하나의 덩어리를 이루고 나아가 불, 십자가, 마찰,
회전, 성, 음악을 연결하는 거대한 신화적 성좌가 탄생합니다. 리듬
은 인류에게 가장 중요한 기술인 불과 바퀴를 발명해내며, 그것은
다시 영원한 재생에서 아들의 탄생이라는 구세주적 의미로 옮겨 갑
니다.

불이자 기둥인 나무는 순환과 진보를 연결합니다. 역사가의 계통수나 진화의 나무에서 보이듯 상상적 진보는 늘 나무의 형태를 띠며 그 수직성과 상승으로 메시아주의를 이끌어냅니다. 하지만 그런 진보의 이미지도 계절의 순환을 벗어나지 않는다는 점에서 나무는 순환과 진보의 공존을 상징한다고 할 수 있습니다.

이렇게 종합 구조의 상상력은 환경과의 적대적 전투를 멈춤으로써 휴식을 취하는 데서 한 걸음 나아가 적응과 동화가 이뤄지도록 역동적 에너지를 작동시킵니다. 신비 구조와 달리 대립물의 차이와 대립을 유지하면서 그것을 드라마로 종합해내는 것입니다. 서양의 극문학은 박해 받아 죽음의 위협에 처한 아들이 어머니의 사랑으로 구원 받는 기독교적 드라마에 근간을 둡니다. 음악과 연극과 문학이 표현하는 이 드라마는 시간을 재현하고 인간이 그것을 극복하게 함으로써 그 불길한 힘을 정화하는 것입니다. 종합 구조의 상상력은 또한 역사적 구조를 취합니다. 역사적 사유는 이야기로 과거와 현재를 생생하게 만들고 대립되는 것을 하나로 종합하고 의미를 부여합니다. 과거와 현재뿐 아니라 미래로까지 번져 장차 닥칠 시간을 이야기로 현재화하여 지배하는 것이라 할 수 있습니다.

이렇게 질베르 뒤랑의 '상상계의 인류학적 구조들'은 시간에 대한 인간 정신의 두 가지 태도와 세 가지 대응방식을 개괄합니다. 우리에게 내장된 삶의 추동력이라 할 수 있는 세 가지 지배반사가 그에 상응하는 물질과 기술로 변환되고 그것이 다시 상징과 감정 구도로 확장되는 것을 일목요연하게 정리하면 이와 같습니다.

먼저 자세 반사. 이것은 상승과 분리의 힘입니다. 중력으로 표

상되는 죽음과 어둠을 단절하고 빛과 밝음으로 수직 상승하는 에너
지이지요. 이 힘은 하늘, 정상 등의 빛나는 대상과 관련되고 분리하
고 정화하는 기술로 발현되며, 칼, 화살, 세례의 상징으로 나타납니
다. 최종적으로는 오이디푸스적이고 아들러적인 조율 체계와 아버
지의 상징체계로 이어집니다.

오이디푸스 콤플렉스는 정신분석에서 아이가 아버지와의 경쟁
구도 속에서 어머니에 대한 집착을 포기하고 아버지의 가치를 본격
적으로 내사함으로써 무의식과 의식과 초자아의 정신구조가 완성
되는 중요한 계기입니다. 어머니에게로 향하던 근친상간의 욕망을
단절하고 금기를 내면화하는 것은 분리와 정화로 집중된다는 점에
서 자세 지배반사의 구도에 속합니다. 과거 지향적이고 결정론적인
정신분석에 대한 반동으로 나타난 알프레드 아들러의 개인심리학
은 행동의 원인보다 그 목적과 목표를 강조합니다. 그리고 그것이
개인이 열등감을 보상하고 우월성을 추구함으로써 자기완성에 도
달하는 것이라 보았지요. 그의 관점에서는 인간의 삶이 자기완성이
라는 정점을 향한 상승 운동이라는 점에서 지배반사 구도에 부합한
다 할 수 있습니다.

두 번째 섭취 혹은 소화 반사는 내가 아닌 밖의 것을 내 안으
로 받아들여 품는 힘으로 작용합니다. 이 힘은 물이나 동굴 등 깊
이를 가진 대상과 상응하여 먹고 마시는 것과 관련된 기술로 전환
됩니다. 그릇, 잔, 상자가 이를 상징하며 감정적으로는 쾌락주의적
조율 체계와 어머니의 상징체계와 짝을 이룹니다.

여기서 쾌락주의적 조율 체계는 정신분석의 무의식을 가리킨
다고 보입니다. 삶의 충동과 죽음의 충동인 에로스와 타나토스로

갈라지는 무의식의 힘은 쾌락의 원칙에 따라 움직입니다. 무의식은
직접적이고 즉각적으로 만족을 추구하려는 압력을 행사하며 어떤
대가를 치르더라도 불쾌한 긴장을 감소시키고 쾌적한 상태를 유지
하려 하지요. 다시 말해 긴장 완화로 항상성을 유지하려는 무의식
적 노력이 바로 쾌락의 원칙인 것입니다. 자궁으로 표상되는 어머
니는 자기 아닌 것을 자기 것으로 품는 힘의 원형이자 항상성의 화
신이며, 그것을 접점으로 쾌락주의적 조율 체계와 함께 섭취 반사
의 구도를 형성합니다.

마지막 짝짓기 반사는 반복을 통해 리듬과 순환을 만들어내는
힘입니다. 그 힘은 계절의 순환이나 별들의 운행 등을 대상으로 하
고, 마찰 기술과 관련됩니다. 그래서 바퀴, 물레, 부싯돌 등을 상징
으로 삼으며, 감정 구도는 성애로 귀착됩니다.

(4) 연극치료적 의미

질베르 뒤랑은 그것이 차단된 병적인 경우를 제외한다면 상상
력은 성별이나 성격과 무관한 보편성을 지닌다고 말합니다. 상상력
의 보편성은 역사적으로도 관철되어 각 시대를 심리사회적 신화로
분류할 수도 있습니다. 가령 서구는 전체적으로 이미지의 낮의 체
제를 따라왔다고 할 수 있으며, 병리적 현상 역시 해당 사회의 지
배적 정신에 의해 조장되는 것이어서 히스테리가 18세기의 사조였
다면 20세기는 정신분열증의 시대라는 것입니다.

연극치료사로서 제가 특히 눈 여겨 보는 것은 상상계의 보완
적 기능과 변형적 가능성입니다. 질베르 뒤랑은 개인의 의식이 한
체제에서 다른 체제로 전환이 가능하고, 보상과 균형을 추구하는

이미지의 특성상 상상계의 표현을 통해 개인의 현실을 보완할 수
있다고 합니다. 이것을 연극치료적으로 읽는다면 가령 참여자가 지
나치게 분열형태 구조에 치우쳐 있을 경우에는 치료적 개입의 일환
으로 이미지의 밤의 체제와 관련된 상징과 표현을 촉진함으로써 분
열과 대립과 극한 추구의 양상을 보완할 수 있다는 뜻이 됩니다.
또 그는 분열형태, 신비, 종합 구조를 인간의 삶이 전개되는 세 가
지의 기본 방향으로 놓으면서, 개인의 정신이 한 체제에서 다른 체
제로 넘어가면서 철학적 세계관이 바뀔 때 치유가 일어난다고 합니
다. 보완을 넘어서는 질적 변형이 어떻게 일어나는지를 말해주는
것입니다.

그는 "한 체제에서 다른 체제로"라고만 할 뿐 전환의 방향을
구체적으로는 말하지 않습니다. 그런데 저는 치유적 변형을 가능케
하는 전환은 이미지의 낮의 체제에서 밤의 체제로의 전환이라 특정
할 수 있다고 봅니다. 질베르 뒤랑이 세운 상상계의 인류학적 구조
들은 방대한 범위와 내용을 가진 체계이지만, 그 본질을 한 문장으
로 집약하면 '시간과 죽음에 대한 세 개의 상상력'이라 할 수 있으
며 그것을 다시 심리치료 장면에 익숙한 말로 '변화와 갈등에 대한
세 가지 대응 방식'이라 바꿔 말할 수 있습니다. 그러니까 상상계의
인류학적 구조들에 따르면 우리는 시간, 변화, 갈등, 죽음에 대해
세 가지의 다른 태도를 취할 수 있습니다. 그것을 두려워하여 맞서
싸우고 반대 방향으로 치달아 가기도 하고, 시간의 힘이 미치지 않
는 자궁이라는 항상성의 공간을 꿈꾸기도 하며, 대립하는 것들에서
화해의 드라마를 이끌어내기도 합니다.

그리고 저는 심리치료적 관점에서 여기에 하나의 상태를 추가

할 수 있다고 생각합니다. 참여자들을 만나다보면 회복탄력성이 극히 저하된 경우에는 변화와 갈등에 대해 그 어떤 태도도 취하지 못하고 무력하게 자신을 방치하거나 죽음으로써 고통을 끝내고 싶어하는 것을 목격하게 됩니다. 그들의 상상에서는 짐승의 물어뜯는 아가리와 어둠과 추락의 얼굴을 하고 나타나는 죽음의 공포만 뚜렷할 뿐 그에 대응하는 주체는 흔적을 찾기가 어려울 만큼 희미합니다. 죽음의 공포 앞에 얼어붙거나 거꾸로 죽음을 동경함으로써 자신을 지우려 할 뿐이지요. 이 상태는 앞서 질베르 뒤랑이 말한 상상력이 차단된 병적인 경우에 근접해 있다고도 할 수 있습니다. 다른 세 구조에 맞게 여기에 어울리는 이름을 붙인다면 죽음과 죽음의 공포에 잠식되어 있다는 점에서 '함입 상태'가 어떨까 합니다.

그리고 함입 상태를 포함해 네 가지 태도는 단지 서로 다르기보다 이전의 것을 지양하면서 점점 더 발전되는 관계라 할 수 있습니다. 시간과 죽음의 공포에 압도되어 무력한 함입 상태가 가장 성숙하지 못하다면, 변화와 갈등에 대해 적대적으로 반응하면서 대립 관계 자체를 소거하려는 분열형태적 태도가 그 다음으로 미성숙할 것이고, 변화와 갈등을 과장하여 극단적으로 반응하기보다 그로 인한 스트레스를 항상성이 유지되는 안전한 공간을 구축함으로써 우회하려는 신비적 태도가 좀 더 성숙하다 할 수 있으며, 변화와 갈등을 그대로 수용하되 그것과 새롭게 관계 맺음으로써 긍정적인 전망을 이끌어내는 종합적 태도가 가장 성숙할 것입니다.

이 같은 맥락에서 개인의 정신이 한 체제에서 다른 체제로 넘어가면서 철학적 세계관이 바뀔 때 치유가 일어난다는 질베르 뒤랑의 말을 연극치료적으로 다시 읽으면, 참여자의 심리구조가 함입

상태에서 분열형태 구조로, 분열형태 구조에서 신비 구조로, 신비
구조에서 종합 구조로 바뀔 때 적응적인 변형이 일어난다고 할 수
있습니다.

　　이렇게 상상계의 인류학적 구조는 보편적 원형과 상징의 발생
과 계열에 대한 정확한 이해를 제공함과 동시에 포괄적이지만 치료
적 변형을 이끌어내는 원리를 말하고 있습니다.

변화와 갈등에 대한 네 가지 대응 방식

| 함입 상태 | 분열형태 구조 | 신비 구조 | 종합 구조 |

SUMMARY ·

01_ 연극치료의 진단평가 도구는 평가방식에 따라 기능적 도구와 표현적 도구
로 나눌 수 있고, 초기 회상 극화, 감정조각상, 여섯조각이야기는 모두 표
현적 도구에 속합니다.

02_ 표현적 도구를 통한 진단평가를 위해서는 상징과 은유에 대한 이해가 필
수적입니다.

03_ 마음은 보편적인 신체화된 경험을 바탕으로 형성된 은유로써 작동되며,
몸과 환경과 두뇌에 두루 걸쳐 있습니다. 은유는 단지 수사의 일종이 아
니라 사고의 토대를 형성하고 구체적으로 작동시키는 마음의 주된 언어
입니다.

04_ 참여자의 증상 역시 은유로 볼 수 있습니다.

05_ 상상은 동물성과 객관적 이성 사이에 위치한 정신활동의 원천입니다.

06_ 상상과 상징은 시간과 죽음에 대한 공포에서 시작되어 그것을 통제하는
서로 다른 방식의 세 가지 구조와 두 개의 체제를 형성합니다.

07_ 칼과 화살의 분열형태 구조, 하강과 잔의 신비구조, 은화와 지팡이의 종합
구조가 이미지의 낮의 체제와 밤의 체제를 구성합니다.

08_ 상상력의 인류학적 구조들은 성별과 문화에 상관없이 보편적입니다.

09_ 상상력이 통제의 대상으로 삼는 시간과 죽음을 연극치료적으로 바꿔 말하
면 변화와 갈등이라고 할 수 있습니다.

10_ 분열형태 구조는 적대적으로 대립 자체를 소거하려 하고, 신비구조는 항
상성의 공간으로 갈등과 변화를 우회하며, 종합구조는 변화와 갈등에서
긍정적인 새로운 국면을 이끌어 냅니다.

11_ 심리치료적 관점에서 상상력이 차단된 병적인 경우를 함입 상태라 할 수
있습니다. 함입 상태의 상상력은 죽음의 공포로 얼어붙거나 죽음을 동경
하여 자신을 지우려 합니다.

12_ 함입 상태에서 분열형태 구조로, 분열형태 구조에서 신비구조로, 다시 거기
서 종합구조로 심리구조가 바뀔 때 적응적인 치료적 변화가 나타납니다.

13_ 은유와 상징은 우리가 시간에 맞서 삶을 구성하는 힘이자 마음의 바탕을
이루는 언어입니다.

PART 02

진단평가 도구들

CHAPTER 01

초기 회상 극화

초기 회상 극화(enactment of early recollections)는 참여자의 초기 기억을 떠올려 극화한 후 거기서 중요한 생각과 감정을 읽어내는 진단평가 도구입니다. 초기 회상 극화는 참여자의 상처 입은 아이의 모습을 고스란히 드러내 보여준다는 점에서 상처 입은 아이를 위한 연극치료(Dramatherapy for the Wounded Child)에서 매우 중요한 역할을 합니다. 알프레드 아들러의 초기 회상을 연극치료적으로 변형한 것이라 할 수 있는 초기 회상 극화는 투사와 역할의 방식을 취하며, 자신의 실제 경험을 극화하므로 상상에 서툰 참여자에게도 쉽게 적용할 수 있다는 장점이 있습니다.

그리고 초기 회상 극화는 뒤에서 다룰 감정조각상과 여섯조각 이야기 회복탄력성 척도와 달리 사후 평가로는 사용하지 않는 사전 평가 전용의 검사도구입니다. 그것은 초기 기억의 양상이 심리치료적 개입과 상관없이 동일하게 유지되기 때문입니다.[1]

---

1 일반적으로 그렇지만 약간의 변화는 있을 수 있습니다. 초기 기억이 단 두 가지뿐 이었는데 더 많은 장면이 떠오른다든지 회상한 장면이 부정적인 것 일색이었는데 나중에 기억하지 못했던 긍정적인 장면들이 추가된다든지 하는 식으로요.

01 검사방식

개인 상담의 경우 초기 회상 극화는 대개 3~4회기에 진행합니다. 초기 기억은 다른 사람에게 공개하기가 꺼려지는 경험을 포함할 수도 있음을 고려하면 초기 회상 극화를 정확하게 실시하기 위해서는 참여자와 검사자 사이에 어느 정도 신뢰관계가 형성될 필요가 있습니다.

집단 상담에서도 초기 회상 극화를 사전 평가 도구로 사용할 수 있습니다. 단 그것을 위해서는 집단 규모가 5명 이하로 크지 않고 참여자들 간의 신뢰 정도가 충분할 필요가 있으며, 초기 기억을 두 장면으로 제한한다거나 하는 방식으로 시간을 절약할 수 있습니다.

1) 초기 기억 그리기

A4 용지 3~4장과 연필을 준비합니다. 참여자는 최초의 기억이라 짐작되는 서너 개의 장면을 떠올려 각 장면의 이미지를 그림으로 간단하게 그리고 해당 기억과 관련한 이야기를 들려줍니다. 이때 검사자는 인물, 계절, 시간 등을 질문하여 사건의 진행과 분위기를 극화하는데 필요한 정보를 얻을 수 있습니다.

간혹 어린 시절의 기억이 떠오르지 않는다고 하는 참여자가 있습니다. 초기 기억은 일반적으로는 4~7세경에 집중되지만 그 시기를 벗어난다고 해서 초기 기억의 의미가 줄어들지는 않습니다. 그러므로 어린 시절의 기억이 없다고 말하는 참여자에게는 초등학교 3~4학년 이후의 삽화도 무방하다고 말해주세요. 그리고 그렇게 일단 떠오르는 기억을 다루다보면 자연스럽게 더 어린 시절의 삽화가 떠오르는 것을 자주 볼 수 있습니다.

그리고 참여자에 따라서는 긍정적이거나 부정적인 기억을 편향적으로 선택하여 회상하거나 여러 기억 중에서 어떤 것을 선택해야 하는지 묻기도 합니다. 그런 경우에는 기억의 내용과 관계없이 시기적으로 더 어린 시절의 기억을 회상하는 것이 좋습니다.

2) 초기 기억 극화하기

해당 장면을 어디서 시작해서 어디서 마칠지를 약속한 다음 참여자가 자신을 연기하고 다른 인물은 검사자가 맡아 극화합니다.

초기 회상 극화에서 검사자는 참여자의 부모를 연기해야 할 때가 많습니다. 그런 경우에 "엄마의 성격을 딱 세 가지 형용사로 말한다면 무엇일까요?"라고 질문하여 답을 얻으면 좀 더 그럴 듯한 연기에 도움을 받을 수 있습니다.

초기 기억에는 정서적 외상이나 학대에 해당하는 경험이 포함되기도 합니다. 그런 장면들을 사실적으로 재연하는 것은 자칫 재외상의 계기가 될 수도 있습니다. 그런 경우에 저는 장면을 청각적으로만 제한하여 재현하는 방식을 사용합니다. 가령 술에 취한 아버지가 어머니를 폭행하는 장면이라면 제가 오션 드럼, 북, 금속성의 소리가 나는 물건 등을 이용해 고통의 감각을 소리로 바꾸는 것입니다. 그렇게 우회적인 자극으로도 참여자는 장면의 감정과 생각을 생생하게 떠올릴 수 있습니다.

외상이나 학대의 장면을 극화한 후에는 감정과 생각을 찾고 나서 곧장 마무리하기보다 참여자가 초기 기억 속의 어린 자신을 위로하도록 할 필요가 있습니다. 그 장면에서 느낀 감정에 공감하고 그런 일이 벌어진 것에 대한 죄책감을 갖고 있다면 그것을 덜어주고 그럼에도 불구하고 살아남은 것에 대해 고마움을 전할 수 있도록 촉진합니다.

3) 생각과 감정 읽기

한 장면을 마칠 때마다 해당 기억을 극화하면서 참여자가 느낀 가장 강한 감정 그리고 그 감정과 연관된 생각을 찾아 한 문장으로 정리합니다. 떠올린 장면을 일괄적으로 극화한 후에 정리하지 않는 것은 각 장면에 담긴 감정과 생각이 섞여 혼선을 빚지 않도록 하기 위함입니다.

참여자가 장면에서 자신이 느낀 감정을 정확하게 명명하고 그와 관련된 생각을 찾아내는 것을 어려워할 때가 종종 있습니다. 그런 경우에는 검사자가 극화에 함께 참여하면서 느낀 것을 토대로 적절한 감정과 생각의 예를 들어 보일 수 있지만, 참여자가 그 중 어떤 것을 선택하더라도 그것을 다시 한 번 자신의 말로 바꾸어 기술하도록 돕습니다.

02 초기 회상 극화의 특성

1) 초기 기억

초기 회상 극화에서 참여자들은 일반적으로 4살부터 7살 사이의 경험을 자신의 첫 기억으로 소환합니다. 그럼 태어난 직후부터 4살 무렵까지의 기억은 모두 사라진 것일까요? 심리학에서는 이렇게 4살 이전의 일들을 잘 기억하지 못하는 일반적인 현상을 유아

기억상실(infant amnesia)이라고 말합니다. 이것은 오래된 일을 잊어버리는 자연스러운 기억력의 감퇴와는 달라서, 정보 자체가 저장되지 않은 건지 회상에 문제가 있는 건지 혹은 2세경 두뇌 신경회로가 재편되면서 이전 기억이 모두 유실되는 건지 등 여러 관점에서 그 원인을 추적해왔다고 합니다. 그 과정에서 쥐를 이용한 실험을 통해 어린 시절에 학습된 기억은 일종의 동면 모드로 잠복해 있어서 잊은 듯이 느껴지지만 두뇌에 특정 자극을 주면 장기 기억으로 생생하게 의식화되는 것을 밝혀냈습니다.

유아기의 경험이 이렇게 암시적 기억으로 저장되는 까닭은 언어 능력과 관계가 깊습니다. 유아는 사건을 감각적으로 경험하지만 언어 능력이 갖추어지지 않은 탓에 사건에 시간적 순서와 인과 관계를 부여하여 이야기의 형태로 만들지 못하며 그로 인해 경험에 의미를 부여하지 못하기 때문에 의식적인 회상이 불가능하다는 것입니다. 다시 말해 세 살 이전의 기억은 언어로써 경험을 개연성 있게 배열한 자전기억(autographic memory)이 될 수 없고, 그래서 행동을 통한 암시적 기억으로 저장되며, 입력된 코드가 다르기 때문에 언어를 통한 의식적 회상으로는 접근이 어렵다는 것이지요.

유아기 기억상실을 살펴본 이유는 초기 기억의 의미를 조명하기 위해서입니다. 이상의 논의에 따르면 어른이 된 후 떠올리는 초기 기억은 '언어로써 경험을 개연성 있게 배열한 최초의 자전기억'이라 말할 수 있습니다. 경험을 개연성 있게 배열하는 것은 매우 적극적인 해석을 전제로 합니다. 해석하지 않고서 원인과 결과를 그럴 듯하게 연결할 수는 없으니까요. 그러니까 적어도 우리가 회상할 수 있는 초기 기억에는 당시의 어린 내가 경험을 어떻게 해석했는지에 대한 단서가 담겨 있다고 할 수 있습니다. 그런 관점에서 초기 기억에 나타난 참여자의 원형적 해석을 살피는 일은 의미가 있습니다.

　사실 기억은 도무지 믿을 만한 게 못 됩니다. 앞에서 해석하지 않고는 기억하지 못한다는 얘기를 했는데, 우리의 기억은 경험을 자유자재로 과장하고 편집하고 왜곡하며 날조하지요. 하지만 그 과정이 전혀 무원칙한 것은 아니어서 기억이 따르는 해석 혹은 변형의 원리는 '내가 기억하고 싶은 대로'라 말할 수 있습니다. 심리치료에서 기억이 유의미한 것은 바로 이 '믿을 수 없음' 때문입니다. 다시 말해 기억을 통해 사실이 아니라 거기에 비친 참여자의 욕망과 감정을 보려는 것입니다.

　초기 기억을 다루다보면 그 목적을 참여자의 문제를 발생시킨 발달 초기의 경험을 추적하려는 것으로 오해하는 경우가 많습니다. 하지만 앞서 말한 것처럼 기억은 사실관계를 입증하는 데 매우 취약하며, 더구나 회상되는 기억이 현재와 멀수록 그 정확성은 더욱 떨어질 가능성이 높습니다.

　제가 상담 장면에서 초기 회상을 사용하는 이유는 문제의 역사적 근원을 밝히고자 하는 것이 아니라 참여자가 자신의 어린 시절을 어떻게 해석하는지를 보려는 것입니다. 실제로 참여자들이 떠올리는 첫 기억은 반드시 사실이라 볼 수 없으며 사실이 아니어도 별로 상관이 없습니다. 초기 기억의 의미는 '내 삶의 첫 장면'으로 간직된 정보라는 데 있으며, 그것이 잊히지 않고 그 같은 형태로 저장된 것은 개인의 삶의 원형질을 담고 있기 때문이라고 보는 것입니다. 그런 면에서 초기 기억은 연극치료에서 흔히 다루는 상상의 이야기와 다를 바 없다고도 할 수 있습니다.

한 사람의 역사에서 첫 머리에 놓인 장면에는 그에 걸맞은 원형적 상징성이 투여될 수밖에 없으며, 초기 회상이 보여주는 경험에 대한 해석 방식은 깊이 각인된 만큼 쉬이 바뀌지 않습니다. 초기 회상은 회복탄력성과 같은 특정한 심리적 특질이나 역량을 투사하기보다 개인이 자기 자신과 세상을 어떻게 읽는지 그리고 그에 바탕을 둔 전반적인 삶의 전략을 담아냅니다. 참여자의 심리적 지형 곧 원인이 아닌 동기로서 그의 삶을 추동해 온 중요한 욕망과 감정을 비롯해 사람들과 관계 맺는 방식을 함축합니다. 그것을 역할로 말하면 초기 기억은 참여자의 상처 입은 아이를 가장 정확하게 드러낸다고 할 수 있습니다.

2) 극화

여기서 극화란 인물과 사건이 있는 이야기로 바꾼다는 의미 (dramatization)가 아니라 이야기를 몸을 움직여 실연하는 것 (enactment)을 말합니다. 알프레드 아들러가 시작한 초기 회상은 내담자가 자신의 기억을 말로 술회하는 방식을 택합니다. 그런데 그것을 연극치료적으로 변형한 초기 회상 극화에서는 참여자가 초기 기억을 떠올려 먼저 그것을 그림으로 그리고 관련된 에피소드를 말한 후에 극화하는 절차를 거칩니다. 떠오른 기억을 말로 회상하는 데 그치지 않고 극화하는 까닭은 이야기의 형태로 저장된 기억보다 그것을 인물로서 다시 사는 경험이 참여자의 감정과 생각을 찾아내는 데 더 유리하기 때문입니다.

이야기는 극적 표현의 갈래 중 투사에 속하는 방식입니다. 즉 참여자가 자신이 아닌 밖에 있는 도구를 사용해 자기를 표현하는 것이지요. 표현하되 그 방식이 외부 대상을 조작하는 것이기 때문에 참여자는 투사 과정에서 필연적으로 표현하고자 하는 내용과 표현을 위해 사용하는 도구를 거리를 두고 함께 고려하게 되고, 표현 도구의 체제와 특성이 내용에 영향을 미칠 수밖에 없습니다.

그런 맥락에서 이야기란 우연한 것과 무의미한 것이 무작위로 뒤섞인 경험의 연속에서 불필요한 부분을 삭제하고 나머지를 특정한 인과 관계로 연결하여 의미 있게 직조하는 상당히 의식적인 구조입니다. 더구나 이야기는 독자적인 문법 체계를 갖춘 언어를 통한다는 점에서도 무의식보다는 의식에 가까운 표현방식이며, 따라서 초기 회상을 이야기에 의존할 때는 해당 기억에 대한 의식적 정보가 추출될 가능성이 높습니다.

그에 비해 특정한 인물로서 사건을 살아내는 극화는 극적 표현의 갈래 중에서 역할에 해당합니다. 역할은 체현과 투사에 비해 가장 복합적이고 강렬하며 표현에 드는 에너지가 큰 방식입니다. 몸을 움직여 행동하면서 다른 인물과 관계 맺고 특정한 사건을 재현하면서 참여자는 해당 사건을 일상 현실과 극적 현실의 양 차원에서 경험하게 됩니다. 극적 현실 속에서는 그것이 마치 그 자리에서 처음으로 일어나듯 겪으면서 일상 현실의 차원에서는 그 경험이 실제가 아님을 분명히 알고 거리를 두어 지켜보는 것입니다. 그렇게 몸과 마음, 감정과 생각, 무의식과 의식을 동시에 가동함으로써 체현과 투사의 효과를 종합합니다.

실제로 첫 기억의 이미지를 그리고 말로 회상할 때와 장면을 극화하고 나서 느끼는 바가 다른 경우가 꽤 빈번합니다. 가령 회상

할 때는 "그냥 혼자 노는 게 즐거웠어요"라고 심상하게 말했는데 해당 장면을 극화하고 나서는 "재미있다고 생각했었는데 장면을 다시 살아보니 심심하고 외롭네요"라고 자신의 경험을 고쳐 말하는 것입니다. 극화는 마음과 생각과 의식이 미처 접근하지 못하거나 편의를 위해 변형한 기억을 몸과 감정과 무의식을 통해 복원하는 계기라 할 수 있습니다. 그래서 상처 입은 아이를 위한 연극치료에서는 이야기가 아닌 극화로 초기 회상을 완성합니다.

03 개발 배경

1) 인지도식

우울증에 대한 인지적 접근으로 유명한 아론 벡(Aron Beck)은 우울증 환자의 특성을 부정적 인지삼제로 집약합니다. 우울증 환자는 전형적으로 자기와 자신의 미래와 세상을 부정적인 관점에서 바라본다는 거죠. '나는 보잘 것 없고, 세상은 이전투구의 장이며, 거꾸러질 때까지 버티는 게 내게 남은 미래다.' 이런 식으로요.

이 인지삼제는 제게 세 가지 측면에서 흥미롭습니다. 먼저 그런 부정적인 생각이 자기도 모르게 일어난다는 점입니다. 여기서 '자기도 모르게'는 '자동적으로' 혹은 '무의식적으로'라는 말로 바꿀 수 있습니다. 즉 생각의 주체가 알아차리지 못하는 동안 그의 전반적인 경험과 선택을 비관적으로 잠식할 수 있는 것입니다.

두 번째는 인지 도식(cognitive schema)이라는 개념입니다. 우울증 환자들만 특정한 관점으로 자신과 세상을 보는 게 아니라 누구나 자신만의 방식으로 삶이라는 경험을 해석하고 구성하며, 그 틀을 인지도식이라 부르는 것입니다. 우스갯소리로 뭐 눈엔 뭐만 보인다고 하는 게 그냥 우스개만은 아닌 것이지요. 인지행동치료에서는 이 인지도식이 상당 기간에 걸쳐 만들어지는데 유전적 요소와 발달 초기의 경험이 주된 영향 요인이라고 말합니다.

제 관심을 끄는 세 번째 대목은 우울증 환자의 인식의 편향성을 일별하기 위해 자기 자신과 세상과 미래라는 초점을 설정한 것입니다. 이 중 '미래'는 비관적이고 염세적인 우울증 환자의 특성을 담아내기 위해 특별히 선택된 초점이라 짐작되며, 우울 증상에 주목하지 않고 누구에게나 적용하기에 적절한 초점을 달리 설정한다면 '타인'이 가장 적절하지 않을까 합니다. 실제로 알프레드 아들러의 개인심리학에 기반을 둔 심리치료사들은 인지 도식 대신 생활양식(life style)이라는 말을 사용하는데, 그것은 내담자의 해석적 관점을 자기와 타인과 사건의 세 가지 초점으로 읽어냅니다. 우리의 삶이 한 편의 연극이라 할 때 자기와 타인은 그 연극의 등장인물을 집약하며 그들이 좌충우돌하며 짜나가는 이야기(사건)가 세상일 테니, 개인 심리학의 시각은 매우 설득력이 있습니다.

아무튼 인지 도식 혹은 생활양식의 착안점은 경험을 해석하는 방식에 따라 그에 대한 반응이 달라진다는 것입니다. 어떤 색안경을 끼고 있는지에 따라 그가 보는 세상이 결정된다는 것 곧 부처의 눈에는 부처의 세상이 돼지의 눈에는 돼지 같은 세상이 펼쳐진다는 불안돈목(佛眼豚目)의 심리치료적 활용이라 하겠습니다.

2) 개인심리학의 생활양식

알프레드 아들러는 자기와 다른 사람들 그리고 세상이 관계의 세 차원이고, 각 차원에 대한 이미지가 생활양식으로서 개인이 살아가는 세상을 구성하는데, 자기와 타인과 세상의 세 차원은 각각 대립되는 몇 가지 특질들 사이에서 구축된다고 보았습니다. 그리고 심리치료란 내담자의 생활양식에 변형을 가함으로써 좀 더 사회적으로 쓸모 있는 탁월한(superior) 사람이 되도록 돕는 것이라 믿었습니다.

(1) 자기

내가 나를 어떤 사람으로 보는가. 이것이 생활양식을 구성하는 첫 번째 초점입니다. 사람마다 중요하게 여기는 가치가 다르니 자신을 평가하는 데서도 눈 여겨 보는 점이 모두 다를 수 있습니다. 가령 나는 예뻐, 나는 성실해, 난 유머가 없어, 난 진보적이야, 난 너무 평범해 등 외모, 성실, 유머, 정치 성향, 개성 여부를 기준으로 자신에 대한 상을 구축할 수 있습니다.

그런데 개인 심리학적 심리치료에서는 이처럼 다양한 기준들 중에서 다음 여덟 가지를 자기상과 관련한 보편적 변인으로 꼽습니다.

수용되는(acceptable) － 수용되지 못하는(unacceptable)

안전한(secure) － 안전하지 않은(insecure)

중요한(significant) － 중요하지 않은(insignificant)

유능한(competent) － 무능한(incompetent)

능동적인(active) － 수동적인(passive)

협력하는(cooperative) － 반항하는(defiant)

독립적인(independent) － 의존적인(dependent)

내적으로 통제하는(internally controlled) −

외적으로 통제되는(externally controlled)

"여럿이 TV를 보다가 채널을 돌려 내가 좋아하는 만화를 보자고 했지만 아무도 내 말을 들어주지 않았어요." 이 기억은 다른 사람들에게 수용되지 못한 화자의 자기상을 비춰줍니다. "어릴 적 시골 친척 집에 갔다가 변소에 빠져 온 몸이 똥 투성이가 되었던 적이 있었어요." 이것은 '나는 안전하지 않다'는 화자의 자기인식을 보여줍니다. "좁은 방 안에 사람들이 가득한데 아무도 내게 눈길을 주지 않은 채 서로 웃고 떠들어요." 이 기억 속 아이는 아마도 자신이 중요하지 않다고 느낄 겁니다. "몇 살이었는지는 잘 모르겠는데 왼발에 신어야 할 신발과 오른발에 신어야 할 신발이 어떤 건지 구별할 수 있었어요." '나는 유능하다'는 인식이 돋보이는 기억입니다. "나는 누운 채 엄마 아빠가 함께 얘기를 나누며 일하는 뒷모습을 바라보고 있었어요." 이 화자는 자신을 수동적이라 여기는 듯합니다. "논두렁에서 놀다 넘어져서 다리에 흙이 잔뜩 묻었는데 엄마가 수돗가에서 깨끗이 씻겨 주었어요." 의존적인 자기 인식이 두드러진 기억입니다. "한여름에 놀이터에서 만난 친구와 시간 가는 줄 모르고 늦도록 함께 놀았어요." 다른 사람과 협력하는 화자의 모습을 볼 수 있습니다. "둥지에서 떨어진 아기 새를 보살펴주었는데 몇 시간 못 가 죽었어요." 삶에서 벌어지는 일들이 자신의 통제를 벗어나 있다는 인식이 드러나는 기억입니다.

(2) 타인

타인(他人)은 삶의 절대 조건입니다. 그래서 자기 자신을 둘러싼 자신이 아닌 존재에 대해 개인이 갖고 있는 이미지는 그의 삶을 직조하는 두 번째 실이 됩니다. 타인은 우리가 갈망하는 천국이자 그래서 또 곧바로 불타는 지옥이 되는 절대 반지와도 같습니다. 나와 다르지만 우리는 그들을 그들로서 보지 못하고 자신의 욕망에만 비추어 읽기 때문입니다.

개인 심리학적 심리치료에서는 참여자의 초기 회상에 나타난 타인의 보편적 이미지를 열두 가지로 분류합니다.

믿을 수 있는(trustworthy) － 믿을 수 없는(untrustworthy)
보살피는(nurturing) － 냉담한(neglectful)
우호적인(friendly) － 적대적인(hostile)
관용적인(tolerant) － 편협한(intolerant)
격려하는(encouraging) － 의욕을 꺾는(discouraging)
가치 있는(worthy) － 가치 없는(unworthy)

이것을 들여다보면 타인에 대한 분별이 극히 자기중심적인 걸 알 수 있습니다. 여섯 개의 변인이 예외 없이 자기의 필요에 어떻게 반응하는가에 집중되어 있지요. 거기에는 생활양식이 주로 발달 초기에 형성되는 것이 큰 영향을 미친다고 짐작됩니다. 타인에 의존하지 않고서는 생존이 불가능한 무력한 상태로 태어나기에 그럴 수밖에 없을 거란 거죠. 다시 한 번 약함이 악함(자기중심성)으로 전환되는 것을 봅니다.

　얘기가 뜻하지 않게 심각해졌는데 다시 타인에 대한 생활양식의 변인으로 돌아갈까요? "동생과 놀이터에 가려고 서둘다 넘어져 무릎이 깨졌고, 엄마가 상처에 약을 발라주었어요." 여기서 엄마는 화자를 보살펴주는 존재로 나타납니다. "어린이집에 처음 간 날 선생님이 인사를 시켜서 이름을 말했는데 아이들이 이상하다며 키득거렸어요. 소개를 마치고 자리에 앉은 후에도 한 아이가 머리를 잡아당기며 계속 놀려댔어요." 이 기억 속의 아이들은 적대적인 타인입니다. "엄마 심부름으로 종이돈을 들고 철물점에 가고 있었는데, 어떤 오빠가 지름길을 알려주겠다며 목공소 안으로 데려가서는 돈을 빼앗아 달아나버렸어요." 이 기억은 타인을 믿을 수 없는 존재라 여기는 화자의 인지 도식을 보여줍니다. "교실에서 친구들과 신나게 춤을 추고 있었는데 갑자기 수위 아저씨가 들어와 학교에서 춤을 추면 안 된다며 우리를 혼냈어요." 이 장면 속 수위 아저씨는 화자를 지지하거나 화자에게 동조하지 않으면서 방해하는 편협한 타인입니다. "벽에 손가락으로 글씨를 쓰며 물어보았어요. 엄마, 가에 이응을 쓰면 강이에요? 그런데 숨차게 빨래를 하던 엄마의 대답에 짜증이 섞였던 거 같아요." 이 기억의 화자는 엄마로 표상되는 타인을 의욕을 꺾는 존재로 인식하고 있습니다. "뱃속에 동생을 가진 엄마가 자고 있었고 그래서 엄마 주변을 인형으로 동그랗게 감싸주었어요." 이 기억은 타인이 화자에게 가치 있는 중요한 존재임을 보여줍니다.

(3) 세상

닥쳐오는 경험들. '세상'을 달리 말하면 이렇지 않을까요? 타인에 대한 평가가 자기중심적이듯 사건(event)으로서의 세상 역시 경험 주체의 유불리를 기준으로 다르게 펼쳐집니다.

안전한(safe) - 두려운(fearful)

풍요로운(bountiful) - 실망스러운(disappointing)

만족스러운(gratifying) - 고통스러운(distressful)

조화로운(harmonious) - 불쾌한(disagreeable)

흥미로운(stimulating) - 따분한(dull)

건설적인(constructive) - 파괴적인(destructive)

기운 나게 하는(invigorating) - 쇠약하게 하는(debilitative)

다룰 수 있는(manageable) - 압도적인(overwhelming)

"버스터미널에서 내린 직후 언니를 잃어버리고 혼자가 되었어요. 다행히 주위를 둘러보다 언니 친구의 엄마를 발견해서 그 아줌마를 따라 집으로 찾아갈 수 있었어요." 이 기억의 화자에게 세상은 자신이 능숙하게 다룰 수 있는 곳으로 나타납니다. "유치원 졸업식에서 개근상으로 트로피를 받았는데, 추운 겨울 날씨에 무겁고 큰 트로피를 혼자 들고 집으로 가는 길이 참 힘들었어요." 이 일화는 세상은 고통스럽다는 화자의 인식을 반영합니다. "가을에 유치원에서 알록달록한 낙엽을 가지고 친구들과 코에 붙이며 신나게 놀았어요." 화자에게 이 세상은 재미난 일이 일어나는 흥미로운 곳입니다. "할아버지가 돌아가셔서 시골에 내려갔어요. 그리고 저만 집에 두고 어른들이 전부 장례를 치르러 나가셨는데 집에 있던 커다란 백구가 저를 보고 무섭게 짖어 대서 도망도 못 가고 마당에 서 있었어요." 이 기억은 세상이 안전하지 않아 두렵다고 말하고 있습니다. "여름날 시골집 마루에 누워 하얀 구름이 천천히 흘러 산을 넘어가는 걸 봤어요." 화자에게 대부분의 사건은 기분 좋고 조화롭게 느껴질 수 있습니다. "기운이 없어 평상에 누워 있는데 할머니가 청소해야 한다며 억지로 일으키는 바람에 화가 나서 지붕에 올라가 동네가 떠나가라 마구 소리를 질렀어요." 이 기억의 화자는 많은 상황을 자신에게 해로운 파괴적인 것으로 경험할 수 있습니다. "소풍 가서 동그랗게 앉아 수건돌리기를 하는데 나도 술래가 되어 뛰고 싶었지만 아무도 내 등 뒤에 수건을 놓아주지 않았어요." 이것은 화자에게 성취감 대신 실망감을 안겨준 실망스러운 사건입니다. "신장이 나빠 자주 아팠는데 어느 날 병원에서 치료 받은 후 엄마 등에 업혀 집까지 온 적이 있었어요." 이 일화의 주인공은 세상을 자신을 쇠약하게 하는 것으로 느낄 수 있습니다.

　　개인 심리학적 심리치료에서는 이 여러 가지 잣대들 중 특히 개인에게 영향을 크게 미치는 것이 있고, 그것들이 복합적으로 만들어내는 생활양식이 내담자의 삶의 청사진이라 가정합니다. 그것이 우편향일수록 열등감에 압도되어 사회에서 적절하게 기능하기 힘들며, 따라서 내담자의 잘못된 가치와 목표가 가능한 왼쪽으로 중심이동 하도록 도움으로써 다른 사람들과 잘 어울리며 사회 속에서 자신의 탁월함을 펼칠 수 있게 하는 것입니다.

이 같은 알프레드 아들러의 접근은 정신분석학이나 분석심리학에 견주면 참 현실적이고 그래서 실용적인 강점이 있습니다. 상식적인 언어를 사용하며 사회적 존재로서의 인간을 강조하는 점 등이 개인의 인생에서 타인의 비중이 특히 큰 우리나라와 일본의 일반 독자들 사이에서 인기를 구가하는 요인이지 않을까 싶습니다.

그런데 저는 초기 회상 극화에서 자기와 타인과 세상에 대한 참여자의 밑그림을 보기보다 그 같은 밑그림을 그리게 하는 참여자의 욕망에 주목합니다. 욕망은 우리의 삶을 추동하는 근본적인 힘으로서 그 운동의 방향과 범위를 파악하면 참여자의 내면에서 일어나는 역동을 한 눈에 이해할 수 있기 때문입니다.

04 욕망

무엇보다 욕망(desire)은 사회적 구성물입니다. 욕구(need)가 살아가는 데 꼭 필요한 것, 물리적이거나 신체적인 결핍을 채우기 위해 특정 대상을 갖고자 하는 것이라면, 욕망은 똑같이 부족을 느껴 뭔가를 탐하지만 그 결핍은 신체적, 심리적, 사회적 차원에 두루 걸쳐 있으며 그것을 충족시킬 특정 대상을 열정적으로 갈망하는 것이라 할 수 있습니다. 그 차이를 바꿔 말하면 욕구는 일종의 생물학적 충동으로서 신체의 요구에 따라 일어났다가 충족되면 일시적으로 약해지는 데 반해, 대상이 꼭 필요하지 않아도 갖고 싶어 하는 욕망은 그것을 가져도 충분히 만족되지 않습니다.

플라톤은 이 같은 맥락에서 욕망을 "자신에게 결핍된 대상에 대한 사랑"이라 합니다. 없는 것을 갖고자 하지만 그것이 결코 채워지지 않는다는 점에서 결핍으로서의 욕망은 헛되며, 그래서 이 관점에 따르는 이들은 욕망을 제어하는 금욕주의의 편에 섭니다.

그와 달리 욕망을 창조적 동력으로 믿는 사람들도 있습니다. 무엇이 좋아서 그것을 욕망하는 게 아니라 그것을 욕망하기 때문에 좋게 느낀다는 논리의 역전입니다. 대표적으로 프리드리히 니체는 욕망이 가치와 형식을 부여하는 힘이며 인간을 생산적이고 창조적이고 능동적으로 만든다고 보았습니다.

욕망을 좀 더 구체적인 사회적 역동 속에서 이해하려는 시도도 빠뜨릴 수 없습니다. 르네 지라르는 욕망이 욕망의 주체와 대상 사이에서가 아니라 욕망의 주체와 그가 닮고자 하는 모델 그리고 욕망 대상의 삼자 관계에서 발생한다고 말했습니다. 그러니까 욕망의 주체는 모델이 가진 뭔가를 갖고 싶어 하기 마련인데 그 역시 그것을 뺏기지 않으려 하기 때문에, 동일한 대상을 두고 욕망의 주체와 그가 닮고 싶어 하는 인물이 경쟁하게 된다는 것이지요.

또 사회역사적 구성물로서의 욕망을 강조하는 시선도 있습니다. 유발 하라리는 우리가 흔히 개인적 선택이라 믿는 욕망의 내용이 사실은 여러 세기에 걸쳐 발달해 온 낭만주의, 민족주의, 자본주의, 인본주의 신화에 의해 구성된 것이라고 말합니다. 가령 해외에서 휴가를 보내고 싶다는 흔한 욕망은 낭만주의적 소비지상주의가 퍼뜨린 허구를 신봉하기 때문이라는 것이지요.

욕망을 읽는 이 네 가지 시선은 입체적이고 다층적인 욕망을 이해하는 데 중요한 단서를 제공한다는 점에서 모두 치료적으로 의미가 있습니다. 그 중 가장 기본적인 전제는 앞서 말했듯이 욕망이 우리의 삶을 추동하는 근본적인 힘이라는 것입니다. 욕망하지 않는 사람은 일종의 어불성설입니다. 욕망에서 벗어나고자 하는 것 역시 매우 강렬한 욕망이라는 점에서 욕망은 우리를 움직여 나아가게 하는 동력으로서 태어나서 죽기까지 누구도 그 자장에서 벗어날 수 없는 결정적인 영향력입니다.

그것을 출발점으로 욕망을 이해하는 상처 입은 아이를 위한 연극치료(DWC)의 키워드를 꼽아보면 이렇습니다.

1) 욕망의 타자성

욕망에는 여러 차원이 있습니다. 애초에 욕망은 생물학적 필요에서 비롯되며 그래서 우리의 몸에는 그것을 성공적으로 충족시키기 위한 보상 체계가 내장되어 있지요. 그 같은 형태의 욕망은 생리적 본능이나 욕구라 구분하기도 합니다. 경우에 따라 욕망은 의지로 경험되기도 합니다. 서로 다른 욕망이 줄다리기를 하는 상황에서 어느 한쪽을 선택할 때가 보통 그렇지요. 어떤 경우든 개인은 자신이 욕망을 생산하고 자각하고 선택하는 주체라 느낄 가능성이 큽니다.

그런데 잘 들여다보면 실제로는 내가 욕망의 주체가 아니라 욕망이 나를 조종하는 실체이며 그조차도 내게 속한 것이 아니라 다른 사람의 욕망임을 역설하는 사실들이 즐비합니다. 인간은 그냥 동물이 아니라 사회적 동물이며, 태생적으로 다른 사람의 인정과 사랑을 갈구합니다. 즉 우리의 욕망은 타자의 욕망에서 시작되고 타자와의 관계 속에서 의미를 획득하지요. 내게 속한 것이 아니라는 뜻입니다. 또 신경과학의 여러 실험들은 우리가 의지나 소망으

로 경험하는 것이 실제로는 자기도 모르게 자동적으로 행한 선택을
사후에 정당화하는 환상에 지나지 않는다고 말합니다.[2]

---

2 지그문트 프로이트가 낡은 상식이 된 지금에도 우리는 여전히 '내가 어떤 행동을
한다면 그것은 내가 왜 그것을 그렇게 하는지를 알아서 선택한 결과다'라고 생각
합니다. 나를 의식적 주체 혹은 주체적 의식이라 틀림없이 믿는 것입니다. 그러나
그에 대해 심각한 의문을 제기하는 신경과학의 두 실험이 있습니다.

첫 번째는 1979년 생리학자인 벤자민 리벳이 진행하여 엄청난 파장을 일으킨 실
험입니다. 그는 피험자의 두피에 EEG 전극을 붙이고 손에는 근전도 측정기를 단
다음 손가락을 움직이고 싶은 충동이 느껴진 순간을 표시하게 했습니다. 그리고
손가락을 들고 싶다고 생각한 순간, 뇌파가 움직인 순간, 손가락이 실제로 움직인
순간을 오차범위 50ms(1/20초) 내로 측정하는 기계로 기록하여 확인했습니다.

상식에 의하면 당연히 충동이 먼저고 뇌파가 움직인 후 손가락의 움직임이 뒤따라
야 맞겠지요. 그런데 실험 결과는 놀랍게도 충동에 앞서 두뇌의 운동피질이 움직
이고, 그 뒤에 손가락이 움직인 것을 보여주었습니다. 피험자가 행동을 결정한 것
을 인지한 것보다 평균 1/3초 가량 먼저 뇌파가 그것을 수행하기 위한 준비를 시
작한 것입니다. 실험을 설계한 벤자민 리벳은 이 결과를 놓고 우리가 주체적으로
의사결정을 하고 그에 따라 행동한다는 것은 망상일 수 있다며 "의식은 의사결정
과정에 참여하지 못한다"고 결론 내렸다고 합니다.

한편 2007년 존 딜런 하인즈의 연구에서는 피험자가 행동을 의식적으로 결정하는
시점보다 무려 10초 전에 두뇌가 작동하기 시작한다는 충격적인 결과가 나왔다고
합니다. 실험의 방식은 0.5초 간격으로 알파벳을 무작위로 하나씩 화면에 띄우고,
피험자는 원하는 순간에 버튼을 누르되 버튼을 누르기로 마음먹은 순간 화면에서
본 알파벳을 기억하도록 하여 두 반응의 시차를 추출했습니다.

이들 실험의 결과는 일견 우리가 두뇌의 조종을 따르는 꼭두각시에 불과하다고 말
하는 듯하며, 실제로 학자들 사이에서도 이에 대한 해석이 여전히 분분하다고 합
니다. 저는 그 중에서 빌라야누르 라마찬드란의 해석이 설득력 있다고 봅니다. 잘
나가는 신경과학자인 그는 인간에게 정말 중요한 능력은 자유의지(free will)가 아
니라 자유거부(free won't)라 말합니다. 두뇌의 신피질에는 약 300억 개의 뉴런이
있어 끊임없이 작동하고 있는데, 거기서 벌어지는 일을 의식이 모두 파악하고 통
제하는 것은 애초에 가능하지 않고, 쉬지 않고 움직이며 크고 작은 의사결정을 처
리하는 신피질의 작용 중 일부만이 의식의 각성을 유발할 만큼 도드라진다는 것입
니다.

이를 벤자민 리벳의 실험을 기준으로 좀 더 좁혀 말하면, 손가락을 움직이고 싶다
고 생각하기 전에 작동하는 뇌파를 '준비전위'라 하는데, 이 준비 전위의 확률 분
포는 우리가 태어나기도 전에 이미 결정되는 것으로 우리의 의지나 선택과 무관하
게 주어진다고 합니다. 준비 전위가 특정한 확률 분포에 따라 반복해서 활성화되
면, 우리는 그때마다 거기에 반응하는 것이 아니라 거부하고 또 거부하다 어느 한
순간을 골라 움직인다는 것이지요. 다시 말해 우리가 두뇌의 무의식적 작동인 준

보통 욕망은 욕망할 만한 대상을 향한다고 믿습니다. 다른 것보다 더 진리에 가깝고 선하고 아름답기 때문에 탐한다고 여기는 것이지요. 하지만 유행은 대상의 효용이 욕망의 발생과 크게 관계없음을 잘 보여줍니다. 어깨를 직각으로 강조하여 과장한 옷이나 겨드랑이 아래에 트임을 줄 만큼 몸에 꼭 맞게 만든 옷은 그저 모양이 다를 뿐 어느 한쪽을 더 탐할 만한 결정적 이유가 없습니다. 그럼에도 유행이 돌고 도는 것은 당시에는 그게 예뻐 보이고 좋아 보이기 때문이고, 그런 심미적 착각을 만들어내는 것은 근본적으로 모방적인 우리의 욕망입니다. 유행은 무엇보다 다른 사람이 원하는 것을 원하는 것이 욕망의 속성임을 잘 보여줍니다.

사실 타인의 욕망을 베끼는 욕망의 모방성은 우리를 지배하는 모방 본능의 일부라 할 수 있습니다. 우리의 생물학적 레시피가 DNA에 기록되어 있다면, 집단 속에서 사회적 동물로 사는 것을 가능케 하는 관계 능력은 거울 뉴런에 기초를 둡니다. 거울 뉴런은 주목하는 대상의 행동을 따라하면서 그 의도와 함께 거기 담긴 감각과 정서를 파악하고 공유할 수 있게 해주는 기제이지요. 우리가 개별적 존재임에도 타인과 어울려 살아갈 수 있는 것은 이 거울 뉴런 덕분입니다. 거울 뉴런은 우리가 태생적으로 타인을 모방하도록, 모방을 통해 대상을 이해하고 자기를 형성하도록 디자인되어 있음을 보여주는 것이라 할 수 있습니다. 이 같은 통찰을 르네 지라르는 "우리의 욕망은 항상 누군가의 욕망을 베낀 것"이라는 말로

비 전위의 확률 분포를 선택적으로 만들어내지는 못하지만, 그에 반응하기를 지속적으로 거부하다가 어느 순간 거부를 멈추는 방식으로 의지를 발휘하며, 그로 인해 어쨌든 손가락이 실제로 움직이는 것보다 움직이고 싶다는 생각이 앞서게 되는 것입니다.

집약합니다.

제 얘기를 조금 해보면 제 꿈은 꼬마 때부터 중학교까지 줄곧 판사가 되는 것이었습니다. 사정은 이렇답니다. 돈 없이 힘없이 사는 세상에 지친 아버지는 제가 말귀를 알아들을 만큼 자란 후로 기분이 좋거나 억울한 일로 속상하거나 남들 앞에서 많이 자랑을 하고 싶거나 제가 상장을 받아올 때마다 말씀하셨습니다. "넌 나중에 판사가 되어야 한다. 우리 딸은 판사가 될 인물이라고." 그렇게 저는 판사가 뭔지도 잘 모른 채 아버지의 말씀에 따라 우리나라 최초의 여자 판사라는 황 아무개처럼 되고 싶다고 오랫동안 믿었고 그것이 '나의 꿈'임을 의심하지 않았습니다.

또 다른 얘기를 해볼까요? "난 너를 믿었던 만큼 난 내 친구도 믿었기에 난 아무런 부담 없이 널 내 친구에게 소개 시켜줬고"김건모의 노래 '잘못된 만남'은 그렇게 친구에게 연인을 빼앗긴 남자의 심경을 노래합니다. 현실에서도 비슷한 경우가 많은지 SNS에서 연애법을 알려주는 사람들도 연인을 함부로 친구에게 소개하지 말라고 권하더군요.

르네 지라르는 첫 번째 경우를 '외적 중개' 두 번째 경우를 '내적 중개'라고 구분합니다. 욕망하는 사람과 그에게 욕망을 빌려준 모델이 얼마나 가까운가에 따른 분류입니다. 판사가 되고 싶어 한 저와 그 모델이 된 황 아무개는 매우 멀지요. 그런 반면 두 번째 경우는 욕망의 주체와 모델이 매우 가깝습니다. 친구의 연인을 가까이에서 만나면서 그녀에게 매력을 느끼고 친구의 욕망을 모방하여 그녀를 자신의 연인으로 만든 화자의 친구가 욕망의 주체라면, 그의 친구이자 화자가 욕망의 모델인 것입니다. 어떤 경우든 우리의 욕망은 타인을 모방하려는 근본적인 욕망에서 발원하며 그로 인해 타인의 욕망을 베낀 것으로서의 타자성을 특징으로 합니다.

2) 욕망의 이면성

그리스 신화는 문지기 신 야누스가 두 개의 얼굴을 갖고 있다고 이야기합니다. 문은 밖을 안으로 들이고 안을 밖으로 열어내는 것이지요. 앞뒤와 안팎이 등을 맞댄 것이 문이고 그래서 신화의 상상력은 야누스에게 두 얼굴을 부여합니다. 야누스처럼 삶과 죽음을 서로에게로 불러들이는 문이 우리에게도 있으니 우리는 그 한쪽을 욕망이라 부르고 다른 쪽을 두려움이라 말합니다.

욕망이 대상을 통해 결핍의 충족을 추구한다면 두려움은 고통과 죽음의 기미를 경계하여 그로부터 멀어지도록 우리를 움직이는 가장 근원적인 감정입니다. 한쪽은 좇고 한쪽은 쫓기면서 서로 반대인 듯하지만 실은 하나로서 우리의 삶을 전개시키는 동력이 바로 욕망과 두려움이라 할 수 있겠습니다. 추적자와 도망자가 함께 추적의 플롯을 완성하는 것처럼 말이지요. 그런 맥락에서 진단평가 단계에서 참여자에게 중요한 욕망과 공포를 파악하는 것은 그의 삶을 추동하는 플롯을 이해하게 해준다는 점에서 매우 의미 있습니다.

성격유형의 분류를 통해 개인의 영적 성장을 안내하는 애니어그램도 이와 유사한 관점을 취합니다. 유형에 따라 특히 그를 압도하는 두려움이 다르고 그로부터 자신을 방어하기 위해 결핍을 보상하는 방향의 욕망을 갖게 된다고 보는 것입니다.

유형별로 그 면면을 간략하게 정리하면 이렇습니다. 옳지 않고 흠 있는 것을 두려워하는 1번은 완전함을 욕망하고, 사랑스럽지 않음을 두려워하는 2번은 사랑 받기 위해 애쓰며, 재능 없음을 두려워하는 3번은 가치를 인정받기를 꿈꾸고, 정체성 없음을 두려워하는 4번은 자신만의 정체성을 추구하고, 쓸모없음을 두려워하는 5번은 유능해지고자 하며, 도움 받지 못하는 것을 두려워하는 6번은 안전을 확보하는 데 주력하고, 고통을 두려워하는 7번은 행복을 좇고, 다른 사람에게 휘둘릴까봐 두려운 8번은 자신을 보호하려고 하고, 혼자 동 떨어지는 것을 두려워하는 9번은 갈등 없는 평화를 희구합니다. 이 아홉 개의 유형만으로도 결핍이 공포를 낳고 공포가 욕망을 불러내는 연결고리가 선명하게 드러납니다.

심리치료는 개인으로서의 참여자를 만나는 것이므로 그가 어떤 유형인가를 아는 것이 도움이 되겠지만, 그보다 더욱 중요한 것은 그 공포와 욕망이 그의 역사 속에서 어떻게 변주되고 있는지 그리고 그것이 그의 증상과 어떤 관련이 있는지를 밝혀내는 것이며, 초기 회상 극화는 참여자의 욕망과 공포가 어떤 형태이며 어디서 비롯되는지를 상당히 근접하게 보여줍니다.

3) 욕망의 환상성

욕망의 타자성은 그 실체 없음으로 인해 필연적으로 욕망의 과속을 낳습니다. 타자는 분명히 실재하며 욕망의 대상도 그래서 실재한다고 믿지만 막상 대상을 손에 쥐고 보면 꿈꾸던 그것이 아님을 번번이 확인하게 되는 것이지요. 그러나 삶의 동력인 욕망은 사라지지 않고 곧 또 다른 대상을 향해 질주하며, 그렇게 허기진 욕망이 삶을 몰아갑니다. 채워지지 않는 허기에 제 몸까지 먹어치우는 에리직톤이 광기가 된 욕망의 슬픈 초상을 잘 보여줍니다.

그래서 욕망을 잘 다루기 위해서는 그 실체 없음을 분명하게 깨닫는 것이 필요합니다. 상담 장면에서 저는 욕망의 환상성을 두 가지로 설명합니다. 어떤 욕망도 완전히 충족될 수 없으며 욕망의 대상이 과연 애써 추구할 가치가 있는지를 의심해 보아야 한다고, 그 무용성(無用性)과 불능성(不能性)을 강조합니다.

가령 도움이 필요한 순간에 그것이 없을까 두려워 안전을 욕망한다면, 제아무리 애를 써도 위험을 일소할 수 없음을 알아야 합니다. 아프지 않고 건강하도록, 파산하지 않고 재정적으로 안정되도록, 고립되거나 싸우지 않고 사람들과 평화롭기를, 일에서 실수나 실패가 없기를, 도덕적으로 취약하거나 사악해지지 않기를 쉬지 않고 경계하고 방비해도 그것은 고작 배에 구멍이 나지 않도록 손보는 것에 지나지 않습니다. 불철주야 거기 매달린들 보이지 않는 암초나 거센 태풍을 막을 도리는 없는 것이지요. 그래서 완벽한 안전은 불가능합니다.

안전에 대한 욕망은 변화를 두려워하도록 만듭니다. 낯선 것은 알지 못하기에 위험하게 느껴지기 때문이지요. 그래서 안전을 과도하게 추구하다보면 스스로를 감옥에 가두게 됩니다. 세상에서 가장 안전한 곳을 두 군데 꼽는다면, 하나는 엄마 뱃속이고 다른 하나가 감옥일 것입니다. 감옥만큼 항상성이 철저하게 유지되는 곳은 없으니까요. 그러나 감옥은 안전한 대신 자유와 함께 삶을 박탈하는 공간입니다. 그때 안전은 위험을 배제함으로써 우리를 좀비(walking dead)로 만드는 그야말로 위험한 대상이라 할 수 있습니다. 이것이 안전이라는 욕망의 무용함입니다.

욕망의 환상성은 개개의 욕망뿐 아니라 욕망을 중심으로 한 개인의 진자 운동을 이해하고 다루는 데서도 중요합니다. '그것을 취하면 참 좋다, 그래서 그것을 좇기를 멈추지 않는다, 그것이 나를 나아가게 한다, 그러나 아무리 추구에 성실해도 그것이 늘 쥐어지지는 않는다, 아니 오히려 손에 넣을 수 없어 고통스러운 순간이 더욱 길다, 고통에서 벗어나기 위해 더욱 그것에 매달린다.' 우리는 이렇게 욕망을 중심으로 충족과 결핍의 진자 운동을 지속합니다. 누구도 사는 동안 이 반복에서 완전히 자유롭기는 어렵지요. 하지만 순간의 충족과 결핍의 지속에 일희일비하며 욕망에 꼼짝 없이 지배당하는 자리에서 벗어날 수는 있습니다.

그를 위해 가장 먼저 필요한 것이 바로 나의 주된 욕망과 그것이 일으키는 운동의 궤적을 알아차리는 일입니다. 매번 다르다 느끼지만 실상 같은 자리를 왕복하고 있음을 정확히 알 때 더 이상 욕망에 눈멀지 않을 수 있으니까요. 그런 다음에는 다시 욕망의 불능성과 무용성을 정확히 보아야 합니다.

우리들 욕망의 얼굴은 대개 이런 것입니다. 유능함을 인정받고 싶다, 누군가 곁에서 날 지켜보고 지지해주면 좋겠다, 주변 사람들이 화목하면 좋겠다, 사람들에게 선한 영향력을 미치고 싶다 등.

인정받을 만한 유능함은 비교를 기반으로 합니다. 그래서 내가 여기서는 1등이라도 비교 대상이 달라지면 순식간에 꼴등으로 추락할 수밖에 없습니다. 비교를 통한다면 세상에 대체되지 못할 가치는 없습니다. 욕망의 성취가 원천적으로 불가한 것이지요. 선한 영향력! 무엇이 선하고 무엇이 악한가를 정말 분별할 수 있을까요? 우리가 정말 다른 대상에게 영향을 주어 달라지게 할 수 있을까요? 굳이 내가 아니어도 그는 어디서든 변화의 계기를 찾아 만날 수 있지 않을까요? '선한 영향력'은 그보다 오히려 나에게 필요한 말은 아닐까요? 우리는 그저 저마다 자기로서 살며, 그 목숨의 무늬가 어우러져 하나의 선한 덩어리를 이룰 뿐, 굳이 선한 화살표를 필요로 하지 않습니다. 어떤 욕망이든 소용(을 따질 수) 없다는 것입니다.

이처럼 욕망의 환상성 곧 불능성과 무용성에 대한 알아차림은 욕망에 집착하지 않으면서 그 작동을 관조할 수 있게 합니다. 욕망과 자신을 동일시하지 않고 거리를 두어 고요한 마음으로 볼 수 있을 때 비로소 욕망에 휘둘리는 대신 자신이 욕망의 고삐를 쥘 수 있는 성장의 첫 단추가 꿰어지는 것입니다.

05 욕망의 언어

욕망을 말로 바꾸면 흔히 '나는 무엇을 원한다'로 옮겨질 거라 생각합니다. 하지만 욕망은 그리 단순하지 않아서 자신의 모습을 다양한 방식으로 감춥니다. 그래서 우리는 종종 '내가 뭘 원하는지 모르겠어'라는 말을 하게 되지요. 그리고 그런 현상은 우리에게 중요하고 강렬한 욕망일수록 더할 수 있습니다. 욕망은 두려움과 이음동의어이기 때문입니다.

실제로 참여자들이 초기 회상 극화를 통해 찾아낸 생각은 곧바로 욕망을 지시하지 않으며 다양한 방식으로 우회합니다. 그 양상을 생각의 형식과 내용에 따라 의문, 판단, 기호, 금지/당위, 의지, 욕망의 여섯 가지로 나누어 볼 수 있습니다. 그 같은 차이는 참여자가 자신의 욕망과 두려움을 얼마만큼 알아차리고 있는지, 그것을 다룰 수 있는 준비가 얼마만큼 되어 있는지에 따른 것일 겁니다.

1) 의문

의문은 말 그대로 의문문의 형태를 띤 생각을 말합니다. 일반적인 의문문은 화자가 청자에게 질문을 하여 그 해답을 요구하는 문장이지요. 그런데 초기 회상과 관련한 의문문은 묻는 사람과 듣는 사람이 참여자로 동일합니다. 묻는 사람도 참여자고 그 질문에 답을 해야 하는 사람도 참여자인 일종의 자문자답인 것입니다.

이것은 참여자가 해당 기억의 상황을 충분히 이해하지 못하거나 상황에 대한 명확한 판단을 유예함으로써 공포, 불안, 분노 등 느끼고 싶지 않은 고통스러운 감정을 완곡하게 처리하는 방어기제일 수 있습니다. 그러므로 의문문의 형태로 진술된 생각을 다룰 때는 의문문을 판단을 포함한 문장으로 바꾼 다음 다시 거기서 참여자가 원하는 대상을 구체화하여 욕망의 형태로 전환할 필요가 있습니다.

2) 판단

판단이란 대상을 인식하여 논리나 기준 등에 따라 판정을 내리는 작용입니다. 참여자는 초기 기억 속에서 자기 자신과 타인과 세상에 대한 판단을 드러냅니다. 어떤 판단이나 옳을 수도 있고 그를 수도 있지만 초기 기억은 참여자의 상처 입은 아이를 고스란히 담고 있는 장치이므로 거기 내포된 판단은 합리적이지 않는 부적절한 신념일 가능성이 큽니다.

그러므로 판단의 형태를 취한 생각을 다룰 때는 그것이 적절한지 그렇지 않은지를 잘 가려서 비합리적인 신념을 적응적인 신념으로 변형하는 것이 중요합니다. 그리고 그것을 다시 욕망의 형태로 바꿔 참여자가 자기 자신, 타인, 세상에 대해 원하는 바를 구체화함으로써 그 대상을 적절한 방식으로 추구할 수 있도록 돕는 것이 그 다음 개입이 되어야 할 것입니다.

3) 기호

기호는 무엇이 좋다 혹은 싫다와 관련된 판단이지요. 인지도식과 연관지어 말한다면 세상에 대한 인식 가운데 '만족스럽다 – 고통스럽다'에 집중된 판단이라고도 할 수 있습니다. 기호의 형태로 표현된 생각은 참여자를 만족시키거나 고통스럽게 하는 특정 대상을 지시함으로써 그의 욕망이 무엇을 향하는지를 쉽게 보여줍니다. 여기서 필요한 심리치료적 개입은 참여자가 자신을 만족시키는 대상이 상존하지 않으며 상존할 수 없음을 정확하게 알고 받아들이도록 돕는 것입니다.

예를 들어 설명하면 이렇습니다. 화목한 가족, 지켜봐주는 사람, 사랑을 베푸는 어른, 의지할 수 있는 친구, 고통 없는 쾌적한 상태, 뜻대로 할 수 있는 자유는 더할 나위 없이 만족스럽지만, 현실에서 늘 주어지지는 않습니다. 그래서 그에 대한 의존이 심해지면 가족이 갈등하고, 지켜봐주는 사람이 사라지고, 아이에게 하듯 조건 없이 사랑해주는 이가 없고, 힘든 상황에서 혼자라고 느껴지고, 감당해야 할 불편과 고통의 크기가 커지고, 내 것뿐 아니라 다른 사람들의 편의와 욕구를 헤아려야 하는 상황이 되면, 필요 이상의 결핍과 고통을 느낄 수밖에 없게 됩니다. 그러므로 이런 경우에는 자신을 만족시켜주는 대상이 있으면 좋지만 그렇지 않을 수도 있고 오히려 그것이 자연스럽고 당연함을 참여자의 돕는 어른에게 일깨울 필요가 있습니다.

그리고 또 다른 중요한 개입은 자신을 만족시키는 타자의 첫 번째 자리에 반드시 자기 자신을 세우는 것입니다. 화목한 가족이 나를 만족시킨다면 가장 먼저 그리고 언제나 나와 화목해야 하는 타자가 내가 되어야 하고, 나를 주목하는 타자가 내가 원하는 대상이라면 객석 맨 앞에는 항상 내가 있어야 하며, 의지할 수 있는 친구를 원한다면 나의 상처 입은 아이가 편안하게 기댈 수 있는 첫 번째 친구가 바로 돕는 어른인 나여야 한다는 것입니다.

4) 금기/당위

마음에 꺼려서 하지 않거나 피하는 것이 금기이고 마땅히 그렇게 하거나 되어야 하는 것이 당위입니다. 초기 회상에 등장하는 생각의 상당 분량이 금기나 당위의 형태를 취하며, 그것은 모두 강한 욕망과 두려움의 표현형이라 할 수 있습니다. 금기는 어쩔 수 없이 밀어냄으로써 오히려 끌어당기는 역설로써 금기를 어기고 싶은 욕망을 자극하며, 당위는 그렇게 하지 않으면 파국이 초래될 거라는 두려움을 숨기고 있는 것이지요.

따라서 금기와 당위로 표현된 생각은 먼저 그 배후에 있는 욕망과 두려움이 드러나도록 할 필요가 있습니다. 그리고 가득 고여 넘실대는 욕망을 가둔 금기의 댐을 무너뜨려도 세상이 무너지지 않는다는 것을, 밟는 즉시 터져 목숨을 앗아갈 지뢰처럼 보이지만 막상 밟아도 별 것 아닌 돌부리에 불과함을 경험하는 것이 중요합니다. '절대 무엇 하면 안 돼'와 '반드시 무엇 해야 해'라는 생각이 있지도 않은 가상의 적에 맞선 혼자만의 싸움임을 깨닫도록 하는 것이지요. 그런 다음에는 자신이 정말로 원하는 것을 욕망의 형태로 기술하면 됩니다.

가령 '실수하면 안 돼'라는 금기의 배후에는 '내가 완벽하지 않다는 걸 들키고 싶지 않아' 혹은 '실수하면 손가락질 당할 거야'에서 '나를 무시하는 건 참을 수 없어'를 거쳐 '무시당하느니 차라리 죽고 말지'라는 파국적 상상이 있습니다. 그것을 자극한 수치심을 짚어내고 그것이 '내 모습 그대로 사랑 받고 싶어'라는 욕망의 다른 말임을 분명히 알아차리도록 하는 것이 이후에 연극치료사가 해야 하는 일입니다.

5) 의지

의지는 어떤 일을 이루고자 하는 마음입니다. 즉 욕망이 '무엇을 하겠다'는 방식으로 나타나는 경우이지요. 그런데 초기 회상 극화에서 연극치료사가 특히 주목해야 할 의지는 오기(傲氣)입니다. 오기는 그것을 독하게 품는 사람에게 상당한 추진력을 제공하여 높은 목표에 도달하게 하는 측면이 있습니다. 말하자면 성공의 불쏘시개로 꽤 유용한 태도라 할 수 있습니다. 실제로 오기 덕분에 엄청난 영업 실적을 달성한다거나 어려운 시험을 잘 치러 통과한다거나 혹독한 운동과 식이요법으로 체중조절에 성공하는 등의 사례를 쉽게 만날 수 있지요.

그러나 치료적 관점에서 오기는 변형의 동인으로서 권할 만한 태도는 아닙니다. 오기를 좀 더 긴 말로 풀면 이렇게 되지 않을까요. '두고 보자. 반드시 해 내서 내가 어떤 사람인지 보여 주겠어', '저런 사람도 하는데 나라고 못하겠어?', '여기서 멈출 수 없지. 고작 이런 게 내 것일 수는 없어.', '절대 지지 않을 거야.' 그러니까 오기 는 기본적으로 자기 자신을 다른 사람들과 비교하여 서열을 매기는 데서 비롯됩니다. 부(富), 외모, 재능, 학식 따위의 잣대로 사람들을 줄 세우고는 자신이 그 중 어떤 데서 모자란다고 느껴질 때 그 수 치스러운 결핍을 보상하려는 마음이 오기라 할 수 있습니다. 분에 넘치는 정도의 성취를 달성함으로써 자신이 뒤쳐지지 않음을 입증 하고 과시하고자 하는 것이지요. 사전은 그것을 '잘난 체하는 방자 한 기운'이라 풀이하지만, 심리적으로 설명한다면 오기는 자신을 있 는 그대로 받아들이지 못하고 부끄러워하는 마음이며, 그에 대한 과잉 보상을 추구하는 행동이라 할 수 있습니다.

그러므로 오기를 심하게 부리는 참여자가 있다면 그 안쪽의 수치심과 슬픔을 만날 수 있도록 도와야 할 것입니다. 자신의 흠과 모자람을 슬퍼하고, 그러나 그것을 다른 것으로 포장하지 않고 자 기다운 모습으로 수용하면서, 그 흠과 모자람에서 나오는 자신만의 능력과 개성을 발휘하게끔 촉진하는 것이 치료사의 역할입니다.

6) 욕망

사전은 욕망을 부족을 느껴 무엇을 가지거나 누리고자 탐하는 것이라고 풀이합니다. 초기 회상과 관련된 생각을 욕망의 형태로 표현하는 것은 상황과 자기 자신에 대한 파악이 상당히 구체적임을 반영합니다. 그렇지만 그것으로 그쳐도 좋은 것은 아닙니다. 우리 의 상처 입은 아이는 실현할 수 있는 욕망과 그렇지 않은 욕망을 구분하는 데 무능하기 때문입니다.

그러므로 치료적 개입은 거기서 시작되어야 합니다. 가령 '울고 싶다'라면 울고 싶은 장면에서 울면 되므로 크게 문제될 것이 없겠지요. 다만 참여자의 인지도식이 지나치게 비관적으로 기울어있지 않는지를 살필 필요는 있을 것입니다. 중립적인 상황에서도 편향된 인지 도식 탓에 울고 싶어질 수 있으므로 혹시 그런 상태라면 비관적인 인지 도식을 조금 더 낙관적으로 변형하는 것이 중요한 치료적 개입이 될 것입니다.

현실에서 채워질 수 없는 욕망도 있습니다. 심한 화상을 입은 동생이 고통에 겨워 우는 장면을 보며 '동생이 아프지 않으면 좋겠다'는 욕망을 가지는 것은 자연스럽습니다. 하지만 서너 살에 불과한 아이가 동생의 상처를 치료하거나 돌보는 것은 불가능합니다. 그렇지만 욕망은 그런 경우 실현될 수 없다고 해서 없어지지 않습니다. 대신 에너지의 방향을 바꾸어 무력한 자신을 탓하는 쪽으로 작용하곤 합니다. '아무것도 할 수 없는 내가 바보 같아'로 변질되는 것입니다.

06 진단평가의 예

1) 의문

(1) 아버지에게 맞음

이것은 20대 중반 취업준비 중인 미혼 여성의 첫 기억입니다. 그녀는 수 년 동안 우울장애를 겪고 있었고 심한 무기력 증상을 호소했습니다. 어린 시절부터 지속된 부모의 불화로 아버지와 어머니 모두에게 깊은 원망을 품고 있었지만, 스스로는 그것을 자각하지 못하고 부모와 거리를 두는 것으로 감정에 접촉하기를 피했습니다.

4살 무렵의 기억이고 참여자의 회상은 이렇습니다. "동생이 부엌으로 내려가는 계단에서 뛰어내리기를 좋아했어요. 그래서 계단 위에서 밀어달라고 하면 제가 밀어줬고요. 몇 번 그렇게 하며 놀다가 타이밍이 잘 맞지 않아 동생이 계단 아래로 넘어져서 울었어요. 그런데 아버지가 그걸 보고 화를 내며 다가오더니 제 머리를 세게 몇 대 때렸어요. 전 쓰러졌고 마룻바닥의 무늬가 크게 보였어요."

참여자는 이 장면을 극화하고서 그 경험을 슬픔의 감정과 '아빠는 왜 날 무자비하게 대할까?'라는 생각으로 집약했습니다. 여기에 투사된 생활양식은 '나는 수용되지 않고, 타인은 적대적이며, 세상은 두렵다'로 읽을 수 있습니다.

이 기억에서 중요한 것은 동생을 해치려던 게 아닌데 묻지도 않고 자신을 오해하여 심하게 때린 아버지입니다. 당황스럽고 억울하고 슬픈 장면인데 참여자는 그 심리적 충격을 감정을 표백한 채 머리를 세게 맞고 쓰러졌을 때 눈에 들어온 마룻바닥 무늬가 크게 보였다고 감각적으로만 회상합니다. 그리고 감정과 관련해서는 원망을 배제하고 슬픔만 경험하면서 '아빠는 왜 날 무자비하게 대할까?'라는 의문형의 생각으로 혼란을 표현하고 있습니다. 이해할 수 없는 아버지에 대한 분노를 축소하는 방어기제입니다.

이것은 부모에 대한 무의식적 원망과 알 수 없는 자책을 반복하며 스스로를 무력한 상태로 몰아넣는 참여자의 부적응적 행동 패턴을 풀어나가는 데 매우 중요한 단서가 되었습니다. 그래서 이후 상담 과정에서는 참여자의 욕망이 무엇을 향하는지를 정확히 찾아 그것을 적절하게 다룰 수 있도록 돕는다는 상처 입은 아이를 위한 연극치료(DWC)의 원리에 따라 '아빠는 왜 날 무자비하게 대할까?'라는 질문을 '아무 잘못 없는 나를 이렇게 때리는 아버지를 이해할 수 없어', '잘못한 건 내가 아니라 아버지야', '아버지한테 화가 나', '내가 맞은 것처럼 아버지를 때려주고 싶어'를 거쳐 '나를 때린 아버지에게 사과 받고 싶어'로 조금씩 변형해 나갔습니다.

(2) 길에 쓰러진 아버지

이 기억을 회상한 참여자는 30대 초반의 전문직 기혼 남성이었습니다. 그는 아내와 자신의 어머니의 갈등으로 인한 스트레스를 감당하지 못해 자살을 시도했고 그 일로 상담을 시작하게 되었습니다.

"제 기억 중에서 가장 앞에 있는 겁니다. 4살이었을 거예요. 겨울에 온 식구가 어딘가 모임에 갔다가 집으로 돌아오는 길이었는데, 술에 많이 취한 아버지가 미끄러져 넘어졌던 것 같아요. 전 아버지를 일으켜 같이 가고 싶었는데 엄마가 화를 내며 그냥 가자고 제 손을 잡아끌었어요. 그 뒤는 어떻게 되었는지 잘 모르겠어요."

참여자는 극화를 통해 이 기억의 감정을 좌절과 무기력으로 꼽고 그와 관련된 생각으로 '어떻게 해야 할지 모르겠다'를 찾았습니다. 그리고 이 장면에는 '나는 외적으로 통제되고, 타인은 냉담하며, 세상은 나를 압도 한다'는 생활양식이 투사되어 있습니다.

자신을 강력하게 통제하는 적대적인 두 힘 사이에서 어떤 선택도 하지 못하는 무력한 모습이 선명하게 드러난 역시 함입 상태에 해당하는 기억입니다. 그리고 이것은 아내와 어머니의 갈등과 대립을 견디지 못해 충동적으로 자살을 시도했던 참여자의 문제와 정확히 일치합니다. 이 상담 과정에서는 그래서 특히 참여자가 더 이상 첫 기억 속의 힘없는 어린 아이가 아님을 확증하는 데 힘을 기울였습니다. 참여자는 자신의 생각을 '어떻게 해야 할지 모르겠다'고 두루뭉술하게 말하지만 좀 더 솔직하게는 '나는 아버지를 일으켜 함께 가고 싶은데 엄마가 화를 내며 잡아끌어서 그렇게 할 수가 없어'에 가까울 것입니다. 하지만 당시에는 물리적으로나 심리적으로 힘이 약한 아이였기 때문에 엄마의 판단에 따라야 했고 그래서 무력감과 좌절을 느낄 수밖에 없었지만, 결혼을 해서 독립된 가정을 꾸린 현재는 그때와 달리 부모보다 훨씬 더 큰 힘을 갖고 있음에도 불구하고, 참여자는 그 사실을 제대로 보지 못하고 여전히 과거의 상처 입은 아이를 반복하고 있는 것이 문제였기 때문입니다.

그리고 또 한 가지 참여자가 자신의 판단을 확신하도록 힘을 실어주는 것이 중요했습니다. 첫 기억 속 엄마의 반응은 아이에게 '네가 원하는 대로 해선 안 돼'라는 메시지로 전달되었을 가능성이 큽니다. 그런데 엄마의 지시에 따르자니 한겨울 얼어붙은 길에 쓰러진 아빠를 모른 체 했다는 죄책감이 그를 괴롭혔을 것입니다. 참 가혹한 이중구속입니다. 그래서 참여자의 상처 입은 아이는 그렇게 이것을 원해도 안 되고 저것을 원해도 안 된다고 강요받았지만, 이제는 어떤 것도 자유롭게 원할 수 있고 선택할 수 있으며 그에 대한 책임을 지면 될 뿐 죄책감에 발목 잡힐 이유가 없다는 것을 사실로 믿고 받아들이도록 촉진했습니다.

3) 무서운 영화

"5~6살 무렵이었던 것 같아요. 어린이집에서 선생님이 무서운 영화를 보여주었어요. 영화를 틀기 전에 선생님이 무서운 걸 보기 싫은 사람은 손을 들라면서 그런 사람은 밖에 나가서 놀아도 좋다고 했는데, 전 안 들고 그냥 가만히 있었어요. 그렇게 있다가 다른 친구가 밖으로 나가기에 따라 나가 둘이 있었어요."

이 기억은 20대 초반 대학생의 것이며 그녀는 심한 무기력과 게임 의존을 동반한 우울증으로 상담을 의뢰했습니다. 이 참여자는 에너지가 극히 저하되어 체현이나 역할로 접근하기가 어려웠고 그래서 초기 기억을 말로 회상한 다음 잠깐 눈을 감고 해당 장면을 상상하는 것으로 극화를 대신했습니다.

참여자는 장면을 상상한 후 슬픔과 '무서운 거 싫은데 왜 보여주지?'라는 생각을 찾았습니다. 그리고 이 장면에는 '나는 외부에 의해 통제되고, 타인은 존경받을 자격이 없으며(unworthy), 세상은 불쾌하다'는 생활양식이 포함되어 있습니다.

이 초기 회상에서 드러나는 특징은 감정과 생각과 반응이 일관성 없이 제각각이라는 점입니다. 참여자가 장면을 회상할 때 관찰된 반응과 '무서운 거 싫은데 왜 보여주지?'라는 생각은 선생님에게 짜증이 났음을 어렵지 않게 보여주는데, 참여자는 그 감정을 슬픔이라 말하고 있으며, 영화를 보기가 싫었음에도 불구하고 손을 들어 표현하지 않고 가만히 있다가 다른 친구를 따라 밖으로 나갔습니다. 그리고 이렇게 분열적인 감정과 생각과 반응이 참여자의 문제를 고착시키는 중요한 기제였습니다.

'무서운 거 싫은데 왜 보여주지?'는 의문문의 형식을 취하고 있지만 실은 '무서운 거 싫은데 그걸 보여주겠다는 게 이상해'라는 기호와 판단을 포함합니다. 그리고 그것을 다시 욕망으로 바꾸면 '무서운 거 싫으니까 보여주지 말라고 하고 싶어' 혹은 '무서운 거 싫으니까 난 안 보고 싶어'가 됩니다. 둘 중 어떤 욕망을 택하든 그것을 따르자면 행동이 필요합니다. 선생님에게 손을 들고 말해야 하는 것이지요. 그런데 참여자는 그렇게 자기를 주장하지 않고 욕망을 숨깁니다. 그리고 선생님을 향한 짜증 혹은 화를 슬픔이라고 왜곡합니다. 자기주장의 연장으로서 공격성을 심하게 기피하는 것을 볼 수 있습니다. 하지만 그런 한편 실제로는 원하는 것을 취합니다. 영화를 보는 대신 친구를 따라 밖으로 나가지요. 자신의 욕망은 이중으로 은폐하면서 의존적으로 그것을 충족하는 것입니다.

이 같은 패턴은 자신을 통제한다고 여기는 어른들에 대한 분노로 가득 차있으면서 그것을 우울로 포장하고, 통제에서 벗어나기 위해 필요한 자기표현은 회피하고 대신 게임의존과 무력한 생활로 욕구를 충족하면서 동시에 자신을 통제하는 어른들에게 수동공격을 가하는 참여자의 행동과 그대로 일치했습니다.

그래서 이 참여자와의 상담에서는 감정적으로는 자신의 분노와 두려움을 알아차리는 것이 중요했습니다. 그리고 외부에 의해 통제된다는 자기 인식이 과연 사실인지를 검증하고, 자신이 원하는 바를 선택하고 그에 책임지는 내적 통제를 성취하기 위해서는 무엇이 필요한지를 찾아 익히도록 촉진했습니다.

2) 판단

(1) 아버지와의 미끄럼틀

이 기억은 이혼 조정 기간 중에 상담을 시작한 50대 중반 임시직 기혼 여성의 것입니다. 그녀는 이혼의 책임을 부정한 남편에게 돌리며 그에 대한 극심한 원망에 압도되어 있었습니다. 그녀는 20여 년 동안의 결혼 생활에 누구보다 충실했다 믿었지만 그것은 남들 보기에 성공적인 가정을 꾸림으로써 혼외자인 자신의 출생에 대한 수치심을 보상하기 위한 노력의 과정이기도 했습니다.

"대여섯 살 때쯤 아버지와 둘이 집에서 좀 떨어진 데 있는 놀이터에 간 적이 있었어요. 거기서 이런 저런 것을 하며 놀다가 돌로 된 높은 미끄럼틀이 눈에 들어왔어요. 아이들이 미끄럼틀을 재밌게 타고 있었죠. 저도 타고 싶었지만 무서워서 올라가지 못하고 바라보고만 있었는데, 아버지가 미끄럼틀에 올라가 저를 안고 함께 타주었어요. 그 후로 미끄럼틀을 무서워하지 않게 되었지요."

따뜻하고 예쁜 기억입니다. 극화를 한 뒤 참여자는 자신의 감정을 뿌듯함으로 명명하고 그와 관련하여 '아버지는 해결사'라는 생각을 찾았습니다. 또 여기서 '나는 의존적이고, 타인은 나를 격려하며, 세상은 두렵다'는 생활양식을 추론할 수 있습니다.

이 기억 자체는 긍정적이지만 '아버지는 해결사'라는 생각은 참여자에게 도움이 되지 않았습니다. 문제가 생겼을 때 자신이 가만히 있어도 어디선가 아버지가 슈퍼맨처럼 나타나 자신을 구해줄 거라는 아이다운 환상이기 때문입니다. 그런데 참여자의 인생에서는 그 환상이 사라지지 않고 아버지에서 남편을 향했다가 다시 자식으로 옮겨가며 그들에게 과도하게 의존하도록 만들었습니다. 그리고 지나친 의존은 대상에 대한 지나친 헌신을 불러왔고 그것은 다시 지독한 배신감으로 귀결되었습니다.

그래서 상담 과정에서는 이 기억에 내포된 '아버지는 해결사'라는 판단을 '누구도 나를 전적으로 책임져 줄 사람은 없다. 그럴 수 있는 사람은 오로지 나뿐이다'로 바꾸는 것이 중요한 비중을 차지했습니다.

(2) 깨진 창을 보며 그네 타기

"6살 무렵이고 언니들은 다 유치원에 다녔는데 저만 안 다녀서 집에 있었어요. 전 날 부모님이 심하게 다퉜고 그 와중에 집안의 유리창이 깨졌거든요. 그리고 제가 마당에서 혼자 그네를 타며 그 창문을 바라봤어요."

이 기억은 40대 중반 전문직 기혼 여성의 것입니다. 그녀는 다른 사람에 대한 의심과 적대적 태도로 대인관계가 원만하지 못했고 특히 재혼한 남편과 의붓아들에 대한 과도한 분노 때문에 상담을 하게 되었습니다. 이 기억은 그녀의 불신과 분노의 구체적인 형태를 잘 보여줍니다.

참여자는 이 기억을 극화하고 '사랑하는데 왜 저래? 믿을 수 없어'라는 생각을 찾았습니다. 감정은 아무런 느낌이 없는 데 가깝지만 굳이 비슷한 감정을 끌어다댄다면 의심이나 냉소적인 분노라 할 수 있다고 말했습니다. 여기서는 아마도 '나는 중요하지 않고, 타인은 믿을 수 없으며, 세상은 불쾌하다'는 생활양식을 볼 수 있을 것입니다.

'사랑한다면서 언성을 높이고 물건을 던지며 다투는 것은 말이 되지 않는다. 둘 중 한쪽이 거짓말이다. 저 깨진 창문은 엄마 아빠가 사랑한다는 게 거짓임을 증명한다.' 참여자의 상처 입은 아이는 이렇게 생각합니다. 그래서 참여자는 사람들을 잘 믿지 못하고 특히 자신에 대한 관심과 호의를 의심하며, 갈등을 있을 수 있는 것으로 여겨 매듭을 풀어가기보다 적대적 대립으로 해석하여 지나치게 공격적으로 반응하곤 했습니다. 상처 입은 아이의 잘못된 판단이 부적응적인 행동을 고착시킨 것입니다.

그래서 문제를 개선하기 위해서는 잘못된 판단을 바꾸는 것이 중요합니다. '엄마 아빠가 싸워서 싫구나. 그래 무섭고 걱정되지. 그런데 사랑하는 사이라도 싸울 수 있어. 싸운다고 상대를 미워하는 건 아니야. 네가 잘못해서 두 분이 다투는 것도 아니고. 그러니까 안심해도 괜찮아'라고 돕는 어른으로서 자신의 상처 입은 아이를 다독이도록 안내하는 것이 필요합니다.

(3) 놀림

"학교에 들어갔을 때였어요. 주변에 아이들이 모두 저를 보고 손가락질 하며 비웃었어요. 다리가 가늘다고 놀리고, 머리통이 찌그러졌다며 놀리고, 잘 넘어진다고 놀리고, 제 편을 들어주는 아이는 하나도 없었어요. 그렇게 학교에서 놀림을 받아도 집에 와서 한마디도 하지 못했죠. 아무도 내 얘기를 들어주지 않았고 집에서도 제 이름 대신 머리통이 찌그러졌다고 '찌부'라고 불렀거든요."

이 기억은 60대 초반 전업 주부의 것입니다. 자녀들과의 불화와 갈등으로 상담을 의뢰한 그녀는 이 장면을 극화한 다음 외로움과 '내 편은 아무도 없어'라는 생각을 찾았습니다. 생활양식은 '나는 수용되지 않고, 타인은 적대적이며, 세상은 고통스럽다'로 정리할 수 있을 것입니다.

참여자는 이 장면의 극화에 들어가자마자 울음을 터뜨렸습니다. 서럽게 한참을 울고 나서야 진정이 되었지요. 그 울음에는 놀리는 아이들에 대한 분노와 혼자인 슬픔과 눈에 띄게 못나고 약한 몸에 대한 자괴감 등 다양한 감정이 포함되어 있습니다. 그런데 참여자는 그것들 중에서 외로움만을 말합니다. 분노와 자괴감의 공격성을 내포한 감정3은 생략하고 슬픔을 그 다양한 스펙트럼 중에서 외로움으로 특정한 것입니다. 그 감정은 '내 편은 아무도 없어'라는 판단에서 오며 그것을 욕망의 형태로 바꾸면 '나도 내 편이 있으면 좋겠어'가 되겠지요.

여기서 먼저 주목할 것은 "내 편"이라는 표현입니다. 내 편과 짝을 이루는 것은 네 편이고 내 편과 네 편을 가르는 것은 싸울 때입니다. 그러니까 이 말은 참여자가 중립적인 경험을 갈등 상황의 것으로 해석할 가능성이 있음을 보여줍니다. 또 참여자는 아무도 자신의 편을 들어주지 않는 데서 오는 외로움만을 자각하고 분노와 원망은 배제하고 있습니다. 갈등 상황에서 자신을 일방적인 피해자로만 인식하고 있음이 드러나는 대목입니다. 실제로 이 참여자는 자녀들과 불화를 "나는 최선을 다했는데 도무지 이해할 수 없는 상황"으로 해석했고 자신의 소통방식이 지나치게 자기중심적이라는 것을 알아차리지 못했습니다.

그래서 상담에서는 가장 먼저 참여자가 첫 기억 속의 외로움을 충분히 표현하고 그것을 돕는 어른으로서 스스로 위로하도록 했습니다. 그런 다음에는 장면에 내포된 분노와 원망을 알아차려 그

---

3 자괴감을 공격성을 내포한 감정이라고 하면 의문의 여지가 있을 수 있습니다. 그런데 스스로 부끄러워하는 마음인 자괴감은 자신을 탓한다는 점에서 공격적이기도 하지만 변형된 원망이라는 점에서도 공격적입니다. 스스로 부끄러워하는 것은 대부분 부모에게서 물려받은 것이며 따라서 자괴감은 '나를 왜 이렇게 낳았어요? 왜 나한테 이런 것만 주었어요?'라고 부모를 원망하는 것이나 다를 바 없습니다.

대상에게 표현했지요. 그 과정에서 참여자는 자신이 진짜 원하는 것이 '내 편'이 아니라 '공감'이라는 사실에 조금씩 접근할 수 있었습니다. 이를 다시 말하면 '내 편은 아무도 없어'라는 판단을 '나도 내 편이 있으면 좋겠어'라는 욕망의 형태로 전환하고, 적대적 대립을 전제로 하는 그것을 다시 '내 말에 귀 기울여주고 공감해주는 사람이 있으면 좋겠어'라고 변형함으로써4 보다 적절한 욕망의 대상을 구체화하도록 촉진하는 과정이었다고 할 수 있습니다. 그리고 마지막 단계에서는 경청과 공감을 연습했습니다. 극 속에서 한층 솔직하고 정확하게 드러나는 자신의 언행을 거리를 두고 봄으로써 기왕의 자기중심적인 소통 방식을 알아차리도록 촉진하면서 자신이 원하는 경청과 공감을 상대에게도 적용할 수 있도록 도왔습니다.

---

4 "당신 마음이 이렇군요." 그것이 정확할 경우 공감을 받은 이는 자신의 경험 곧 자신의 감정과 생각을 알아주는 상대에게 저도 모르게 스르륵 마음의 빗장을 열게 됩니다. 타인은 자신과 다른 몸을 가진 별개의 정체이므로 자신의 경험을 모르는 게 인지상정일 텐데, 물리적 단절성에도 불구하고 자신과 유사한 감정과 생각을 체험하는 상대에게 자동적인 유대감 혹은 연결감을 느끼는 것입니다. 이렇게 공감은 상대로 하여금 '이 사람은 적이 아니라 내 편(on my side)이야'라고 판단하게 합니다. 특히 이 같은 공감의 힘이 빛을 발하는 것은 갈등 상황에서입니다. 갈등은 흔히 나와 상대를 분명하게 편 갈라 양측을 모두 화해할 수 없는 극단으로 치달아가게 하지요. 그런 경우 빈틈없는 논리는 상대를 더욱 방어적으로 만들지만, 상대의 마음을 읽어 함께 느끼는 공감은 상처 입지 않기 위해 날카롭게 세웠던 가시를 눕히고 한 발 다가서게 만듭니다. 나그네의 외투를 벗기는 내기를 했던 바람과 해의 이야기가 떠오르지 않으시나요? 그 우화에 빗대면 차가운 바람이 논리일 테고 따스한 햇볕이 공감에 해당하겠지요. 그러니까 우리가 누구나 공감을 원하고 공감에 목마르고 공감에 약하다면, 그것은 이 넓고 거친 세상에서 혼자라고 느끼기 때문입니다. 그래서 외롭고 두렵고 추운 것이고 또 그래서 누군가 나와 같이 느껴주면 거기서 안도와 위로를 얻고 그를 내 편이라 여기게 되는 것입니다. 이렇게 든든하고 따뜻한 내 편을 원하는 마음은 우리의 보편적인 연약함을 반영합니다.

3) 기호

(1) 빨간 신발을 신고

"6살 때였어요. 아빠가 딸들에게 새 신발을 한 켤레씩 사다 주셨는데, 제 건 빨간 구두였어요. 엄마가 심부름을 시키셨는데 새 신을 신고 기분이 너무 좋아서 큰 소리로 노래를 부르며 갔거든요. 친구가 그런 절 보고 왜 그렇게 크게 노래하냐고 말했던 기억이 나요."

참여자는 이 기억에서 행복을 느꼈고 '멋진 신발을 신어서 너무 좋다. 내가 멋져진 것 같아'라는 생각을 찾았습니다. 생활양식은 '나는 중요하고, 타인은 관대하며, 세상은 만족스럽다'로 볼 수 있을 것입니다.

이것은 바로 앞의 "깨진 창을 보며 그네 타기"와 동일한 참여자의 초기 기억 중 하나입니다. 참 예쁘고 즐거운 기억이지요. 그러나 상처 입은 아이를 위한 연극치료의 관점에서는 변형이 필요한 기억이기도 합니다. '멋진 신발을 신어서 너무 좋다. 내가 멋져진 것 같아'라는 생각이 그것입니다. 기억 속 아이는 아빠가 사다주신 빨간 구두로 날아갈 듯 행복하지만 그것 없이는 스스로 멋지다 느끼지 못합니다. 조금 더 과장하면 아무 치장을 하지 않은 맨 얼굴의 자신은 별로라고 경험하는 것이지요. 상처 입은 아이의 이 같은 생각은 자신을 근사하게 꾸며 줄 대상에 대한 욕망으로 전환됩니다. 자신을 멋지다고 느끼게 해 줄 옷차림이나 외모, 관계나 성취 또는 특정한 경험 등을 추구하게 되는 것입니다. 그리고 그것을 갖추지 못한 초라한 자신을 견디기 힘들기 때문에 더욱 대상에 집착하면서 자신의 본래 모습은 감추게 되기가 쉽습니다.

그런 경우에는 생각을 바꾸어야 합니다. '멋진 신발을 신어서 너무 좋다. 내가 멋져진 것 같아'라고 좋아하는 아이의 곁에서 '빨간 구두가 너한테 정말 잘 어울리는구나. 참 예쁘다. 하지만 넌 그 구두를 신지 않았을 때도 예뻤어. 빨간 구두 때문에 네가 멋져진 게 아니라 구두가 멋진 주인을 만난 거란다'라고 얘기해주는 돕는 어른이 필요합니다.

(2) 디스코 디스코

"몇 살 때인지 정확히 모르겠는데 초등학교에 들어가기 전인 건 확실해요. 집에서 엄마가 동네 아줌마들과 수다를 떨며 놀고 있었는데 카세트 플레이어에서 디스코 음악이 흘러나왔어요. 전 신이 나서 그 노래에 맞춰 춤을 추었고 아줌마들이 춤추는 저를 보며 손뼉을 치고 좋아했어요."

이것은 40대 초반 미혼 직장 여성의 초기 기억입니다. 만성적인 우울감을 호소한 그녀는 어린 시절부터 엄마와 과도하게 밀착되어 자기 자신으로서 개별화되는 데 어려움을 겪었습니다.

참여자는 이 장면에서 신나는 감정과 '사람들이 나를 봐 주니까 좋다'는 생각을 찾았습니다. '나는 중요하고, 타인은 나를 격려하며, 세상은 흥미롭다'는 생활양식이 엿보이는 기억입니다.

이 기억에서 참여자를 정말로 신나게 한 것은 디스코 음악에 맞춰 춤을 추는 것보다 그런 자신을 보며 손뼉을 쳐주는 사람들입니다. '사람들의 시선을 한 몸에 받는 것'은 욕망할 만한 대상입니다. 하지만 늘 문제가 되는 것은 균형을 잃은 과도함이지요. 참여자의 이 상처 입은 아이는 다른 사람들이 주목할 만한 성과를 내기 위해 지나치게 자신을 소진하여 무기력한 상태로 몰고 갔습니다.

또 이 장면에서 아이는 춤을 추어 어른들을 즐겁게 합니다. 그리고 그것에 대한 반응으로 주목과 우호적인 반응을 이끌어내지요. 상처 입은 아이의 그 같은 행동은 참여자가 자신의 욕구에 어긋나는 요구도 거절하지 못하고 거꾸로 다른 사람들의 필요에 억지로 자신을 끼워 맞추도록 했습니다. 자신에게 손뼉 치는 사람들을 얻기 위해 자기를 잃어버리는 형국이 된 것입니다.

그래서 이 경우에는 타인의 동조와 주목에 대한 집착을 덜어내는 것이 중요합니다. 다른 사람의 동조와 주목은 분명히 굉장한 삶의 동력이지만 그것은 바닷물과도 같아서 마시고 마셔도 갈증이 해결되기는커녕 오히려 더 타는 목마름을 가져온다는 것을 통찰할 필요가 있습니다. 욕망의 충족이 원천적으로 불가능한 것이지요. 그것을 정확히 알면 그것을 향해 과도하게 내달리지 않게 됩니다. 추구하되 집착하지 않을 수 있게 되는 것입니다. 그리고 자신에 동조하고 주목해야 할 가장 중요한 대상은 타인이 아니라 자기 자신임을 아는 것이 중요합니다. 돕는 어른으로서 자신의 상처 입은 아이에게 '아이야, 너 참 신나게 춤을 추는구나. 나도 함께 추고 싶어지네. 사람들이 너를 보고 웃으며 박수하니까 기분 좋지? 근데 저 사람들은 언젠가는 여길 떠날 거야. 그리고 다른 것을 바라보겠지. 하지만 그때도 나는 널 보고 있을 거란다. 난 한순간도 너를 떠나지 않고 곁에서 지켜보고 있어. 네가 춤을 출 때도 춤을 추지 않을 때도 상관 없이 언제나 말이야'라고 다정하게 일러줄 수 있다면 욕망에 쫓기는 대신 그것을 잘 다룰 수 있게 될 것입니다.

(3) 짝꿍

"여섯 살 때쯤이었어요. 유치원에서 남녀로 짝꿍을 정해주었는데 제 짝은 너무 순해서 갖고 놀던 장난감을 다른 아이가 가져가도 아무 말도 못했어요. 그래서 제가 짝꿍 대신 나서서 찾아다주곤 했어요. 걔랑 저랑은 서로 좋아해서 놀이터에 나가 놀거나 소풍을 갈 때도 꼭 손을 잡고 다녔어요."

이것은 불안장애로 상담을 의뢰한 30대 중반 전문직 여성의 초기 기억 중 하나입니다. 참여자는 이 기억을 극화한 후 안정감을 느꼈고 그와 관련된 생각으로 '짝꿍이 있어서 좋아'를 찾았습니다. 이 귀여운 장면에 내포된 생활양식은 '나는 협력적이고, 타인은 우호적이며, 세상은 만족스럽다'에 가까울 것입니다.

그러나 상처 입은 아이를 위한 연극치료의 관점에서 이 기억은 적절한 변형을 필요로 합니다. 서로 돕고 친밀감을 나누는 짝꿍은 욕망할 만한 대상임에 틀림없지만 그에 대한 과도한 추구는 자칫 '짝꿍이 있어야만 해'로 경계를 넘을 수 있기 때문입니다. 그것은 한 차례 이혼 경험이 있는 참여자에게는 더욱 문제가 될 수 있었지요.

짝꿍에 대한 추구가 짝꿍 없음으로 인한 불안과 짝꿍에 대한 지나친 의존으로 번지지 않기 위해서는 다른 사람 이전에 자기 자신이 스스로의 짝꿍이 되어주어야 합니다. 짝꿍 없이는 온전하지 않다고 느끼는 자신의 상처 입은 아이에게 "혼자라서 싫구나. 네가 뭔가 잘못된 것 같아 불안하고. 하지만 그렇지 않아. 사람은 혼자일 때가 더 많은 법이거든. 가까이서 늘 함께 하는 짝꿍이 있으면 든든하겠지만 세상이 네가 바라는 대로 되어야 하는 건 아니니까 안타깝지만 어쩔 수 없지. 대신 내가 네 짝꿍이 되어줄게. 난 언제나 네 곁에 있어. 네가 어떤 기분인지, 뭘 하고 있는지, 뭘 하고 싶어 하는지, 네게 뭐가 필요한지를 지켜보고 있단다. 귀도 활짝 열어놓 고 있지. 네 얘기가 듣고 싶어 이만큼 커진 거 보이니? 난 무슨 일 이 있어도 널 떠나지 않는 진짜 짝꿍이란다. 그러니까 이제부터는 짝꿍이 필요하면 날 불러. 지니보다 빨리 달려올 테니까. 자, 우리 짝꿍된 기념으로 손잡자"라고 할 수 있는 돕는 어른이 필요합니다.

4) 금기/당위

(1) 외갓집에서 혼자 놀기

"너댓 살 무렵에 한 달 정도 외갓집에서 지낸 적이 있었어요. 엄마가 무슨 일이 있어서 외할머니한테 저를 맡겨둔 거였죠. 한 여 름이었는데, 하루는 할머니가 마당에 빨간 큰 고무통을 놓고 거기에 물을 받아 그릇이랑 주걱 같은 걸 띄워놓고 놀게 한 다음 잠깐 외출 하셨어요. 따가운 햇살과 차가운 물의 촉감이 기억나요. 거기서 혼 자 한참 놀다가 나와서는 할머니의 뾰족 구두를 신고 마당을 돌아 다녔어요. 어른들께 들은 얘기로는 그 날 할머니 화장대의 립스틱을 가지고 놀다가 뚜껑을 잘못 닫아 전부 엉망이 되었다고 해요."

이 기억을 회상한 참여자는 30대 초반의 전문직 기혼 여성으 로 오랜 우울장애로 인한 무력감에 시달렸습니다. 직접적으로 상담 을 의뢰한 계기는 직장에서 실수를 할까봐 지나치게 불안해하면서 무의식적으로 자신의 언행을 검열하고 그럴 때마다 죽고 싶은 생각 이 드는 것 때문이었습니다. 그녀는 6살에 부모가 이혼한 후 결혼 전까지 술에 의존하면서 자신을 정서적으로 학대하는 엄마와 함께 살았던 역사를 가지고 있었습니다.

이 장면을 말로 회상할 때는 즐거운 기억처럼 얘기했지만 극화한 뒤에는 밖에서 지켜본 사람들도 참여자가 심심해 보였다고 했고, 참여자도 '외할머니가 잘 해주시니까 엄마 기다리는 것을 티내면 안 된다'는 생각과 함께 막막한 감정을 찾았습니다. 생활양식으로 말하면 '나는 수용되지 않고, 타인은 나를 방임하며, 세상은 따분하다'가 될 것입니다.

참여자의 상처 입은 아이는 엄마가 빨리 오기를 기다리고 있고 언제 올지 알 수 없어 막막하고 외롭습니다. 그런데 엄마 대신 보살펴 주시는 할머니가 속상할까봐 잘 지내는 척 해야 한다고 스스로 채근합니다. 지나치게 조숙하다 할 만큼 자신의 욕구와 감정에 솔직하지 않습니다. 그러나 다른 사람을 배려하기 전에 가장 먼저 배려해야 할 사람은 자기 자신입니다. 자신의 욕구와 감정을 무시한 채 다른 사람의 욕구와 감정을 앞세운다면 그것은 배려가 아니라 관계 맺기를 거부하는 것이나 다름없습니다. 자신을 솔직하게 열어 보이지 않는 대상과 진짜 소통이 일어날 리 없으니까요. 실제로 이 참여자는 심한 자기검열로 대인관계에서 극단적인 긴장과 고립을 나타냈고 스스럼없이 자기 자신으로 관계 맺는 대상은 배우자 한 사람뿐이었습니다.

금기의 형태로 굳어진 생각은 그 욕망의 대상을 스스로에게 허용하도록 변형하는 것이 중요합니다. 이 참여자의 경우에 그것은 슬픔과 '엄마가 보고 싶어'라는 생각이었습니다. 그래서 참여자에게 아무도 듣지 못하니까 장면 속 아이의 속마음을 말해보라고 했습니다. "울고 싶어. 엄마 오나 밖에 나가봐도 될까? 엄만 내가 어려서

아무것도 모를 거라고 생각하나봐. 왜 엄만 날 여기에 뒀을까? 엄마
가 오긴 올까? 혹시 안 오는 거 아닐까? 엄마 보고 싶어. 나 울고 싶
어." 그런 다음에는 그 말을 혼잣말이 아니라 할머니에게 해보도록
했습니다. 참여자는 할머니의 눈을 보지는 못했지만 그래도 자신의
마음을 그런대로 전할 수 있었습니다. 그리고 제가 할머니로서 참
여자의 등을 쓸어주며 "울어도 돼. 할머니가 네 맘 다 알지. 우리
강아지 참느라 애썼지? 장하다. 실컷 울어. 엄마 보고 싶다고 울어
도 괜찮아"라고 말했습니다. 참여자는 그때서야 소리 내서 울기 시
작했지요. 눈물이 어느 정도 진정된 후에는 마지막으로 참여자가
할머니가 되어 초기 회상 속의 어린 자신을 만나도록 했습니다. 돕
는 어른의 역할을 연습한 것입니다.

(2) 동생 친구의 죽음

"7살 때였어요. 어느 날 엄마가 밖에 나가서 놀지 말고 방 안
에서 공부를 하라고 한 적이 있었어요. 동생과 책상 앞에 앉아 의
자를 까딱이며 지루해하고 있는데, 밖에서 쾅하는 소리가 들렸어
요. 동네 아줌마와 통화를 한 엄마가 우리를 방에 두고 밖에 나갔
다 오셨어요. 나중에 알고 보니 위층에 살던 동생 친구가 옥상에서
놀다가 떨어져 죽는 사고가 있었던 거였죠. 마침 그 날 아침에 아
빠가 지난 밤 꿈자리가 뒤숭숭하니 아이들을 집 밖으로 내보내지
말라고 해서 엄마가 우리를 집 안에 있게 한 거라고 했어요."

이 기억은 30대 중반 기혼 전업 주부의 것입니다. 그녀는 불안
과 우울로 인한 스트레스를 호소했고 특히 자녀의 건강과 관련한
과도한 불안 증상이 상담을 시작한 계기가 되었습니다.

참여자는 이 장면을 극화한 뒤에 무서움을 느꼈고 그와 관련된 생각으로 '죽으면 다시는 못 보니까 엄마 말을 잘 들어야 해'를 찾았습니다. 생활양식으로 바꿔 말하면 '나는 안전하지 않고, 타인은 양육적이며, 세상은 압도적이다'라 할 수 있습니다.

'죽으면 다시 못 보니까 엄마 말을 잘 들어야 해'는 인과 관계가 정확한 문장이 아닙니다. 이 문장이 참이 되려면 '엄마 말을 잘 들으면 엄마가 죽지 않는다'가 성립해야 하는데, 죽음은 아이가 엄마의 말을 듣던 듣지 않던 그와 상관없이 작동하니 말입니다. 다시 말해 이 기억 속 상처 입은 아이의 생각은 어떻게든 제 삶의 반경에서 죽음을 막고 싶은 소망이 만들어낸 비합리적 신념이라 할 수 있습니다. 그리고 그렇게 생각하는 아이는 '나 때문에 엄마가 잘못 되면 어떻게 하지?'라는 자책이 섞인 두려움을 느낄 수밖에 없습니다.

그러므로 당위의 형태를 취한 이 생각은 합리적으로 변형할 필요가 있습니다. '아무리 애를 써도 죽음을 막을 수는 없다.' 그리고 돕는 어른으로서 제 잘못도 아닌 불행과 고통에 압도된 아이를 든든히 안아주는 것이 중요합니다. "네가 잘못해서 그런 일들이 일어난 게 아니야. 엄마 아빠는 사랑해서 너를 낳았고 낳고 나서도 너를 사랑했어. 나쁜 일이 일어나는 것을 막을 수는 없지만 곧 지나갈 거야. 그리고 생각해보면 나쁜 일 말고 기쁘고 신나는 일들도 많단다. 무엇보다 내가 너를 사랑하고 늘 네 곁에 있다는 걸 잊지 마."

(3) 고구마 캐기

"7살 때 유치원에서 소풍을 갔어요. 사립 유치원이었는데 2주에 한 번씩 바깥 활동을 했거든요. 한 번은 아이들과 함께 밭에서 고구마를 캔 적이 있어요. 그때 다른 아이들보다 제가 많이 캐서 기분이 좋았어요.”

이 기억을 회상한 참여자는 중학교 남학생으로 학업과 교우 관계로 인한 과도한 스트레스로 상담을 받았습니다.

참여자는 이 장면에서 ‘쟤보다 내가 더 많이 캐야 해’라는 생각을 찾았고 그렇게 하면서 매우 즐거워했습니다. ‘나는 유능하고, 타인은 무가치하며, 세상은 만족스럽다’는 생활양식이 나타나는 기억이기도 합니다.

이 초기 회상에 나타난 상처 입은 아이는 비교와 경쟁 그리고 거기서 우위를 차지하는 데서 안전감과 만족감을 얻습니다. 우리 사회의 프레임과 상당히 유사하며, 그래서 이 신념을 가진 참여자는 그가 속한 집단에서 지속적으로 괄목할 만한 성과를 내는 유능한 인재였습니다. 그러나 그 같은 과거의 성취도 더 큰 무리 속에서 자신보다 훨씬 뛰어난 경쟁력을 갖춘 사람과 맞닥뜨리게 될 미래 앞에서는 한순간에 빛을 잃어버리기에 그는 늘 불안에 쫓기고 우울에 발목 잡힐 수밖에 없었습니다.

질베르 뒤랑의 분류에 따르면 참여자의 이 상승일변도의 욕망은 분열 형태 구조에 속한다 할 수 있습니다. 그런데 분열과 대립과 극단으로 치닫는 분열 형태 구조는 절대적 공허와 과도한 긴장 상태를 유발하며, 충분히 잘 하고 있음에도 불구하고 자신을 극심하게 몰아 부침으로써 실패자가 될 것을 미리 두려워하고 있는 것입니다.

그래서 그와의 상담에서는 ‘쟤보다 내가 더 많이 캐야 해’라는 당위에 스스로 의문을 품도록 도움으로써 분열 형태 구조 자체의 전환을 촉진하는 것이 주된 개입이었습니다. 1등이 되려고 애쓰는 까닭이 위험을 피하기 위한 것인가 아니면 그것이 즐겁고 좋기 때문인가, 정말로 1등을 해야만 살아남을 수 있는 걸까, 개수 이외에 땅 속에 심겨진 것을 캐서 씻어서 맛나게 삶아 나누어먹는 고구마와 관련된 일련의 과정이 모두 즐겁지 않을까, 1등을 해야 한다는 믿음은 어디서 온 것일까, 1등이 정말로 내가 원하는 것일까를 묻도록 촉진함으로써 무의식적 신념의 자동적 작동에 제동을 걸었습니다.

그리고 "안전해지려면 힘을 갖춰야 하고 그것을 위해서는 더 높은 곳을 바라봐야 해"라고 위협하고 채근하는 상처 입은 아이에게 휘둘리기보다 돕는 어른으로서 "넌 지금까지 충분히 잘 해왔어. 지금도 그렇고. 정말 애썼어. 나는 그런 네가 참 자랑스럽다. 하지만 꼭 1등이 되어야만 하는 건 아니니 널 압박하지 않아도 돼. 난 언제나 네 편이니까 네가 정말로 원하는 것에 귀를 기울여 봐"라고 자신을 지지하도록 했습니다.

5) 의지

(1) 벌거숭이 꼬마

이 초기 기억은 앞의 "아버지와의 미끄럼틀"의 참여자의 것입니다.

"네 살이나 다섯 살이었을 거예요. 한 여름이었는데 집에서 물놀이를 하고 놀다가 할머니가 잠든 사이에 옷을 전혀 걸치지 않은 채 맨 몸으로 집 앞에 있던 아버지의 병원으로 갔어요. 그런데 아버지가 벌거벗은 저를 보고 난감한 표정으로 "어서 집에 가자. 다음에는 꼭 옷을 입고 와라"고 하면서 집으로 돌려보냈어요. 그래서 그 길을 되짚어 집으로 왔어요."

참여자는 이 기억에서 창피함과 함께 '내가 옷을 안 입은 게 이상한 거구나. 담부턴 옷을 입고 다녀야지'라는 생각을 찾았습니다. 그리고 여기에 나타난 생활양식은 '나는 수용되지 않고, 타인은 나를 낙담시키며, 세상은 힘 빠지는 곳이다'라고 추측할 수 있습니다.

'내가 옷을 안 입은 게 이상한 거구나. 담부턴 옷을 입고 다녀야지'에는 맨 몸과 그것을 가리는 옷이 중요한 상징으로 등장합니다. 참여자에게 '맨 몸'이 혼외자라는 출생의 비밀, 이혼녀에 대한 사회적 낙인, 자신의 솔직한 욕구와 감정이라면, '옷'은 그 같은 흠을 가려줄 정상적이고 단란한 가정, 상냥한 말씨와 친절한 태도였습니다. 그녀는 자신의 흠이라 여기는 것을 남들 눈에 좋아 보이는 것들로 감추는 데 온 삶을 바쳤지만 이혼으로 인해 그 노력이 한순간에 물거품이 되면서 전 남편을 향한 들끓는 분노와 공허를 오갔습니다.

이 병리적 신념과 반응을 적절하게 변형하는 결정적인 열쇠는 그와 관련된 감정인 수치심입니다. 남들은 옷을 다 갖추어 입었는데 나만 벌거벗었고 그래서 다음부터는 꼭 옷을 챙겨 입어야겠다는 생각을 고착시키는 에너지가 수치심에서 나오기 때문입니다. 그래서 먼저 나만 벌거벗었고 나만 큰 흠을 갖고 있다는 믿음을 깨는 치료적 개입이 중요했습니다. 흠의 모양이나 크기는 사람마다 다르겠지만 흠 없는 사람은 아무도 없다는 것을 사실로 받아들이는 것이지요. 완전무결한 삶과 가정은 TV 광고에서만 가능한 환상이며,

혼외자나 이혼녀라는 낙인은 그것을 낙인으로 사용하는 사람들의 결핍을 증명하는 것일 뿐 내가 그것을 나의 역사로 수용하기만 하면 그 순간부터 나를 지배하는 힘을 잃는 타인의 시선에 불과함을 깨닫는 것입니다. 나의 역사라고 해서 아무 때나 아무데서나 공개할 필요는 없지만 그것을 수치스럽게 여겨 애써 감출 일도 아님을 확신하는 것입니다.

그렇게 할 수 있을 때 참여자는 돕는 어른으로서 자신을 창피하게 느끼는 상처 입은 아이에게 "옷을 입지 않아서 창피하구나. 내 옷을 줄 테니 덮자. 이제 괜찮지? 아빠가 이렇게 해 주셨다면 좋았을 텐데, 아빠도 당황하셨나보다. 오늘 옷을 입지 않고 병원에 온 건 네 잘못이 아니야. 그러니까 너무 부끄러워하지 않아도 돼. 언제 옷을 입고 언제 입지 않아도 되는지는 자라면서 저절로 알게 될 테니 걱정하지 않아도 되고. 그리고 아빠한테 솔직하게 말해도 돼. 난 그냥 아빠가 보고 싶어서 왔다고, 아빠가 집에 데려다주면 좋겠다고 말이야"라고 일러줄 수 있습니다.

(2) 엄마에게 야단맞음

"5살 때 있었던 일이에요. 집에 손님이 오셨는데 제가 집안 곳곳을 뛰어다니면서 부산스럽게 굴었어요. 엄마가 그런 저를 보면서 "선머슴처럼 뛰어다니지 마!"라고 큰 소리로 야단을 치셨죠."

이것은 앞의 "아버지에게 맞음"을 회상한 참여자의 또 다른 초기 기억입니다.

회상할 때는 엄마에게 미안한 기억이라고 했는데 막상 기억을 극화하자 장면 속에서 참여자는 엄마가 몇 번이나 제지해도 전혀 아랑곳하지 않고 신나게 웃으며 온 집안을 뛰어다녔습니다. 장면을 마치고서는 엄마가 한 번에 화를 낸 게 아니었겠구나 싶다며 미안 하면서도 그보다 훨씬 더 신이 났다고 말했습니다. 그리고 그와 관련된 생각으로 '엄마를 골려줘야지'를 찾았습니다. 이 초기 기억에 투사된 생활양식은 '나는 내적으로 통제하고, 타인은 관대하지 않으며, 세상은 자극적이다'로 짐작할 수 있습니다.

　이 경우는 초기 기억을 말로 회상했을 때와 극화했을 때 매우 다른 양상이 나타났습니다. 의식적으로는 미안한 기억으로 정리되어 있었는데 극화를 통해 그것을 몸으로 다시 살면서 무의식으로 가라앉아 있던 즐거움이 새롭게 경험된 것입니다. 둘 중 어느 것이 참인지 가리는 것은 의미가 없습니다. 그보다는 의식적으로는 엄마한테 미안한데 무의식에서는 엄마를 골려줄 수 있어 신난다고 느끼는 양가감정의 존재와 그 간극에 주목하는 것이 훨씬 중요합니다.

　실제로 참여자는 성장과정에서 자신을 정서적으로 방임하고 학대한 부모를 크게 원망하면서도 스스로는 그런 상태는 진작에 지나왔다 여겼습니다. 하지만 의식적으로 부인된 그녀의 원망은 자신을 무력하게 방치함으로써 부모가 이미 어른인 자신을 경제적으로 책임지도록 하는 수동공격적인 방식으로 표출되었지요. 무의식적으로는 그렇게 엄마를 골려주면서도 다른 한편으로는 꽉 찬 나이에도 독립하지 못한 데 대해 미안함을 과하게 느끼면서 서로를 보상하는 병리적 징후를 나타냈습니다.

　그래서 이 경우에는 먼저 상처 입은 아이의 원망을 정확히 보고 받아들이는 것이 필요했습니다. '내가 여전히 부모를 원망하고 있고, 나를 무력하게 만드는 것으로 앙갚음을 하고 있구나.' 그리고 아이가 부모로 인해 입은 상처를 돌이켜보며 안전한 상태에서 충분히 슬퍼하도록 도왔습니다. 그 다음에는 부모 역시 한 사람임을 수용하는 것으로 나아갔습니다. 자식인 나는 부모를 부모로만 만났지만 그들 역시 부모이기에 앞서 나처럼 약하고 어리석은 사람이며, 내게 좋은 것으로만 충분히 주진 못했지만 그럼에도 부모로서 잘해 보려 애썼으며, 나의 삶은 온전히 부모로부터 왔고 그것만으로도 감사할 일임을 사실로 인정하는 것입니다.

이것을 감정으로 말한다면, 상처 입은 아이의 숨어 있던 원망이 또렷해졌다가 자기 자신과 부모에 대한 슬픔으로 모습을 바꾸고 그 눈물이 지나간 자리에 다시 감사가 들어서는 과정이라고 할 수 있습니다.

(3) 남자친구와 놀이터에서

"열세 살 때였어요. 남자친구하고 놀이터에서 밤늦게까지 놀았죠. 나란히 그네를 타고 있는데 뱃속에서 꼬르륵 소리가 날까봐 걱정이 됐었던 게 기억나요. 그 애한테 잘 보이고 싶었거든요."

이 기억을 회상한 참여자는 20대 중반 미혼 임시직 여성으로 어린 시절 부모의 극심한 불화와 오랜 기간 낯선 환경에서 혼자 버텨야 했던 경험으로 인해 외상 후 스트레스 장애와 유사한 증상을 보였습니다. 그녀는 고립감과 자신에 대한 혐오에서 벗어나기 위해 성형수술과 술과 남자친구에게 과도하게 집착했습니다.

참여자는 이 기억에서 설렘과 긴장을 동시에 느꼈고 생각도 복잡했습니다. '좋은데 불편하다. 뱃속에서 소리가 나면 애가 싫어할 거야. 배에 힘을 꽉 줘서 소리가 나지 않게 해야지.' 여기에 투사된 생활양식은 '나는 나를 통제하고, 타인은 관대하지 않으며, 세상은 힘들다' 정도로 말할 수 있습니다.

'좋은데 불편하다. 뱃속에서 소리가 나면 얘가 싫어할 거야. 배에 힘을 꽉 줘서 소리가 나지 않게 해야지'라는 생각은 자신의 몸을 수치스럽게 여겨 지나치게 통제하는 참여자의 문제를 그대로 보여줍니다. 참여자는 아름다운 외모에 대한 명확한 기준이 있어서 어떻게든 자신을 거기에 맞추기 위해 과도한 식이조절과 성형수술을 반복했고, 그것은 외모를 매력적으로 가꾸지 않으면 사람들이 자신을 업신여길 거라는 두려움과 수치심에서 나온 반응이었습니다. 자신을 다른 사람의 눈으로 평가하는 것이지요.

이런 생각에 사로잡힌 상처 입은 아이에게는 "뱃속에서 소리가 날까봐 불안하구나. 그런데 그런 소리는 누구한테나 다 나는 거야. 네 옆에서 있는 저 친구도 마찬가지일걸. 좋아하는 사람이라면 꼬르륵 소리가 아니라 방귀를 뀌어도 밉지 않아. 내가 너한테 그런 것처럼 말이야. 아침에 막 일어나 부스스할 때도, 지금보다 10kg이 더 나가도, 가슴이 풍만하지 않아도 난 네가 너라서 예쁘고 사랑스럽거든. 너를 정말 사랑하는 사람이라면 나와 다르지 않을 거야. 그러니까 안심해도 돼"라는 돕는 어른의 지지가 필요합니다.

6) 욕망

(1) 어린이집에서 낮잠 자기

"어린이집에 다닐 때였으니까 네댓 살쯤이었을 거예요. 어린이집이 무슨 체육관 같은 곳에 있었어요. 그래서 한쪽 옆에서는 오빠들이 늘 농구를 했고, 다른 쪽 옆에 우리가 있었죠. 낮잠 시간이 되면 체육관 한쪽에 있는 다락 비슷한 곳으로 올라가서 잤어요. 낮고 좁은 문으로 들어가면 허름한 바닥에 군용 모포 같은 게 깔려 있었고, 아이들은 선생님이 낮잠을 자라고 하면 그리로 올라가 아무렇게나 자리를 잡고 잠이 들었죠. 그런데 전 어릴 때부터 잠이 별로 없어서 낮잠도 자지 않았어요. 그래서 그냥 멍하니 아이들이 잠든 모습을 바라보곤 했어요."

이것은 앞의 "외갓집에서 혼자 놀기"를 회상한 참여자의 또 다른 초기 기억입니다.

참여자는 기억을 극화하고서 '이 구질구질한 데서 나가고 싶다'는 생각과 함께 슬픔을 찾았습니다. 생활양식은 '나는 내적으로 통제하고(반항하고), 타인은 냉담하며, 세상은 불쾌하다'라고 할 수 있을 것입니다.

참여자는 자신이 처한 상황을 불쾌하게 느끼고 거기서 나가고 싶어 합니다. 여섯조각이야기 식으로 말한다면 '탈출'을 욕망하는 것입니다. 그러나 이 기억 속의 상처 입은 아이는 탈출을 위해 아무것도 하지 못한 채 그저 눈을 말똥말똥 뜨고 잠든 다른 아이들을 바라볼 뿐입니다. 욕망은 뚜렷한데 욕망하는 대상을 취할 힘이 없는 상태라 할 수 있습니다. 그것은 참여자가 '이 구질구질한 데서 나가고 싶다'는 생각과 관련된 감정을 슬픔으로 찾은 데서도 확인됩니다. 다행히 장면을 마친 후 이 기억에 대해 좀 더 자세히 이야기하면서 참여자는 "화가 났다"고 했습니다. 저 역시 '이 구질구질한 데서 나가고 싶다'는 슬픔보다 분노로 경험하는 것이 적절하다고 판단했습니다. 그래서 참여자가 화가 났다고 말한 순간 맞장구를 치면서 아까는 슬픔이라고 했지만 사실 그 아래에는 '나를 왜 이런 곳에 있게 하는 거야?'라는 분노가 있을 수 있고, 그 감정을 뚜렷하게 알아차리지 못한 데는 화가 난 대상에게 화를 내면 안 된다, 혹은 화를 낼 수 없다고 생각하기 때문일 것이라고 설명했습니다. 그리고 참여자가 정말로 화가 난 대상을 찾아 이 기억과 관련한 감정을 표현하도록 촉진했습니다. 참여자는 그렇게 분노의 대상에게 자신의 정당한 권리를 주장함으로써 '이 구질구질한 데서 나가고 싶다'는 욕망을 적절하게 표현할 수 있었습니다.

(2) 엄마가 아빠에게 맞던 기억

이 기억 역시 앞의 "외갓집에서 혼자 놀기"와 "어린이집에서 낮잠 자기"의 참여자의 것입니다.

"네 살이나 다섯 살쯤이었을 거예요. 당시에 엄마는 밖에서 사람들과 어울리며 술을 마시고 늦는 일이 잦았고, 그 날도 술에 취해 한밤중에 들어왔어요. 엄마가 들어오자 아빠는 소리를 지르며 화를 냈죠. 잠들었던 제가 그 소리에 깼던지 아빠가 절 한 팔로 들쳐 안고 엄마를 때리기 시작했어요. 계속 엄마를 때리면서 방 한쪽 구석으로 몰아갔고, 엄마는 울며 비명을 질렀어요. 공포에 떨던 엄마의 얼굴이 또렷하게 기억나요."

참여자는 이 기억에서 공포와 '이 상황을 멈추고 싶다'는 생각을 찾았습니다. 그리고 '나는 안전하지 않고, 타인은 적대적이며, 세상은 압도적이다'라는 생활양식을 추론할 수 있습니다. 참혹한 기억입니다. '이 상황을 멈추고 싶다'는 상처 입은 아이의 욕망을 매우 정확히 나타내지만 아이에게는 그럴 수 있는 만한 힘이 없습니다. 공포스러운 상황을 벗어나고 싶지만 그를 위해 대상과 싸울 수도 그로부터 도망갈 수도 없는 것입니다. 그럴 경우 '이 상황을 멈추고 싶다'는 욕망은 자신을 해치는 것으로 방향을 바꾸어 공포를 느끼지 않기 위해 감각을 마비시키거나 자살 사고와 행동으로 이어지기 쉽습니다.

실제로 참여자는 장면 속 자신의 모습을 표현해보라고 했을 때 도움치료사를 옆으로 바닥에 태아처럼 눕히고 그 위를 검은 천으로 덮었습니다. 그리고 상자 속의 나쁜 것들이 속수무책으로 세상으로 퍼져나가는 것을 목격한 판도라가 된 기분이라고 말했습니다.

그래서 저는 앞선 회기에서 찾은 참여자의 돕는 어른을 불러와 공포로 얼어붙은 상처 입은 아이를 위한 의식(儀式)을 치러주도록 했습니다. 그녀는 꽃이 그려진 연둣빛 커다란 천을 들고 상처 입은 아이를 중심으로 천천히 원을 그리며 걸었고 두 번째 동그라미를 그리면서 "이게 끝이 아닐 거야. 너는 지금부터 피어날 거야"라고 말했습니다. 그리고 아이를 덮은 검은 천을 천천히 걷어내고 아이가 위를 보고 편안히 눕도록 자세를 바꿔준 다음 연둣빛 천을 덮어주고 아이의 머리를 쓰다듬으며 앞서 찾은 말을 되풀이해서 들려주었습니다. 그 다음에는 역할을 바꾸어 참여자가 상처 입은 아이가 되고 제가 돕는 어른이 되어 그녀가 보여준 대로 의식을 반복했습니다.

초기 기억 속 함입 상태에 있는 상처 입은 아이는 공포스러운 상황을 멈출 수 없었지만 지금은 그때와 달리 돕는 어른으로서 상처 입은 아이를 위로할 수 있을 뿐 아니라 공포의 대상과 싸울 수도 있고 도망을 갈 수도 있으며 그를 포용하여 돌이켜 세울 수도 있는 힘이 자신에게 있음을 확증하도록 촉진한 것입니다.

(3) 술 취한 아저씨

"여름이었어요. 어린이집에서 낮에 잠깐 쉬는 시간이 있었어요. 아이들이 담장 쪽으로 몰려가서 술 취한 아저씨를 구경하고 있었어요. 땡볕에 길가에 대자로 누워 잠이 들었는데 침을 흘리고 신발도 한쪽은 신지 않았던 거 같아요. 왜 그랬는지 전 다른 아이들이 다시 어린이집으로 들어간 후에도 마지막까지 남아 아저씨를 지켜봤고, 그 인상이 아주 강하게 남아있어요."

이것은 분노조절과 관련한 문제로 상담을 하게 된 30대 초반 전문직 기혼 여성의 초기 기억 중 일부입니다. 그녀는 과도한 피해의식과 적대적 태도를 갖고 있었고 그것으로 인해 불거지는 갈등을 환상(술이나 예술적 몰입 등의)에 의존함으로써 회피하는 패턴을 보였습니다.

처음에 초기 기억을 회상하고 극화했을 때는 놀람의 감정과 '애들이 웅성대는데 왜 땡볕에서 잠을 자고 있지?'라는 생각을 찾았습니다. 그런데 참여자의 상처 입은 아이와 그것이 의미 있게 관련되지 않는다고 판단되어 참여자에게 술 취한 아저씨의 역할을 해보도록 했습니다. 제 제안에 따라 참여자는 여러 가지 색깔의 천으로 술 취한 사람처럼 꾸민 다음 바닥에 누웠습니다. 그리고 그 상태에서 말을 해보라고 했더니 "아, 좋다. 신난다. 구름 위에 떠 있는 것 같네. 술을 더 먹고 싶다"라고 했습니다. 그렇게 술 취한 아저씨로서 찾은 감정과 생각은 신남과 '계속 이렇게 취해 있고 싶어'였습니다. 이것을 생활양식으로 바꾸면 '나는 내적으로 통제하고, 타인은 나를 방임하며, 세상은 자극적이다'라고 할 수 있을 것입니다.

저는 이 초기 회상을 통해 참여자의 상처 입은 아이가 반드시 자기 자신을 통해 나타나지 않을 수 있다는 사실을 발견했습니다. 갈등과 고통을 피하기 위해 '취함'에 의존하는 참여자의 문제 행동이 첫 기억 속의 자신이 아니라 그 아이가 바라보던 아저씨에게 투사되어 나타난 것입니다.

참여자에게는 무엇보다 안정된 애착 대상이 필요했습니다. 자신이 괜찮은 사람이고 잘 살 수 있으며 소중한 사람임을 믿어주는 이가 곁에 있어주기를 애타게 원하면서도 중요한 대상에게 그 같은 욕망을 적절하게 표현하지 못했고, 그렇게 하는 것을 상대에게 지는 것이라 여겨 공격적인 반응으로 가까운 사람들을 쫓아버리고는 혼자 취하기를 반복했습니다.

그래서 이 사례에서는 '타인은 나를 방임 한다'는 신념을 변형하는데 주력했습니다. 자신의 역사에서 따뜻한 안전감을 주었던 대상을 떠올려 그 경험을 강화함으로써 '타인을 나를 방임 한다'는 과도한 일반화에 균열을 내고, 무엇보다 참여자 자신이 자신에게 따뜻하고 안전한 대상이 되어줄 것을 당부하고 연습했습니다. 그렇게 자신이 정말로 원하는 대상이 취함이 아니라 자신의 상처 입은 아이를 돌봐줄 돕는 어른임을 밝혔습니다.

SUMMARY •

01_ 초기 회상 극화는 참여자의 초기 기억을 떠올려 극화한 후 해당 장면과
관련된 중요한 생각과 감정을 읽어내는 도구로서 사전 평가를 위해서만
사용합니다.

02_ 초기 회상 극화는 알프레드 아들러가 참여자의 생활양식 곧 자기와 타인
과 세상에 대한 무의식적 신념을 탐색하기 위해 개발한 초기 회상을 연극
치료적으로 변형한 것입니다.

03_ 초기 회상 극화는 참여자의 '상처 입은 아이'를 고스란히 드러내며 그런
점에서 상처 입은 아이 찾기 — 상처 입은 아이의 아픔 만나기 — 돕는 어
른 강화하기 – 돕는 어른으로서 상처 입은 아이 돌보기의 흐름으로 전개
되는 상처 입은 아이를 위한 연극치료에서 결정적인 역할을 합니다.

04_ 초기 회상 극화는 우리의 삶을 추동하는 근본적인 힘으로서 욕망에 집중
합니다.

05_ 욕망은 타인을 모방하려는 본능에서 발원하는 것으로서 타인의 욕망을 욕
망하는 타자성을 특징으로 합니다. 또한 욕망은 결핍에 대한 상보적 반응
으로서 두려움과 긴밀하게 연동합니다. 욕망에 휘둘리지 않고 잘 다루기
위해서는 어떤 욕망도 완전히 충족될 수 없음을 알고 욕망의 대상이 과연
애써 추구할 가치가 있는지를 의심할 수 있어야 합니다. 그렇게 욕망의
환상성을 정확하게 알아차릴 때 욕망에 집착하거나 동일시하지 않으면서
그 작동을 관조할 수 있습니다.

06_ 초기 회상 극화를 통해 찾은 생각은 의문, 판단, 기호, 금지/당위, 의지, 욕
망의 여섯 가지로 나눌 수 있습니다. 참여자의 무의식적 신념이 어떤 형
태를 취하든 최종적으로는 참여자가 자기 자신과 타인과 세상에 대해 원
하는 바를 구체화함으로써 그 대상을 적절한 방식으로 추구할 수 있도록
돕는 것이 '상처 입은 아이를 위한 연극치료'의 목표입니다.

CHAPTER 02

감정조각상

　여덟 가지 감정을 조각상의 형태로 표현하게 하는 감정조각상은 제가 개발하여 2017년부터 사용해온 진단평가 도구입니다. 연극치료 진단평가 도구 중 유일하게 체현의 방식을 취하는 감정조각상은 진행과 분석이 간편하고, 초등학생부터 어른까지 적용 대상의 범위가 매우 넓으며, 참여자의 감정적 경험의 특성을 매우 정확하게 보여주는 장점을 가지고 있습니다.

　감정조각상은 검사 당시의 참여자의 감정적 경험과 표현의 양상을 민감하게 반영하며, 따라서 사전과 사후 평가를 비교함으로써 심리치료적 개입의 영향을 확인할 수 있습니다. 하지만 저의 경우 모든 상담에서 감정조각상을 실행하지는 않으며 특히 정서적인 불균형이 관찰되는 사례가 있을 때 적용합니다.

01 검사방식

1) 진행

① 특정 공간을 무대로 정합니다.

참여자가 만든 조각상이 부각되도록 배경은 가급적 단순한 곳을 선택합니다. 무대의 크기는 가로 세로 2m 정도면 충분합니

다. 그리고 원하면 눕거나 엎드릴 수 있도록 바닥은 깨끗하게
준비합니다.

② 검사자가 특정 감정을 말하면 참여자는 그것을 조각상으로
표현합니다.

감정의 순서는 보통 슬픔, 기쁨, 분노, 사랑, 두려움, 용기, 혐
오, 경이로 진행합니다. 이는 비교적 표현이 쉬운 감정부터 까
다로운 감정의 순으로 배열하되 부정적인 감정과 긍정적인 감
정을 교차시킨 것입니다.

③ 검사자는 조각상이 원하는 대로 완성되었는지 확인한 후
사진을 찍습니다.

참여자마다 조각상을 완성하기까지 걸리는 시간이 다르며 여
러 가지 표현을 시도해보다가 최종적으로 한 가지를 선택하는
경우도 있습니다. 그러므로 참여자에게 충분한 시간을 주는 것
이 좋습니다.

④ 검사자는 다른 감정을 지정합니다.

동일한 방식으로 모두 여덟 개의 조각상을 촬영합니다. 간혹
참여자가 특정 감정을 잘 모르겠다고 하는 경우가 있습니다.
그럴 때는 간단하게 설명하되 해당 감정이 느껴지는 상황을
예로 들거나 검사자가 조각상의 시범을 보이는 등의 지나친
개입은 피해야 합니다. 또 특정 감정에 대한 표현이 떠오르지
않는다고 할 수도 있습니다. 그런 경우에는 다른 감정을 먼저
표현한 뒤에 다시 한 번 시도할 수 있으며, 그래도 마땅한 표
현을 찾지 못한다면 그 감정에 대한 조각상을 만들지 못한 것
으로 처리하면 됩니다.

집단 상담에서는 한사람씩 개별적으로 감정조각상을 진행하기보다 참여자들이 동시에 조각상을 만들도록 하는 편이 좋습니다. 집단 전체가 슬픔의 조각상을 만들고 검사자가 촬영한 다음 기쁨의 조각상으로 넘어가는 식으로요. 그렇게 하면 다른 참여자의 표현에 영향을 받는 것을 줄일 수 있고 시간을 절약할 수도 있습니다. 참여자의 연령이 어릴수록 다른 참여자가 만든 감정조각상에 영향을 받거든요.

2) 안내

① 지금부터 몇 가지 감정을 조각상으로 만들어보겠습니다. 제가 특정한 감정을 말하면 그것을 몸으로 나타내되 정지된 자세로 표현하면 됩니다. 조각상이 완성되면 기록을 위해서 제가 사진을 찍을 거예요.

② 조각상을 만들 때는 다른 사람이 알아볼 수 있도록 잘 표현하려하기보다 감정을 실제로 느끼고 그것이 저절로 몸으로 나타난다는 느낌으로 해주세요. 얼굴 표정과 시선까지 모두 조각상에 포함됩니다.

③ 첫 번째 감정은 슬픔입니다. 원하는 조각상이 완성되면 말해주세요.

두 번째 감정은 기쁨입니다. 원하는 조각상이 완성되면 말해주세요.

세 번째 감정은 분노입니다. 원하는 조각상이 완성되면 말해주세요.

네 번째 감정은 사랑입니다. 원하는 조각상이 완성되면 말해주세요.

다섯 번째 감정은 두려움입니다. 원하는 조각상이 완성되면 말해주세요.

여섯 번째 감정은 용기입니다. 원하는 조각상이 완성되면 말해주세요.

일곱 번째 감정은 혐오입니다. 원하는 조각상이 완성되면 말해주세요.

여덟 번째 감정은 경이입니다. 원하는 조각상이 완성되면 말해주세요.

02 감정조각상의 특성

감정조각상은 참여자가 특정한 감정을 연상하여 그 느낌을 자신의 몸으로 고정된 형태를 만들어 표현하는 것입니다. 표현 형식의 측면에서 '자신의 몸'과 '고정된 형태'를 주목할 수 있습니다. 감정을 그림이나 이야기가 아닌 체현의 방식으로 표현하는 것 그리고 연속적으로 변화하는 움직임이 아니라 정지 자세인 조각상으로 나타내는 것이 감정조각상의 특성입니다.

1) 몸

체현(embodiment)은 참여자가 자기 몸의 감각과 근육을 사용해 대상을 재현하는 표현 방식을 말합니다. 체현은 언어와 맥락을 배제한 채 대상을 신체화 한다는 점에서 체현, 투사, 역할의 세 가지 표현 방식 중 가장 솔직하고 직접적이며 나와서 생각하기보다 들어가 느끼기를 촉진하는 데 유리합니다.

여기서 우리는 좀 더 근본적인 질문을 해볼 수 있습니다. 감정조각상은 감정이라는 감각되지 않는 추상적인 특질을 몸으로 표현하는 것인데, 과연 마음의 작용을 몸으로 나타내는 것 그리고 몸으로 드러난 것을 통해 마음의 작용을 읽어내는 것이 가능한가를요.

몸과 마음은 우리의 경험이 일어나고 기록되는 두 개의 장소입니다. 몸과 마음은 흔히 별개로 취급되지만 그 둘이 실은 하나로 이어진 연속체라는 것은 조금만 주의를 기울이면 어렵지 않게 알 수 있습니다.

어딘가 불편해서 병원에 가면 십중팔구 스트레스 때문이라는 얘길 듣습니다. 마음이 아파서 몸이 아프다는 거죠. 거꾸로 마음이 아플 때 타이레놀을 먹으면 실제로 고통이 줄어든다고 합니다. 신체적 고통을 처리하는 두뇌 영역과 심리적 고통을 다루는 두뇌 영역이 동일하고, 그래서 두통, 치통, 생리통에 먹는 진통제가 심리적 고통에도 효과를 발휘하는 것입니다. 눈에 보이는 몸과 형체가 없는 마음은 이렇게 하나로 이어져 있습니다.

라바노테이션과 동작 분석으로 유명한 루돌프 폰 라반(Rudolf von Laban) 역시 몸과 마음이 별개의 것이 아니라 서로를 견인하는 상호 관련된 두 양태라는 심신일원론에 근거하여 몸을 통해 나타난 바에 마음의 모습을 비추어 보는 체계를 만들었습니다. 그는 생각과 감정을 표현하고자 하는 충동이나 동기를 에포트(effort)라고 말합니다. 그리고 심리적인 그 에포트가 생리학적이고 해부학적인 체계인 몸을 움직여 자신을 구현한다고 합니다. 즉 움직임의 근원이

에포트에 있고 거꾸로 몸의 움직임을 통해 에포트를 읽을 수 있다고 보았고 그것을 전제로 무용창작과 교육 및 무용치료에서 자주 쓰이는 라반 움직임 분석 체계(Lavan Movement Analysis)를 구축했습니다.

그가 주목한 대상은 움직이는 신체입니다. 그는 움직임을 네 가지 측면에서 읽어냅니다. 우선 그것은 공간 속에서 일정 시간 동안 지속됩니다. 그리고 기본적으로 땅에 발 딛은 상태에서 시작해 어떤 과정을 거쳐 다시 착지한 상태로 끝나지요. 다시 말해 공간, 시간, 무게, 흐름의 차원을 갖는 것입니다. 공간적으로 움직임은 특정한 방향이 있거나 없거나, 시간적으로는 빨라지거나 느려지거나, 무게로는 강하고 무겁거나 약하고 가볍거나, 흐름으로는 절제되거나 자유롭거나 하는 특질을 띱니다. 그리고 시간, 공간, 흐름, 무게의 네 에포트 인자에 움직이는 사람의 결정, 주의, 감정, 의도가 담긴다고 본 것입니다.

미국의 심리학자 앨버트 매라비안(Albert Mehrabian)은 우리의 의사소통에서 말이 차지하는 비중은 7%에 불과하고 나머지를 모두 비언어적 표현에 의존하는데, 비언어적 표현은 목소리 38%와 몸짓 55%로 구성된다고 주장합니다. 그렇다면 이 말은 우리는 굳이 라반 움직임 분석 체계를 배우지 않고도 태어나 자라면서 자연스럽게 몸짓이 무엇을 말하는지를 알아 그에 의지하여 소통하고 있다는 뜻이기도 합니다. 그러니까 라반 움직임 분석 체계는 우리가 본능적이고 직관적으로 알고 있는 신체적 은유를 인지적으로 이해하고 표현한 체계라 할 수 있습니다.

감정조각상 역시 라반 움직임 분석 체계처럼 몸을 통해 마음을 읽는 도구입니다. 다만 그와 다른 것은 움직이는 몸이 아니라 고정된 형태를 다루며 그것을 특정 감정에 초점을 맞추어 분석한다는 점입니다. 감정조각상은 움직임을 포함하지 않으므로 시간을 제외한 공간, 무게, 흐름의 관점에서 특정한 자세를 읽어내고 그것으로써 참여자의 감정적 경험을 유추합니다.

2) 조각상

조각상(statue)을 만드는 방식에는 두 가지가 있습니다. 참여자가 자신의 몸을 이용해 스스로 어떤 인물이나 감정 또는 생각을 정지된 자세로 표현할 수도 있고, 다른 사람(들)을 재료로 하여 움직이지 않는 형태를 만들 수도 있는데, 전자의 경우일 때는 극적 표현방식 중 체현으로 분류할 수 있고 후자의 경우는 투사에 속하게 됩니다.

조각상은 비교적 위험도가 낮은 표현 방식입니다. 위험도가 낮다는 것은 참여자가 부담스러워 꺼리거나 어려워하지 않고 쉽고 편안하게 시도할 수 있다는 뜻이지요. 물론 참여자마다 차이가 있을 수 있지만 대체로 그렇다 말할 수 있습니다. 접근이 쉽다는 것 말고도 조각상은 장점이 많습니다. 표현하는 데 상대적으로 시간이 오래 걸리지 않는다는 점, 작업 공간이 충분히 넓지 않아도 운용이 가능하다는 점 그리고 반복적 동작이나 대사를 부여하여 손쉽게 극적 장면으로 확장할 수 있다는 점이 그렇습니다.

살아있는 것은 부단히 움직입니다. 그래서 움직임은 거꾸로 생명의 증거가 되기도 하지요. 시간의 본질은 멈추는 법 없이 가는 것이라 그에 잠시 편승한 삶 역시 시간을 겪는 것으로서 사는 동안

끊임없이 움직입니다. 움직이지 않는 것은 죽은 것입니다. 움직인
다는 것은 이전의 장소와 형태를 버리고 다른 장소와 형태를 취한
다는 것이므로 필연적으로 움직임 뒤에는 사라진 것들의 역사가 따
릅니다. 다른 삶들은 그것을 기억하지 않지요.

　　그런데 인간만은 사라진 것과 사라질 것에 대한 미련을 놓지
못하고 멈춤으로써 그것을 붙들고 싶어 합니다. 그래서 어떻게든
사라진 것의 형상을 남깁니다. 날이 밝으면 전장에 나가야 하는 연
인을 그냥 보낼 수 없어 벽에 맺힌 그의 그림자를 본 뜬 데서 시작
되었다는 회화의 신화는 부재를 대신하는 예술적 상징의 기능을 훌
륭하게 보여줍니다. 다시 말해 예술은 어떤 방식을 취하든 시간과
공간의 박제이며, 사라지는 것을 멈추어 붙들어놓는 행위라는 점에
서 죽음과 친연성을 가질 수밖에 없습니다. 그래서 예술은 삶 안에
죽음을 불러들여 동거하게 하는 영적 차원을 지닙니다.

　　언젠가 공원에서 큰 소리로 노래를 부르며 노는 두 아이를 본
적이 있습니다. 아이들은 "즐겁게 춤을 추다가 그대로 멈춰라" 소
절을 반복하며 마지막 '라'와 함께 엉덩이와 혓바닥을 쑥 내밀고 마
주 보며 키득거리기를 지치지도 않고 되풀이하더군요. 생각해보면
조각상 만들기는 우리가 훨씬 더 어릴 적에 했던 까꿍 놀이와도 비
슷합니다.

　　수건이나 손바닥으로 얼굴을 가렸다가 다시 드러내며 까꿍 하
면 아기들은 까르르 웃지요. 그 놀이를 몇 번을 반복해도 지루해하
지 않습니다. 아기들은 까꿍 놀이를 통해 대상의 영속성을 배운다
고 합니다. 어떤 것에 가려서 대상의 일부가 보이지 않아도 그것이
사라진 것이 아니라 단지 눈에 띄지 않는 것임을 알게 된다는 뜻입

니다. 어쩌면 까꿍 놀이는 아기가 처음으로 경험하는 본격적인 드라마일 수 있습니다. 중요한(대개는 그를 사랑하는) 대상과 눈을 맞춘다, 따뜻한 연결이 느껴진다, 그런데 갑자기 그가 사라진다, 보이지 않는다, 긴장이 몰려온다, 뭐지, 왜지, 답할 수 없는 질문이 튀어 오른다, 불안이 두려움으로 짙어지려는 순간 까꿍 소리와 함께 그가 웃는 얼굴로 다시 나타난다, 안도감이 든다, 긴장이 한꺼번에 휘발되는 카타르시스가 일어난다. 그렇게 아기는 까르르 소리 내어 웃으며 까꿍 놀이라는 드라마의 안전한 위험을 만끽하는 것입니다. 정확히 말하자면 까꿍 놀이가 아기에게 가르쳐주는 것은 대상의 지속성일 것입니다. 어떤 것도 영속하지는 않으니까요. 대상이 눈에 보이지 않는 것은 감각의 한계로 인한 현상일 뿐 일시적으로 지각되지 않는다고 존재 자체가 소멸하는 것은 아니며 지각의 범위 밖에서는 변함없이 존재가 유지된다는 사실을 사라졌다 나타나는 드라마를 통해 익히는 것이지요.

까꿍 놀이가 다른 사람의 현존과 부재를 통해 대상의 지속성을 익히는 것이라면 조각상 놀이는 거기서 한 걸음 나아가 자신의 몸을 통해 움직임과 멈춤을 교차시킴으로써 지속과 중단, 연결과 상실, 삶과 죽음을 모두 존재의 두 양태로 수용하도록 돕는 것일 수 있습니다. 지금 여기서 자신으로서 살아 움직이는 몸을 잠시 멈추어 비우는 일이라는 점에서 조각상 만들기는 간단하면서 또 간단치 않은 면모를 갖고 있습니다.

특정한 생각, 감정, 인물 등을 자신의 몸을 이용해 특정한 자세로 나타내자면 어떤 마음의 상태를 몸으로 포착해 약 2~4초 정도 호흡을 가누면서 부동자세와 몸짓을 유지해야 합니다. 이것을 제대로 하기는 생각보다 쉽지 않습니다. 기본적으로 자신의 몸을 뜻대로 조절할 수 있어야 하고, 멈춤을 유지하는 데 대한 심리적 저항이 없어야 할 뿐 아니라 멈춘 상태에서 자신의 몸과 마음에 머물러 거기서 일어나는 경험에 귀 기울여야하기 때문입니다.

　　장애나 질환이 있는 경우가 아니라면 신체적 조절 능력이 조각상을 만들지 못할 이유가 되지는 않습니다. 하지만 멈추는 것에 대한 심리적 저항은 쉽게 볼 수 있습니다. 주의가 산만하거나 다른 사람의 시선을 지나치게 의식해 불안도가 높거나 자신감이 부족하거나 무기력한 경우에는 조각상을 잘 만들지 못합니다. 1초 이상 움직이지 않음을 유지하지 못하고 금세 건들거리며 형태를 흩트리고, 조각상에 담긴 몸과 마음에 집중하기보다 일상적이지 않은 표현을 감당하지 못해 관련 없는 말을 하면서 초점을 흐리곤 하지요. 분명히 몸으로 살고 있으면서도 자신의 몸에 살지는 못하는 모습입니다.

　　조각상은 그림, 사진, 소설, 노래 등 자신이 아닌 다른 매체로 부재를 포착하는 것이 아니라 표현하는 사람이 자신의 몸으로 직접 부재를 붙들어 담아내야 한다는 점에서 좀 더 불안할 수 있습니다. 그러나 바로 그렇기 때문에 다른 표현들에 비해 보다 생생한 경험이 되기도 합니다. 움직이지 않는 2~4초 동안 특정한 몸짓과 자세에서 뻗어 나온 감각과 감정과 생각이 온 몸을 무대로 삼아 제 목소리를 내기 때문이지요. 그러니까 조각상 만들기는 특정 자세와 몸짓으로 부재를 불러내고 멈춤으로써 마음을 고요하게 만든 후 호흡을 유지하면서 몸의 말을 경청하는 일이라 할 수 있습니다.

03 개발 배경

감정조각상은 라사박스(rasa box)에서 영감을 얻어 제작된 진단 평가 도구입니다. 라사박스는 리처드 쉐크너가 시작하여 1990년대 후반 미셸 미니크와 폴라 모리 코울과 함께 체계화한 연기 훈련 프로그램입니다. 리처드 쉐크너는 라사박스가 특정한 이론적 토대를 갖고 있지 않다고 하지만, 그 이름과 훈련 방식으로 미루어 볼 때 인도 전통연극의 미학에 근거한다는 것을 알 수 있습니다.[5]

라사는 인도 예술 전반에 근본적인 통일성을 부여하는 개념으로서 본래 '맛보다'라는 의미의 산스크리트어인 'ras'에서 파생되어 '맛보거나 즐길 가치가 있는 어떤 것'을 뜻하는 말입니다. 인도 연극에서는 공연을 본 관객이 갖게 되는 심미적 느낌을 라사라 하고, 그 내용을 사랑, 기쁨, 슬픔, 분노, 용기, 두려움, 혐오, 경이의 여덟 가지의 정서로 제시하면서 그것이 연극의 목적이자 그 자체임을 강조합니다. 리처드 쉐크너는 인도 연극에서 대표적으로 꼽는 이 감정들을 공간화 함으로써 감정표현의 정확성과 유연성과 즉각성을 훈련하는 체계를 만들고 그것을 라사 박스라고 불렀습니다.

라사박스의 훈련 과정을 짧게 소개하면 이와 같습니다.

먼저 테이프나 분필로 가로 6피트 세로 5피트 정도의 사각형을 그리고 그것을 9개의 칸으로 나눈 다음, 가운데를 제외한 나머지 칸에 각 라사의 이름을 표시하고 그 내용을 배우들에게 개략적으로 설명합니다.

---

5 리처드 쉐크너는 『Essays on Performance Theory』(1976)에서 라사를 중심으로 한 인도 전통연극의 미학과 서양 연극의 미학을 비교합니다.

라사박스의 형태

SRINGARA (사랑)	BIBHASTA (혐오)	KARUNA (슬픔)
RAUDRA (분노)		BHAYANAKA (두려움)
HASYA (기쁨)	ADBHUTA (경이로움)	VIRA (용기)

그리고 연기자들은 한 사람씩 라사박스에 들어가 각 라사에서 연상되는 이미지와 단어를 말합니다. 그렇게 여덟 개 칸을 돌아다니며 골고루 라사를 경험하되 한 칸에서 다른 칸으로 이동할 때 정해진 순서는 없으며 연기자가 원하는 대로 합니다.

그 다음에는 라사 박스를 다시 한 번 돌면서 각 라사가 극대화된 상태를 조각상으로 생생하게 표현합니다. 이 과정에서 각 라사의 조각상이 외워지면 연기자들은 한 칸에서 다른 칸으로 곧 한 조각상에서 다른 조각상으로 준비 없이 빠르게 옮겨가는 연습을 합니다. 이때 이전 라사가 다음 것에 스며들지 않고 각각의 특성을 온전히 담아내는 것이 중요합니다. 심리신체적 민첩성을 뜻하는 이자리 바꾸기가 라사박스 훈련의 핵심입니다.

세 번째 단계에서는 라사의 형태를 취하고 그에 따른 호흡과 목소리를 찾습니다. 처음에는 각 라사에 대해 전형적인 표현을 취하는 경우가 많지만 연습이 거듭될수록 개인적 기억에 바탕을 둔 독특한 표현이 나타납니다. 그것은 라사박스가 생각과 감정과 몸의 연결 통로를 개발하는 일종의 각인과정으로 작용하기 때문입니다.

다음은 소리와 움직임 즉흥으로 확장합니다. 이때는 각 칸이 해당 라사로 가득 찬 삼차원의 공간이라고 상상하는 것이 도움이 되며 특정한 대사를 다양한 라사로 경험할 수도 있습니다.

4단계까지는 라사를 섞지 않지만 5단계부터는 라사들을 중첩시킵니다. 주요 라사를 선택한 다음 다른 몇 가지 라사를 겹쳐 놓거나, 두세 가지 라사를 섞어 좀 더 복합적인 감정을 만들어 보기도 합니다.

6단계부터는 서로 다른 칸에 있는 연기자들이 상호작용하는 데 초점을 맞춥니다.

그리고 최종 단계에 이르면 라사박스의 구조를 내면화함으로써 물리적인 이동 없이 한 라사에서 다른 라사로 변형할 수 있습니다. 변검(變臉)처럼 한 순간에 정서적 특질을 바꿀 수 있게 되는 것이지요.

이상에서 볼 수 있듯이 라사박스는 배우를 대상으로 감정에 초점을 맞춘 연기훈련 방법론입니다. 저는 라사박스의 앞 단계 과정을 치료적 목적으로 연극치료 장면에서 활용하면서 감정을 개별적으로 느끼고 표현하는 것이 가지는 힘을 경험했고, 거기에 착안해 라사박스를 연기훈련이 아니라 참여자의 감정적 경험의 특성을 빠른 시간에 파악할 수 있는 진단 평가 도구로 개발하게 되었습니다. 그것을 위해 여덟 개의 감정은 그대로 가져오되 표현방식을 조각상으로 한정하고 공간을 나누어 구획하는 대신 무대에서 일련의 감정을 차례대로 경험하는 것으로 구조를 간소화했습니다. 그리고 각 감정의 조각상에 대한 분석 기준을 마련함으로써 임상에서 널리 사용할 수 있는 진단평가 도구의 조건을 갖추었습니다.

이제 진단평가 도구로서 감정조각상의 면면을 그 측정 대상인 감정의 의미를 살피는 것으로 시작하겠습니다.

04 감정

1) 감정이라는 파르마콘

파르마콘(pharmakon)이란 이중성을 뜻합니다. 말과 글을 비교하면서 글은 말에 비해 쉬이 사라지지 않아 시간의 제약을 덜 받는다는 장점(藥)이 있지만, 글을 쓰다 보면 글쓴이의 의도와 상관없이 글이 제 갈 길로 가는 단점(毒)이 있다고 한 플라톤에게서 유래한 표현이라고 하네요. 다시 말해 독과 약 혹은 저주와 축복을 한 대상이 동시에 내포하는 경우를 파르마콘이라 합니다.

플라톤은 말과 글을 예민하게 다루던 사람이라 거기서 양면성을 깊이 발견했겠지만, 저는 글뿐 아니라 세상에 파르마콘 아닌 것이 없다고 생각합니다. 삶이면서 죽음인 생명, 위험이자 기회인 변화, 개체이면서 동시에 하나로 연결된 사람 등 열거하자면 끝이 없지요.

감정 역시 그 대열에서 열외가 아닙니다. 감정은 흔히 합리적 사고의 대척점에 있는 심리작용으로서 우리를 사회적 적응의 범위에서 이탈시키는 주범이며, 그 같은 역기능을 최소화하기 위해 조절하고 통제해야 하는 대상으로 인식됩니다. 서구 연극의 시발점을 이루는 『시학』에서도 아리스토텔레스는 관객이 비극을 보며 연민과 공포의 감정을 짙게 느끼고 표현함으로써 오히려 일상 생활에서는 그 감정들의 압력으로부터 자유로워진다고 말합니다. 그리고 감정의 순화 혹은 정화가 비극의 목적이라 했지요. 이를 뒤집어 보면 아리스토텔레스는 감정을 순화나 정화의 대상으로서 불순하며 다듬어지지 않은 날 것으로 간주하고 그 같은 감정을 환기시키고 종국에는 배설하도록 이끌어 독으로써 독을 제거하는(以毒除毒) 동종요법의 기능을 비극에 부여함을 알 수 있습니다.

그러나 감정은 독으로서만 주어진 것이 아닙니다. 감정은 우리의 삶과 순간순간의 선택에 의미를 부여해주며, 강력한 에너지로서 우리의 몸과 마음을 움직여 행동하도록 추동할 뿐 아니라 경험에 독특한 색깔을 입혀 하나의 장면으로 완성합니다. 감정을 약(藥)으로 여기는 관점은 고대 인도 연극의 미학서인 『나티야 사스트라』에 잘 나타납니다. 인도 연극에서 감정은 경험의 독특한 맛과 향취로 취급되며 그것을 라사라 부릅니다. 연극은 다양한 라사를 풍성하고 차려낸 일종의 잔치상이며, 관객은 공연을 통해 맛깔스럽게 재현된 라사를 맛본다는 것이 그들의 생각인 것입니다. 거기서는 감정이 조절과 통제가 아닌 경험과 완미의 대상으로 전환됩니다.

이렇게 감정은 독이자 약으로서 우리의 삶에서 중요한 부분을 차지합니다. 감정은 우리를 움직이는 강력한 에너지이자 경험에 독특한 맛과 향을 부여하지만 각 감정의 에너지와 풍미를 정확히 이해하고 다루는 훈련이 부족하면 감정에서 동력과 의미를 얻기보다 강력하게 휘몰아치는 감정의 힘에 압도되거나 여러 감정이 뒤죽박죽 엉켜 어떻게 해야 할지 무엇을 하고 싶은지조차 구분이 안 되는 혼란 상태에 빠질 수 있습니다. 그래서 심리치료는 특히 감정에 주목합니다.

2) 감정의 위상과 기능

우리의 심리적 경험에서 가장 중요한 것 중 하나인 감정은 감각과 생각 사이에 위치합니다. 몸이 감각의 영역이고 두뇌가 생각의 영역이라면 감정은 몸과 두뇌에 두루 걸쳐 있으면서 감각보다 섬세하고 생각보다는 꾸밈없는 언어로서 우리의 경험을 추동하고 채색합니다. 감각이 쾌와 불쾌 혹은 안전과 위험의 흑백의 세계에 머문다면, 감정은 크게 그런 분류가 가능하되 일곱 빛깔 무지개의 다채로운 세상을 그려냅니다. 생각은 감각과 감정에 비해 추상적이고 언어라는 나름의 체계를 따르는 경향이 강해서 그것만으로도 완결적인 세계를 구축할 수 있을 만큼 놀라운 생산력을 자랑하지만, 또 그만큼 실체를 결여한 채 위력적인 거짓말로 전락할 가능성이 큽니다. 반면 감정은 몸의 구체성에 뿌리를 두기에 생각만큼 빠른 속도로 비약하거나 무수한 어휘를 구사하지 못하지만 경험, 곧 몸의 지금 여기를 가감 없이 드러내는 가장 솔직한 얼굴이라 할 수 있습니다.

(1) 감정은 경험의 맛이다

우리는 음식을 왜 먹을까요? 살기 위해 먹는다고도 하고 먹기 위해 산다는 말도 있습니다. 그 두 진술이 모두 참일 수 있는 건 먹는 것에 큰 즐거움이 부착되어 있기 때문입니다. 간혹 먹는 데 드는 수고로움과 번거로움이 싫어 하루 한 번 알약처럼 꿀꺽 넘기면

되는 식사대용품이 있으면 좋겠다는 사람들이 있지만, 먹는다는 건 생명체인 우리에게 생각보다 훨씬 중대하고 진지한 일입니다. 오죽하면 산다는 표현을 '먹고 산다'고 할까요. 먹고 자고 숨 쉬고 짝을 짓고 하는 일들이 모두 사는 데 없어서는 안 될 행위임에도 아무도 '자고 산다'라거나 '짝 짓고 산다'라고는 하지 않잖아요. 먹는다는 건 그만큼 사는 것과 직결된 최우선의 본능이며, 그 본능에 충실하도록 우리의 DNA는 먹는 것을 오감을 충족시키는 '맛'과 결부시킵니다.

달고 쓰고 짜고 고소하고 시고 매운 미각, 구수하고 칼칼하고 비릿한 냄새, 부드럽고 아삭하고 따끈하고 시원한 촉감, 붉고 검고 희고 파릇한 색감, 경쾌하고 끈적한 씹어 넘기는 소리까지 다섯 가지 감각에서 비롯되는 쾌감이 음식을 먹는 데 관여하는 것입니다. 그래서 음식을 먹는 것은 단순히 열량과 영양을 공급하는 데 그치지 않고, 정서적인 측면에서도 살아가는 일의 즐거움과 그것을 유지할 동력을 제공합니다. 다양한 맛을 알고 느껴 즐길수록 식생활을 포함한 삶 전반이 풍성해지는 것이지요. 그리고 또 다른 측면에서는 그 오감의 맛이 먹을 수 있는 것과 먹으면 안 되는 것과 꼭 먹어야 하는 것을 구분해줍니다. 썩은 내가 나는 음식은 자연스럽게 거부하게 되고 입이 더 당기는 음식은 그때 몸이 필요로 하는 영양소를 포함한 것일 수 있습니다.

감정과 경험의 관계가 바로 이와 같습니다. 사는 일은 곧 경험의 연속이자 축적이며 그에 대한 표현과 소통이지요. 사는 동안 먹고 소화하고 배설하기를 멈추지 않듯 우리는 경험하고 그것을 해석하고 표현하기를 죽을 때까지 지속합니다. 그리고 먹는 것을 응원하기 위해 우리의 몸이 음식에 맛을 부여하듯, 우리의 DNA는 경험에 감정을 부착해 다양한 풍미의 세계를 펼쳐냅니다. 슬픔, 기쁨, 사랑, 분노, 두려움, 용기, 혐오, 경이가 각 경험에 독특한 배합으로 어우러져 고유한 색과 질감과 의미를 만들어내는 것입니다. 맵고 쓰고 떫은맛도 나름의 맛과 쓰임새가 있듯 슬픔, 분노, 두려움, 혐오도 그 자체의 가치와 위상으로써 경험에 기여합니다. 그래서 다양한 맛을 알고 즐겨 느낄수록 식생활을 포함한 삶 전반이 풍성해지는 것처럼, 다양한 감정을 알고 즐겨 느낄수록 경험의 연속으로서 삶 전체가 충만해질 수 있습니다. 맛없는 음식이 실례이듯 감정 없는 경험 역시 삶에 대한 예의가 아닌 것입니다.

(2) 감정은 에너지다

감정이 통제되는 사회를 그린 SF 영화들이 있습니다. 《이퀄리브리엄》, 《더 기버 : 기억전달자》, 《이퀄스》 등이 그런 영화입니다. 영화의 완성도에 상관없이 이들 영화는 공통적으로 감정을 통제하는 것에 반기를 들어 체제의 전복을 꾀하는 방향으로 전개되곤 합니다. 그런 방식으로 영화들은 감정이 우리를 갈등하게 하고 혼란을 조장하며 고통을 초래하지만, 삶을 생생하고 풍부하게 만들어 살아낼 만한 것으로 가치를 부여하는 것 역시 감정이라는 메시지를 전해주지요.

그 중에 《더 기버 : 기억전달자》는 감정을 통제함으로써 전쟁, 차별, 가난, 고통을 없애고 불필요한 변화 없이 안정적으로 유지되는 사회를 효과적으로 표현하기 위해 흑백을 사용합니다. 관객에게만 흑백으로 보여주는 게 아니라 영화 속 인물들이 세상을 흑과 백으로만 지각한다는 설정이지요. 그러다가 기억전달자로 선택된 주인공이 통제 이전의 인류 역사에 대한 기억을 회복하면서 화면에 점차 색이 입혀지고 지금 우리처럼 알록달록한 세상을 만나는 과정을 아름답게 그려냅니다.

인간의 감정을 진동수에 따라 12가지로 분류하는 체계에 따르면 7단계부터 12단계가 진동수가 높은 긍정적 감정들이고 1단계부터 6단계는 진동수가 낮은 부정적 감정들인데 가운데인 7단계가 냉정한 평정으로서 감정의 영점이라고 합니다. 앞서 말한 영화들이 추구한 감정 상태가 아마도 이 냉정한 평정에 가장 가까울 것입니다. 그러니까 감정을 통제한다는 것은 감정 자체를 없앤다기보다 부정적이든 긍정적이든 진폭이 큰 감정 변화를 기피하는 것이라 할 수 있고, 그것은 다시 말해 위험한 자유를 내주고 항상성을 얻겠다는 전략입니다. 그러나 무상(無常)한 세상을 살면서 어떻게 항상(恒常)하기를 꿈꿀 수 있을까요.

감정은 우리를 움직이게 합니다. 두려움에 떨며 숨게 하고 슬픔에 주저앉아 울게 하고 사랑에 애태우며 그 뒤를 쫓게 하고 분노로 끓어올라 소리 높이게 하고 기쁨에 취해 춤추게 하고 용기 내어 허리를 곧추 세우고 나서게 하며 분노로 상대를 끊어내게 하고 경이로 세상에 엎드리게 합니다. 감정은 그렇게 우리를 움직여 세상과 함께 변화하면서 삶의 봄여름가을겨울을 온전히 겪어내도록 합니다. 그러므로 우리는 일희일비(一喜一悲)해야 합니다. 부동의 냉정을 구할 것이 아니라 감정들 사이를 오가며 변덕스럽기를 택해야 합니다. 평온한 미이라가 되기보다 역동적인 탐험가가 되어야 합니다.

한편 탐험가에게도 집은 있습니다. 일희일비하되 기쁨과 슬픔에 좌우되지 않는 것이 항상성의 비밀이지요. 감정과 나를, 경험과 나를 동일시하지 않으면 왔다가 가는 것들에 휩쓸리지 않으니까요. 분노하되 분노가 아닌 나를 알아차리고 사랑하되 사랑이 아닌 나를 알아차리면 깊은 곳의 평정이 흔들리지 않습니다. 가지들이 바람에 흔들리고 비에 젖으며 꽃 피우고 열매 맺고 잎을 떨구는 동안 땅속으로 더 깊어지는 뿌리처럼 말이지요. 그렇게 튼튼한 나무로 감정의 변화를 파도 타는 무상과 그것을 바라보는 항상을 동시에 살수 있습니다.

(3) 감정은 메시지다

감정은 일종의 메시지이기도 합니다. 여행지에서 집으로 보내는 엽서처럼 보내는 사람도 받는 사람도 나인 메시지. 그러므로 감정을 경험할 때는 그것이 전하는 말에 귀 기울일 필요가 있습니다.

"좋은 일이 있어! 지금은 즐길 때야!" 기쁨의 메시지는 이것입니다. 기쁨은 우리의 선택이 옳았음을 확증해 줍니다. 그래서 기쁨을 느낄 때 우리는 훨씬 너그러워지고 밝아지며 그 느낌을 다른 사람과 나누고 싶어집니다.

"할 수 있는 게 아무것도 없어. 날 위로해 줘." 슬픔은 이렇게 말합니다. 상실에 대한 반응인 슬픔은 그에 대해 어떤 것도 할 수 없는 무력감을 받아들여 순종하게 합니다. 그렇게 휴식을 취하게 하고 다른 사람의 지지가 필요함을 나타냅니다.

놀라움은 "이게 대체 뭐지?"라고 묻습니다. 우리가 예상치 못한 것, 새롭고 또 낯선 것을 만나 머릿속이 하얘지는 것은 최대한 당면한 경험에 집중하기 위해 작동 중인 기억을 잠시 멈추기 때문입니다.

"거기서 얼른 떨어져! 여기서 벗어나!" 이건 혐오의 말입니다. 혐오는 우리가 더럽거나 명확하지 않거나 사회적으로 비난 받을 수 있는 상황을 피하도록 하는 반응입니다.

사랑은 감정이 아니라 욕구나 동기에 더 가깝다고 합니다. 다른 감정들처럼 전형적인 표정이 없다는 것, 그 안에 여러 가지 감정이 복합적으로 얽혀 작동한다는 것, 감정을 관장하는 편도체가 아니라 욕구를 다루는 부위와 관련된다는 것 등이 그 근거라고 합니다. 하지만 그럼에도 우리는 "너와 함께 있고 싶어!"라고 외치는 사랑을 매우 강렬한 감정으로 경험합니다.

"이건 아니잖아. 저리 가라고 해." 분노는 이렇게 말합니다. 경계를 침범 당하거나 불공평하다고 생각될 때 분노는 이 같은 메시지로 우리가 주의해서 보아야 할 것과 조율할 것을 알려줍니다.

"도와줘!" 이 외마디 전언은 두려움의 것입니다. 두려움은 위험이 닥친 상황에서 자신을 안전하게 지키도록 촉진합니다.

용기는 두려움을 인정하되 위험과 위협을 피하기보다 그에 맞서는 힘입니다. 감정이 아니라 역량(virtue)에 더 가깝다 할 수 있겠지요. 실패를 다시 한 번 되풀이할 수 있는 마음가짐 혹은 희망을 포기하지 않는 태도 등으로 바꿔 말할 수 있는 용기는 "이대로 있을 순 없어. 어떻게 되든 해보자"라고 우리에게 말합니다.

(4) 감정은 표현의 대상이다

미국의 심리학자 매튜 리버먼(Matthew D. Lieberman)의 최근 연구에 따르면, 감정을 표현하는 과정에서 편도체와 오른쪽 전전두피질이 상쇄하는 방향으로 작동하여 슬픔이나 분노를 말하는 것만으로도 편도체의 활동이 현저히 줄어들고 절제된 사고를 관장하는 오른쪽 전전두피질이 매우 활성화되어 격한 감정이 완화된다고 합니다.

이는 곧 슬플 때 슬프다고, 화날 때 화가 난다고 솔직히 말하는 것이 감정을 조절하는 데 낫다는 얘기입니다. 말하지 않아도 알거라 여기지만 말하지 않으면 잘 모르고 말하지 않으면 쉬이 잊습니다. 고마운 것도 사랑하는 것도 그렇습니다. 그래서 가족처럼 가까이 있어 당연히 알겠지 싶은 대상에게도 마음을 표현해야 한다고 하지요.

그런데 말하지 않으면 모르는 것은 대상만이 아닙니다. 감정을 느끼는 사람도 밖으로 꺼내지 않고서는 제대로 알기가 어렵습니다. 피부처럼 익숙한 감정이 그렇고 상대적으로 강렬하지 않은 미묘한 감정이 그러하며 고통스러운 부정적 감정이 또 그렇습니다. 감정에 대해 말할 수 있다는 것은 자신이 느끼는 감각과 감정에 주목하고, 그것을 자신의 경험으로 받아들여 적절한 이름을 붙일 수 있고, 그 감정이 주는 메시지 곧 자신과 대상에게 요구하는 바에 귀 기울일 수 있다는 것이지요. 그래서 감정을 밖으로 꺼내는 것은 매우 중요합니다. 표현은 감정의 경험을 완결하는데 필수적입니다.

앞서 말한 매튜 리버먼의 연구는 감정에 대해 말하는 것이 서로 다른 두뇌 영역의 상호작용을 촉진해 감정의 적절한 경험을 이끌어냄을 보여줌으로써 표현의 중요성을 신경과학의 관점에서 지지하는 것이기도 합니다.

05 공간적 언어

감정조각상에서 참여자는 한정된 공간에서 정지된 자세와 몸짓으로 특정한 감정을 나타냅니다. 그렇게 만들어진 조각상을 어떻게 읽을 것인가와 관련하여 중력, 에너지, 지위, 거리, 접촉의 다섯 가지 변인을 꼽을 수 있습니다. 그것들은 조각상의 표현에서 사용되는 공간적 언어이기도 합니다.

공간적 언어는 우리가 몸의 차원을 갖고 있기 때문에 발생합니다. 중력도, 에너지도, 지위도, 거리도, 접촉도 모두 우리가 몸이라는 한정된 공간을 점유한 개별적 정체로서 서로 관계를 맺으면 살고 있다는 데서 차이와 의미를 획득합니다. 그리고 그 물리적인 차이와 의미는 고스란히 경험의 반복과 축적을 통해 심리적인 차이와 의미로 변형되어 우리의 심리 구조에 안착됩니다. 그래서 조각상 만들기에서 사용되는 공간적 언어는 우리의 상상력과 욕구와 상호작용을 이해하는 심리적 언어로도 쉽게 전환됩니다.

1) 공간적 언어

(1) 중력 – 상승과 하강

중력은 세상에 태어나 사는 동안 한순간도 우리와 분리되지 않고 지속적으로 영향을 미치는 힘입니다. 지구가 붙잡아 당겨주는 덕분에 우리는 땅에 발붙이고 살 수 있고 또 거기서 앞, 뒤, 위, 아래, 오른쪽, 왼쪽, 가운데, 가장자리라는 방향이 생겨나지요. 하지만 중력은 우리를 잡아당겨 주저앉게 하는 강한 힘이기도 합니다. 그래서 몸이 피곤하거나 허약해지면 중력을 버티며 꼿꼿이 서 있는 것이 힘들어 자연스럽게 누울 자리를 찾게 됩니다.

　　질베르 뒤랑의 상상계의 인류학적 구조 역시 자세 반사(postural reflex)를 통해 우리의 삶 전반에 미치는 중력의 작용과 영향력에 주목합니다. 자세 반사란 운동과 자세에서 평형을 유지하는 데 관여하는 반사로서 우리에게 가장 우선적인 몸짓으로 각인되어 있는 몇 가지 지배 반사 중 하나입니다. 생각과 판단을 거치지 않고 반사적으로 나타나도록 설계되어 있다는 것은 동물로서 우리에게 가장 긴급하고 중요한 과제라는 뜻일 것입니다. 수평과 수직에 대한 감각은 갓난아기에게서도 발견되며, 태어나서 죽기까지 우리의 삶은 내내 중력과의 싸움이라 할 수 있습니다. 자궁에서 밖으로 나오는 출산은 우리가 경험하는 최초의 추락이며, 자신의 체중을 가누며 중심을 이동하는 기술인 걸음마를 익히기까지 아기들은 무려 평균 2,000번 넘어지기를 불사합니다. 그 과정에서 중력에 지는 것은 추락으로서 우리에게 근본적으로 고통스러운 경험으로 각인되어 운동과 시간성의 이미지를 대표하게 됩니다.

　　반면에 자세 반사는 중력을 거슬러 몸을 꼿꼿이 세우고 나아가 비상하려는 에너지로 나타나기도 합니다. 중력으로 표상되는 죽음과 어둠을 단절하고 빛과 밝음으로 수직 상승하고자 하는 것입니다. 하늘 높은 줄 모르고 치솟는 이미지는 어둠과 죽음을 피하려고 필사적으로 빛을 향해 달려가는 상승의 상상력을 집약합니다. 바벨탑이나 화살이 상징하는 수직성은 인간이 힘들여 습득하는 직립 자세와 관련되며, 높은 곳에 올라 그 아래를 응시할 때 인간은 신과 같은 지배와 통제의 감각을 느낍니다.

　　이 같은 맥락에서 조각상 역시 중력에 대한 반응으로 중력을 버텨 이겨내고자 하는 상승의 자세와 중력에 순응하여 몸을 낮추는 하강의 자세로 나누어 볼 수 있습니다.

(2) 에너지 - 긴장과 이완

긴장과 이완은 의도와 에너지에 따른 몸과 마음의 두 상태라 할 수 있습니다. 사전에 따르면 긴장(tension)은 마음을 조이고 정신을 바짝 차림, 근육이나 신경 중추의 지속적인 수축 또는 흥분 상태를 말하고, 이완(relaxation)은 바짝 조였던 정신이 풀려 늦추어짐, 굳어서 뻣뻣하게 된 근육 따위가 원래의 상태로 풀어짐이라고 합니다.

뭔가를 하기 위해서는 근육을 긴장시켜야 합니다. 중추신경계에서 명령을 내리면 근육이 그 신호를 받아 활동전위가 일어나면서 해당 근육의 양 끝을 잡아당겨 짧아지면서 움직임이 생기는 것이지요. 그리고 신호가 멈추면 활동전위가 사라지면서 근육이 본래의 길이로 늘어나며 우리는 그 상태를 이완이라 부릅니다. 수축할 때 근육은 딱딱해지고 이완할 때는 부드럽게 변합니다.

그러니까 긴장 상태는 뭔가 의도를 가지고 힘을 써서 움직이려는 것과 관련되고 이완 상태는 그럴 필요가 없어진 일종의 휴지기라 할 수 있습니다. 그런데 수축했던 근육은 긴장할 필요가 없을 때도 힘을 다 빼지 못하고 일정 정도의 긴장을 유지하는 경향이 있고, 그것이 장기간 반복되면 몸과 마음의 과도한 스트레스로 이어질 수 있습니다. 그래서 의도적으로 필요 없는 긴장을 풀어내도록 하는 다양한 이완법이 현대인에게 인기가 많지요. 요가를 참고하자면 몸을 이완하는 표준적인 자세에는 바닥에 등을 대고 눕는 송장 자세나 반대로 배를 깔고 엎드린 자세 혹은 아기 자세가 있습니다.

이들 자세에서 볼 수 있듯이 이완은 아무 의도 없이 아무것도 하지 않는 내려놓는 상태에 가깝습니다. 충분히 이완할 때 호흡은 점차 느려지고 깊어지며 교감신경 대신 부교감신경이 활성화되고 산소 소비량과 이산화탄소의 발생이 함께 줄어듭니다.

조각상에서도 에너지의 측면에서 근육과 마음을 수축시켜 딱딱하게 만드는 긴장과 반대로 근육과 마음에서 느슨하게 힘을 뺀 이완이 정확하게 대별됩니다. 그것은 곧 특정한 행동을 취할 수 있도록 몸과 마음을 긴장시키는 감정과 외부에 대해 신속하게 반응할 필요가 없어 몸과 마음을 이완시키는 감정이 구별된다는 의미일 것입니다.

(3) 지위 – 우위와 열위

중학교 남학생들을 만나다보면 동물의 세계에서 익히 보던 '수컷의 서열 다툼'이라는 게 인간 사회에서도 여전히 유효함을 가까이에서 관찰할 수 있습니다. 키(가 얼마나 큰가), 외모(가 얼마나 매력적인가), 공부(를 얼마나 잘 하나), 운동(이나 춤 등의 특기가 있나), 싸움(을 얼마나 잘 하나), 인기(가 얼마나 많은가), 돈(을 얼마나 잘 쓰나), 말(을 얼마나 잘 하나), 선생님(들에게 얼마나 인정받는가) 등의 요인이 서열을 정하는 데 관련되고, 학기 초반에는 서열 다툼이 치열한 반면 일단 정리된 서열은 큰 변동 없이 유지되는 듯 보입니다. 서열에 대한 태도는 각자 다를 수 있지만 누구도 서열 자체와 무관하기는 어렵지요.

중학교 남학생들에게서 가장 생생하게 관찰되긴 하지만 성별과 나이에 상관없이 서열은 어떤 집단에서나 그것을 구성하고 움직이는 중요한 원리라 할 수 있습니다. 일반적으로 이 서열은 한쪽 끝에 왕과 교황과 같은 세속적이고 영적인 지도자가 있고 맞은편 끝에는 사회에서 버림받은 사람들이 있는 사회적 지위(social status)와 관련됩니다. 그리고 서열이 얼마나 세련되게 정해지고 암묵적이고 섬세하게 작동하는가가 다를 뿐 서열 자체로부터 자유로운 집단은 없습니다.

　이처럼 사회 전체적인 맥락에서는 사회적 지위가 관계를 지배하는 원리이지만, 좀 더 미시적인 개인적 관계에서는 또 다른 지위가 작동합니다. 연극인 키스 존스톤(Keith Johnston)은 『즉흥연기』에서 '지위 거래'라는 말로 관계의 역학을 설명합니다. 즉흥극에서는 필연적으로 인물들 사이에 힘의 우열이 있을 수밖에 없고, 높은 지위에 있는 인물이 낮은 지위의 인물에게 지배적으로 행동한다면 낮은 지위의 인물은 높은 지위의 인물의 말이나 몸짓을 읽고 거기에 자신을 맞춘다는 것입니다. 그리고 각 인물이 상대에 대해 취하는 지위는 상대에게 쓰는 말투, 행동, 몸짓 등을 통해 표현됩니다. 그가 말하는 지위는 인물의 사회적 지위와 달라서 어린 손자에게 쩔쩔 매는 대통령처럼 대상과 상황에 따라 얼마든지 바뀔 수 있지요. 키스 존스톤은 또한 특정 장면에서 중립적인(혹은 동등한) 지위는 없으며, 좋은 배우란 그가 표현하는 인물의 상대적인 지위를 의식하여 적절하게 변화를 줄 수 있는 사람이라고 말합니다.

　연극치료적 의미에서 키스 존스톤의 지위 개념과 좋은 배우에 대한 관점은 매우 시사적입니다. 심리치료는 결국 참여자의 대인관계를 다룰 수밖에 없는데, 관계 역동의 결정적인 한 측면을 '지위'가 보여주기 때문입니다. 관계에서 문제가 발생하는 것은 상대와 상황에 따라 그에 적절한 지위로 연기하지 못하고 늘 낮은 지위에 머물러 있거나 높은 지위에 집착하여 그것을 놓지 못하기 때문이라고 말할 수 있습니다. 바꿔 말해 정확한 상황 판단에 따라 높거나 낮은 지위를 자연스럽게 넘나들 수 있는 유연함이 건강의 중요한 지표인 것입니다. 그리고 상대와 상황에 따른 정확한 지위의 판별은 감정과 직결됩니다.

감정조각상의 8가지 감정 가운데 자기완결적인 감정인 기쁨과 슬픔을 제외한 나머지 곧 두려움, 용기, 분노, 혐오, 사랑, 경이는 모두 지위와 관련된 감정으로 대상에 대해 우위를 점하기도 하고 대상보다 낮은 지위를 자처하기도 하며 낮은 지위에서 높은 지위로 변화를 꾀하기도 합니다.

(4) 거리 - 접근과 회피

접근은 대상에 가까이 다가가(려)는 것이고 회피는 대상으로부터 멀어지(려)는 것이지요. 접근과 회피는 특정 대상에 대한 대조적인 정서 반응으로 볼 수 있습니다. 반가운 사람을 만나면 환하게 웃으며 다가가 인사를 나누게 되고, 무서운 사람이 눈에 띄면 저도 모르게 시선을 피하고 몸을 숨기게 되는 것처럼 말이지요. 감정조각상의 여덟 가지 감정 가운데서는 두려움과 혐오가 전형적인 회피 반응이라면 반대로 사랑과 분노는 대상에 다가가려는 접근 반응을 이끌어낸다고 할 수 있습니다.

정서와 긴밀하게 연관된 동기와 욕구 역시 접근과 회피의 두 체계로 이루어져 있습니다. 심리학자 토리 히긴스(Tory Higgins)는 우리가 움직이게 되는 이유를 좋아하는 것을 취하고 싶어 하는 접근 동기와 싫어하는 것을 피하고 싶어 하는 회피 동기로 나눕니다. 그러니까 행복해지기 위해 움직이느냐 불안에서 벗어나기 위해 움직이느냐의 차이라 할 수 있습니다.

접근 동기가 강한 사람은 목표를 성취했을 때 기쁨을 느끼고 실패하면 슬픔을 느끼지만, 회피 동기가 강하면 목표를 이루었을 때 안도감을 느끼고 이루지 못했을 때는 불안을 느끼게 됩니다. 그래서 회피 체계가 지배적인 사람은 접근 체계가 우세한 사람보다 불안과 우울에 압도되는 경향이 높다고 하지요.

이 접근－회피 체계는 두뇌 활동으로도 관찰됩니다. 전두엽 좌측의 활동이 상대적으로 더 활발한 사람들은 접근 경향이 강해서 더 적극적이고 보상 지향적이며 만족감이 높은 상태를 유지하는 반면 전두엽 우측이 우세해 회피 경향이 강하면 불안감이 높고 전반적으로 저조한 기분 상태가 지속된다고 합니다. 이 같은 차이는 6개월의 영아들에게서도 관찰되어 엄마와 1분 정도 분리되었을 때 더 큰 스트레스를 받고 낯선 사람을 더 두려워하는 아기들이 그렇지 않은 아기들에 비해 전두엽 우측의 활동이 더 활발하다고 합니다.

그렇게 좌뇌의 접근 체계와 우뇌의 회피 체계 그리고 둘 중 어느 한쪽이 우세한 편향은 일종의 기질로서 의도적인 노력이 없다면 일생 동안 유지될 가능성이 크다 할 수 있습니다. 하지만 회피 동기로 편향된 사람도 작은 성공 경험을 반복하면서 접근 지향적인 태도를 강화할 수 있습니다. 어려움을 조금씩 넘어서면서 자신감이 붙으면 그것이 보상 체계의 도파민을 증가시켜 활기를 느끼게 함으로써 조금 더 큰 도전에 나설 수 있게 되는 원리입니다. 하지만 언제나 접근 동기가 옳다고 할 수는 없겠지요. 오랜 시간을 두고 지속해야 하는 일이라면 접근 동기로 선택할 필요가 있지만, 당장 해야 하는 일에선 회피 동기가 유효할 수 있습니다.

감정조각상에서 대상을 갖는 감정은 반드시 지위의 관점에서 읽어야 하지만 동시에 대상에 다가가고자 하는지 아니면 대상으로부터 멀어지고자 하는지를 거리의 관점을 적용할 수 있습니다.

(5) 접촉 – 개방과 폐쇄

저는 회전문을 싫어합니다. 절대 무심히 통과할 수 없고 몇 걸음 앞에서부터 돌아가는 모양을 지켜보다 맞춤한 때를 겨냥해 몸을 넣어야 하며 문의 회전 속도에 맞춰 비좁은 공간에서 종종 걸음을 하다가 컨베이어 벨트에서 떨어지는 물건처럼 문 밖으로 토해내지는 마무리까지 전부 못마땅하거든요. 문은 문이지만 열기보다 닫는 데 더욱 힘쓰는 게 회전문이라 느껴집니다.

개방과 폐쇄는 그렇게 문의 문제라 할 수 있습니다. 접근과 회피가 대상과의 거리에 관한 것으로 주체가 대상에게 다가갈 것인가 멀어질 것인가를 선택하는 것이라면, 개방과 폐쇄는 외부와의 접촉면을 넓힐 것인가 줄일 것인가와 관련되지요. 즉 주체가 외부를 적극적으로 수용할 것인가 외부와의 접촉을 차단할 것인가의 문제입니다.

우리는 몸을 단위로 하는 개체로 피부를 경계로 외부와 구별됩니다. 그러니까 몸을 기준으로 말하면 피부와 눈, 코, 귀, 입이 우리의 문인 셈입니다. 그 문을 통해 몸은 끊임없이 외부와 접촉하며 자기가 아닌 것들을 안으로 들이고 안에서 만들어진 것들을 밖으로 내보내기도 하지요. 하지만 바깥의 것을 무작정 안으로 들일 수는 없으므로 감각의 관문에서 거를 것들을 1차적으로 가려내고, 몸 안에서는 면역 체계를 가동해 혹시 있을 위험에 대비합니다. 자기를 지킬 힘이 있는 건강한 개체는 외부에 대해서도 개방적일 수 있지만 낯선 것과의 접촉에서 오는 혼란을 다루지 못하는 개체는 면역의 벽을 높이 쌓아 차단할 수밖에 없습니다.

그것은 집단의 경우도 마찬가집니다. 열린 사회는 틀 밖의 세계와 지속적으로 소통하면서 자기 안에서 끊임없이 변화를 만들어내고 기존의 틀 자체를 바꾸는 시도를 감행할 수 있지만, 체제 내의 안정과 질서를 추구하는 닫힌 사회는 외부에 배타적이며 내부를 보호하기 위해 공격을 불사합니다.

외부와의 관계에서 폐쇄는 접촉을 차단하여 개체가 자신의 정체성을 유지하기 위한 전략이고, 개방은 접촉을 허용하여 타자와의 만남을 통해 자신을 변화시키고자 하는 전략이라 할 수 있습니다. 그리고 이것은 감정조각상에도 그대로 적용됩니다. 몸을 열어 타자와의 만남에 적극적인 경우가 있는가 하면 몸을 차단하고 축소하여 외부와의 접촉을 최소화하는 경우가 뚜렷이 구분됩니다.

2) 표현의 장소

간혹 부정적인 감정(고통)을 표현할 때 말은 슬픔이나 분노를 지시하는데 몸과 표정은 전혀 동요 없이 중립적이거나 심지어 미소를 머금고 있는 경우가 있습니다. 그런 때는 감정을 나타내는 말도 자신의 경험을 오롯이 담아낸 개별성이 느껴지기보다 그 감정에 대한 상식적 표현에 그치거나 감정과 관련된 생각(감정이 발생한 상황을 설명하거나 그것을 피할 수 있는 대안을 제시하는 등)을 풀어내는 것을 자주 볼 수 있습니다.

    이런 현상은 한마디로 참여자가 감정을 적절하게 경험하지 못하고 있음을 나타냅니다. 감정에 대한 인식은 발달했지만 감정에 머물러 충분히 깊이 느끼지 못할 때, 다시 말해 감정에 관해 생각할 뿐 감정을 몸으로 겪지 않을 때 이 같은 불일치가 발생합니다. 그리고 평소에 긍정적이 되려고 지나치게 애쓰거나 사회적으로 바람직한 태도에 매어있거나 혹은 과도하게 사변적인 특성이 이런 불일치를 더욱 강화하는 듯합니다.

    몸과 마음이 이렇듯 따로 움직이는 것은 신체와 정서를 통합을 지향하는 심리치료의 목표에 비추어 볼 때 대수롭지 않게 넘길 일이 아닙니다. 자신의 몸에 사는 것은 우리의 삶의 조건에서 가장 자연스럽고 필수적인 기반이라 할 수 있으니까요. 진정한 긍정은 부정을 배제하거나 회피하지 않습니다. 부정을 껴안고 아파하되 눈 감고 주저앉지 않고 그 너머를 보는 것이 진짜 긍정일 것입니다.

    (1) 얼굴

    감정은 얼굴 표정에 매우 잘 드러납니다. 감정인식 기술의 토대를 마련한 미국의 심리학자 폴 에크만(Paul Ekman)에 따르면 사람의 얼굴에는 42개의 근육이 있고 그것들을 조합하여 만들 수 있는 표정은 1만 개가 넘는데 그 중 약 3,000개가 일상생활에서 경험하는 감정과 관련된 것이라고 합니다.

    감정에 관한 최초의 과학적 접근이라 할 만한 『인간과 동물의 감정 표현에 대하여』를 쓴 찰스 다윈은 거기서 인간의 기본 감정을 공포, 분노, 혐오, 슬픔, 놀람, 행복의 여섯 가지로 꼽고 갓난아기,

어린아이, 정신질환자, 예술가, 고양이, 개, 원숭이를 포함한 다양한 문화권의 사람들에게서 기본 감정이 어떻게 나타나는지를 매우 폭넓고 정밀하게 관찰하였습니다. 그 결과 감정을 얼굴로 드러내는 것은 진화의 산물이며, 기본감정을 경험하고 표현하는 방식은 인종, 성별, 연령, 문화적 배경과 관계없이 보편적임을 밝혔습니다.

또 근래에 미국의 컴퓨터공학자 알레익스 마티네즈 연구진은 북미, 남미, 유럽, 아시아, 호주에 이르는 5개 언어권에서 31개국을 선정하여 대상자 모두에게 같은 감정을 전달할 수 있는 보편적인 표정을 추출하였고, 그 결과 모두 35개의 표정을 찾아냈습니다. 그중 절반에 가까운 17개가 모두 행복과 관련한 것이었고, 공포에 3개, 놀람에 4개, 슬픔과 분노에 각각 5개, 그리고 혐오에 1개 표정이 보편적이라고 합니다. 이 결과는 인류가 사회 구성원의 유대감을 높이는 방법으로 부정적 감정보다 긍정적 감정을 표현하는 데 힘써 왔음을 말해줍니다.

감정조각상은 감정 표현의 보편성이 얼굴뿐 아니라 몸 전체를 사용하는 조각상에서도 동일하게 나타난다는 전제에 근거하며, 얼굴 표정을 감정 표현의 첫 번째 장소로 주목합니다.

(2) 자세(posture)

라반 움직임 체계에서는 자세를 한 번에 변하는 몸 전체의 움직임으로 3초 내외로 어떤 자세를 취하거나 동작을 멈추는 것이라고 말합니다. 감정조각상은 움직임을 배제하므로 자세는 몸통과 관련된 큰 표현이라고 말해도 좋을 것입니다. 몸통은 몸의 중심으로서 머리와 팔과 골반을 이어주는 축이며 호흡과 직접적으로 관련된

부위이기도 합니다. 그래서 몸통을 포함한 큰 표현인 자세는 기능
적으로는 중심의 안전성과 이동과 관련되며 크게 굽히거나 펴거나
돌리는 동작으로 나타날 수 있습니다.

한편 기분과 감정을 구분할 때 자세는 일반적으로 기분에 더
영향을 받는다고 할 수 있습니다. 긍정적인 쾌적한 기분은 대체로
개방형 자세와 연관되고 부정적인 불쾌한 기분은 몸을 수축시키는
폐쇄형 자세와 연관된다고 할 수 있습니다.

(3) 몸짓(gesture)

몸짓은 몸통에 부착된 팔과 다리의 표현으로서 자세보다 작은
표현의 단위입니다. 자세가 기분과 관련된다면 몸짓은 기분보다 구
체적이고 다양한 감정에 직접적으로 영향을 받습니다. 몸짓에는 손
톱을 물어뜯는 것처럼 무의식적이고 습관적인 몸짓, 문화권에 따라
다르게 나타나는 상징적인 몸짓, 그리고 감정을 표현하는 것처럼
움직이는 사람의 의도와 상태를 설명하는 몸짓이 있으며, 각 감정
에 따른 특유한 몸짓이 관찰되기도 합니다.

(4) 시선

조각상을 만들 때 제가 빼놓지 않고 얘기하는 게 있습니다. "최
대한 정확하게, 시선과 얼굴 표정까지 표현해주세요." 특정한 주제
를 조각상으로 만들라고 하면 몸통이나 팔다리를 배치하고 마는 것
을 자주 볼 수 있기 때문이지요. 자세와 몸짓이 분명히 조각상을 이
루는 큰 덩어리이긴 하지만, 특히 시선은 대상에 대한 태도와 관계
를 그대로 담아내는 하나의 독립된 기관이라 할 만큼 중요합니다.

시선(視線)으로 사전을 찾으면 눈이 가는 길 또는 눈의 방향, 주의나 관심을 비유적으로 이르는 말, 시점과 물체의 각 점을 잇는 직선으로 풀이되어 있습니다. 시선은 사전이 말하는 것처럼 우리의 주의와 관심이 향하는 곳을 그대로 보여줍니다. 눈이 가는 데로 마음이 가고 마음 가는 데로 눈이 가는 것이지요. 그래서 눈에서 멀어지면 마음에서도 멀어지고, 시선이 머무는 시간만큼 마음도 깊어지기 마련입니다. 영화 《아바타》에서 나비족 여인과 주인공이 "I see you"라는 말로 서로의 사랑을 확인한 것도 그런 맥락에서 가능할 것이고, 중생을 고통에서 구하는 관세음(觀世音) 보살의 원력 역시 세상의 소리를 보는 데서 발원합니다.

그런 한편 시선에는 방향만 있는 것이 아니라 높낮이도 있습니다. 그것은 대상을 우러러 보거나 낮추어 보거나 같은 높이에서 보거나 셋 중 하나가 될 것입니다. 높이는 힘이나 중요성과 관련되는 것이어서 위를 향하는 시선은 대상이 시선의 주체보다 강하고 중요함을 나타내고, 아래를 향하는 시선은 바라보는 이가 대상을 자신보다 약하고 보잘 것 없다 여김을 보여줍니다. 앞서 말한 공간적 언어 중 지위와 직결되는 표현이 바로 시선이라 할 수 있습니다.

그리고 또 한 가지 시선에는 온도가 있습니다. 차가운 시선과 따뜻한 시선. 그것은 눈뿐만 아니라 얼굴 전체의 표정과 관련될 수 있겠지요. 요즘 흔히 하는 '눈에서 꿀 떨어진다'와 '눈으로 욕한다'는 말이 각각 따뜻하고 애정 어린 시선과 차갑고 적대적인 시선을 쉽게 보여줍니다.

그렇게 말 한마디 없이도 많은 메시지를 전하는 시선은 그래서 공포와 갈등을 유발하는 접촉점이 되기도 한다. 대인관계를 두

려워하는 사회공포증이 다른 사람과 눈을 맞추지 못하는 시선공포
증으로 나타나기도 하고, 일면식도 없는 사람들이 기분 나쁘게 쳐
다봤다는 이유로 불붙듯 싸우기도 하는 것입니다.

그러니까 시선은 방향과 높이와 온도의 세 차원을 지닌 매우
중요한 신체 언어로서 우리의 관심이 향하는 대상과 그 관심의 특
질 곧 대상에 대한 태도를 정확히 담아냅니다.

06 감정의 보편적 조각상

각 감정의 보편적 형태는 다양한 연령, 성별, 직업을 가진 분
들이 만든 약 200개의 조각상에 대한 분석을 바탕으로 정리한 것입
니다.6

1) 슬픔

슬픔의 조각상의 시선은 대개 아래를 향하지만 간혹 고개를
들어 위를 보는 경우도 있습니다. 어느 방향이든 슬픔의 시선은 특
정 대상을 응시하기보다 초점 없이 비어있는 것이 일반적입니다.
얼굴은 눈꼬리와 입 꼬리가 함께 내려가거나 얼굴 근육이 전반적으
로 이완되어 있는 표정이 많습니다. 몸짓으로는 손으로 얼굴을 가
리는 몸짓이 압도적으로 많고 그렇지 않을 때는 힘없이 늘어뜨리거
나 몸통을 감싸는 자기위안의 몸짓을 나타내기도 합니다. 자세는

---

6 감정조각상의 예시는 얼굴 노출을 막기 위해 참여자들이 만든 실제 조각상을 다른
  사람이 그대로 재연하여 촬영한 것입니다.

쪼그려 앉는 것이 가장 많고 바닥에 털썩 주저앉거나 그냥 앞을 보고 선 자세도 흔한데 어떤 쪽이든 몸통이 굽어 몸을 닫는 쪽으로 기우는 것이 특징입니다.

슬픔의 조각상의 보편적 형태는 하강과 이완입니다. 슬픔은 여덟 가지 감정 가운데 유일하게 하강의 특성을 나타냅니다. 중력에 대한 저항을 내려놓음으로써 상실을 수용하는 반응이 곧 하강으로 나타난다고 할 수 있습니다.

말했듯이 사람들이 만드는 슬픔의 조각상은 앉아 있는 것이 많습니다. 분노나 증오, 환희나 기쁨의 조각상이 대체로 일어선 상태인 것과 대조가 됩니다. 슬픔에 잠기면 몸에서 힘이 주욱 빠져나가기 때문에 주저앉은 자세를 취하게 되고 팔다리와 시선도 아래를 향하곤 하지요. 마치 더 이상 중력에 맞서지 못하고 투항하는 듯한 모습입니다. 이것은 우리가 슬픔을 약자의 감정으로 오인하는 까닭이기도 합니다.

슬픔은 우리의 힘으로 어쩔 수 없는 돌이킬 수 없는 상실을 만났을 때, 가까운 이를 잃거나 정든 곳을 떠나거나 곁에 있던 것이 덧없이 사라질 때, 우리가 느끼는 감정입니다. 하늘을 붉게 물들이며 저무는 하루, 함께 온 길을 뒤로 하고 총총 떠나는 사람, 나를 원치 않는 일터가 우리를 슬프게 하지요. 슬픔은 내 것이라 믿었던 한낮이, 사랑이, 직위가, 젊음이, 명예가, 자식이, 재산이, 건강이 더 이상 내게 속하지 않음을 드러냅니다. 그리고 궁극의 상실은 삶 역시 우리가 지나는 길일 뿐 영속의 것이 아님을 일깨우는 죽음이지요.

슬픔은 우리에게 그렇게 죽음을 가르칩니다. 우리는 슬퍼하면서 죽음을 돌이키거나 그에 맞설 수 없으며 오직 받아들이는 것만이 허용되었음을 배웁니다. 우리가 결국 중력에 저항할 수 없고 중력이 있음으로 해서 생활이 가능하듯 죽음이 삶에 대해 그러함을 아프게 새깁니다. 그래서 깊은 슬픔의 조각상은 힘을 빼고 몸을 열어 그 힘에 순응하는 형태를 취할 수밖에 없습니다.

하지만 슬픔 또한 지나가는 것이어서 슬픔은 하나가 끝났지만 동시에 다른 하나가 시작됨을 알려주며, 오래지 않아 다른 것으로 바뀝니다. 에너지가 다른 형태를 취하는 것이지요. 어쩌면 우리가 상실로 경험하는 것들 모두 그렇게 사라지는 게 아니라 모습을 바꾸는 것일지도 모릅니다.

2) 기쁨

기쁨의 조각상에서 시선은 위를 향하는 경우가 가장 많고 간혹 정면을 바라보기도 하며, 얼굴은 만족스럽게 미소 짓는 것부터 활짝 웃는 것과 눈과 코와 입을 모두 크게 열어 환호하는 것까지 다양하게 나타납니다. 표정뿐 아니라 몸짓과 자세에서도 몸통을 열고 팔과 다리를 펼치거나 제자리에서 위로 뛰어 비상하는 듯한 형태가 압도적입니다. 반대로 몸을 웅크리고 팔을 몸통 쪽으로 힘껏 끌어당기는 자세도 나타나는데 이 경우에는 몸을 펼치는 형태보다 조각상 전체의 긴장도가 높습니다.

　이렇게 기쁨의 조각상은 보편적으로 상승과 확장의 특징을 나타내고 슬픔과 마찬가지로 특정 대상을 갖지 않습니다.

　기쁨은 흔히 특정한 욕구가 충족되었을 때 느끼게 되는 감정이며, 그 욕구는 대개 우리의 생존과 번식에 필요한 기능과 관련됩니다. 다시 말해 생명으로서의 책무를 다하도록 일종의 보상으로서 설계된 감정이 기쁨일 수 있으며, 이는 기쁨이 삶을 추동하는 매우 강력한 힘임을 의미합니다. 그래서 기쁨의 조각상은 용기의 조각상과 상당히 유사합니다. 두 조각상 모두 중력에 반하여 몸을 곧게 세우고 밖으로 몸을 여는 자세를 취하지요. 다른 점은 용기의 조각상이 굳은 결기로 긴장된 편이라면, 기쁨의 조각상은 도약이나 승리를 확인하는 자세로 짜릿한 쾌감을 표하면서도 그 에너지가 긴장보다는 이완에 가깝다는 점입니다. 즉 몸의 언어는 기쁨이 우리를 삶으로 끌어당기는 맛난 당근임을 보여줍니다.

　그러나 기쁨의 함정은 지속 시간이 길지 않다는 데 있습니다.

뛰어난 적응력 덕분에 우리는 기쁨의 달콤함에 금세 무뎌지곤 합니다. 그래서 이미 맛 본 기쁨은 '아무렇지도 않음'으로 지나쳐버리고 더 강렬하고 새로운 쾌감을 좇게 되지요.

3) 두려움

두려움의 시선은 매우 다양하게 나타납니다. 눈을 감거나 손으로 눈을 가리거나 시선을 아래로 떨구어 공포의 대상을 보기를 포기합니다. 반대로 대상을 보되 정면으로 응시하기보다 옆 눈으로 살피기도 하고 아예 대상을 직시하는 경우도 있습니다. 얼굴은 눈썹이 약간 치켜 올라가며 눈이 커지고 입을 살짝 벌리거나 무표정에 가까운 상태로 긴장으로 얼어붙은 느낌을 주기도 합니다. 하지만 두 손으로 얼굴을 가리거나 고개를 숙여 얼굴을 볼 수 없는 조각상이 훨씬 많습니다. 몸짓은 몸통을 양팔로 감싸거나 양손을 가슴 앞쪽으로 모아 스스로를 보호하는 형태가 자주 관찰되고, 긴장으로 인해 어깨가 위로 올라간 것도 두려움의 조각상의 특징적 몸짓입니다. 자세는 대상으로부터 멀어지려는 것을 공통된 맥락으로 구석으로 숨기도 하고 몸을 웅크려 최대한 작게 만들기도 합니다.

이렇게 두려움의 조각상은 긴장과 폐쇄 그리고 열위에서의 회피를 특징으로 합니다. 다른 감정들이 두세 개의 요인으로 특정되는 반면 가장 근본적인 감정이라 할 수 있는 사랑과 두려움은 네 개의 요인으로 구별된다는 공통점을 갖고 있습니다.

두려움은 매우 광범위하고 근본적인 감정입니다. 공포, 죄책감, 수치심, 혐오, 분노, 시기 등 부정적 감정 대다수는 두려움에 기반한 세목들이라 할 수 있습니다. 무엇보다 두려움은 잘 알지 못하는 것에 대한 반응입니다. 하지만 낯선 것이라고 해서 무조건 두려움을 유발하지는 않으며 오히려 긍정적인 감정을 자극하기도 하지요. 낯섦에 대한 감정의 스펙트럼을 긍정적인 것부터 부정적인 것의 순서로 늘어놓으면 아마 이럴 것입니다. 매혹, 설렘, 호기심, 낯섦, 불편함, 두려움.

　이국적(exotic)인 것은 매혹의 대상입니다. 말 그대로 다른 나라의 것이어서 익숙하지 않고 잘 알지 못하며 그래서 신비하고 모호한 아름다움으로 우리를 강하게 사로잡지요. 그보다는 약하지만 설렘과 호기심은 나(기존의 것)와 다른 것에서 느끼는 긍정적 반응에 속합니다. 익숙하지 않은 것이 긴장을 유발하지만 그 정도가 감당할 만해서 오히려 느슨한 일상에 탄력을 부여하고 기분 좋은 그 느낌이 대상에 조금 더 접근하게 합니다. 그런데 다름의 정도가 예상 밖으로 크거나 자극을 접하는 사람이 취약한 상태일 때 낯선 대상과의 접촉은 불쾌감을 유발하기 쉽습니다. 익숙하지 않은 환경은 자기보호의 본능을 자극하고 그래서 감각이 예민해지면서 방어적 태도를 가동시켜 대상에 다가가기보다 거리를 두면서 경계하게 하는 것입니다. 다름의 정도가 크고 그 양상이 불균형하게 느껴질수록 불쾌감의 정도도 확대되어 불편함을 넘어 두려움으로 치달을 수 있습니다. 그래서 두려움은 대상과의 접촉을 차단하기도 하지만 혐오라는 공격적 반응을 유발하기도 합니다. 다름을 위협으로 지각해 없애려는 것입니다. 그런 맥락에서 매혹됨부터 두려움에 이르는 낯섦에 대한 반응은 나 혹은 기존의 것과 다른 것에 대한 면역 반응의 스펙트럼이라 할 수도 있습니다.

　그렇게 위협적인 대상에 맞서 경계함으로써 자신의 안전과 생존을 확보하도록 촉진하는 것이 두려움의 기능입니다. 그와 달리 사랑은 자신을 열어 대상에게 접근하여 경험과 자원을 공유함으로써 자신과 상대의 안전과 생존을 함께 공고히 다지게 하는 감정이라고 할 수 있을 것입니다. 그러니까 힘으로 따질 때 두려움은 약자의 것이고, 약한 개체는 두려움에 반응하여 대상을 공격해 우위를 점하려 들거나 거꾸로 자신을 더욱 낮추어 공격할 필요가 없음을 상대에게 증명하려 합니다. 그리고 상대와 싸울 때는 자신의 힘을 과장하고 자신을 낮출 때는 상대의 힘을 과장하는 것이 인지상정이지요.

그런 맥락에서 부정적인 감정으로 힘들어 하는 참여자가 있다면, 그 감정이 어느 쪽을 과장하고 있는지를 보아 힘에 균형을 맞추는 것이 중요합니다. 가령 '이혼한 것 때문에 나를 이상하게 보면 어쩌지'라는 두려움과 수치심 때문에 사람들 앞에서 자신을 꽁꽁 숨기고 내보이지 못하는 사례가 있을 수 있습니다. 그것은 상대의 힘을 과장하여 과도하게 자신을 낮추는 반응방식이므로, 적절한 변형을 위해서는 간과했던 자신의 힘을 끌어내 상대에 맞서도록 도울 필요가 있습니다. '이혼은 용납되지 못할 잘못이나 허물이 아니라 나를 이루는 중요한 역사야. 만약 이혼으로 내게 낙인을 찍는다면 그건 당신의 두려움을 드러내는 것일 뿐 나와는 상관없는 일! 그렇게 편협한 사람과는 차라리 만나지 않는 게 나아.' 두려움 때문에 과장한 상대의 영향력을 정확하게 재평가하는 것입니다.

반대의 경우도 있습니다. '어떻게 자식을 감정 받이로 만들 수 있어? 악랄하고 이기적이야.' 강한 분노입니다. 분노는 자신의 힘을 과장하여 상대보다 높은 지위를 차지하려 합니다. 그래서 그처럼 터무니없는 분노에 대해서는 자신의 생각과 판단에 대한 과신을 정확하게 재평가함으로써 힘의 균형을 맞추는 것이 적절한 개입입니다. '엄마에게 나쁜 감정을 토로할 대상이 필요했던 건 사실이지만 그 필요에 부응하기로 결정한 사람은 나다. 아무도 강요하지 않았다. 그렇게 하면서 내가 얻은 이익이 분명히 있다.'

　싸우려들건 납작 엎드리건 과도한 두려움을 상대와 자신에 대한 과장된 신념을 정확하게 재평가함으로써 적절히 다루자면 무엇보다 용기가 필요합니다. 그래서 도처에 두려움인 세상을 사는 우리가 날마다 힘써 구해야 할 것은 용기입니다.

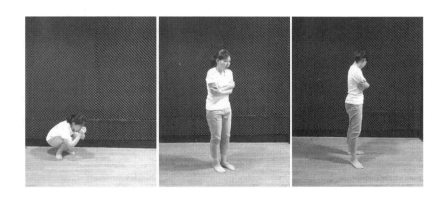

4) 용기

　용기의 조각상의 시선은 정면을 향하는 경우가 가장 많고 하늘의 도움을 바라는 듯 고개 들어 위를 보는 것도 꽤 있으며 스스로 의지를 다지는 느낌으로 약간 아래를 보기도 합니다. 얼굴은 웃거나 입을 꾹 다물어 결의에 찬 표정이 나타나기도 하고 입을 크게 벌려 소리를 지르는 것도 있습니다. 몸짓에서 가장 특징적인 표현은 주먹을 꼭 쥐는 것입니다. 그 밖에 두 손을 가슴에 얹기도 하고 양쪽 허리춤에 얹는 몸짓도 자주 볼 수 있습니다. 자세는 앞으로 걸어 나거나 양 다리를 어깨 너비 정도로 벌리고 선 형태가 많습니다.

이렇게 용기의 조각상은 대등한 위치에서의 접근과 긴장을 특징으로 합니다. 그래서 우위에서의 접근과 긴장을 특징으로 하는 분노의 조각상과 유사합니다.

저는 '용기'라는 말을 들으면 곧장 다윗과 골리앗의 싸움 장면이 떠오릅니다. 골리앗은 보통 사람의 두 배가 넘는 키에 그의 방패를 드는 수하가 따로 있을 정도의 힘을 가진 적국의 용사였고, 그의 압도적인 위용에 40일이 넘도록 아무도 전장에 나서지 못한 채 전전긍긍하고 있을 때, 전쟁에 나간 형들을 만나러 왔던 다윗이 그와 싸우겠노라고 나섰습니다. 사람들이 어린 네가 무슨 수로 골리앗과 대적하겠느냐고 말리자 그는 말했다지요. 여호와가 나와 함께 하시니 이길 수 있다고. 그리고 그 길로 물맷돌 다섯 알을 주워 들고 전장에 나가 거인의 이마 한가운데를 맞추고 쓰러진 그의 목을 베어 이스라엘에 승리를 안겨주었다고 합니다.

용기는 사전적으로 "씩씩하고 굳센 기운 또는 대상을 겁내지 않는 기개"를 뜻하며, 심장을 의미하는 라틴어 cor에서 온 말이라고 합니다. 머리도 아니고 주먹도 아니고 왜 하필 심장일까요? 심장은 우리가 태어나서 숨을 거둘 때까지 한 순간도 멈추지 않고 움직이면서 더운 피를 온 몸 구석구석에 밀어 보냅니다. 그리고 그 힘으로 살아 있는 존재로서의 일체의 생명 운동이 가능해지지요. 용기(courage)라는 말을 처음 쓰기 시작한 이들은 그것이 심장처럼 우리 마음의 중심에 자리 잡고서 사는 동안 만나는 크고 작은 어려움을 헤쳐 나갈 수 있게 하는 삶의 힘이라는 사실을 잘 알았던 듯합니다.

저는 앞에서 떠올린 다윗과 골리앗의 싸움, 아니 "나와 겨룰 자 있으면 나와 보라"는 골리앗의 부름에 대한 다윗의 어처구니 없(어 보이)는 응답만이 용기라고 생각했습니다. 그래서 꽤 오랫동안 용기란 나라를 구하거나 용을 물리쳐 공주를 얻는 영웅에게나 필요한 것이지 눈에 띄지 않게 평범한 나 같은 사람과는 별 관계없는 덕목이라 여겼지요.

그런데 산 날이 많아질수록 그 생각이 틀렸음이 또렷해집니다. 태어나는 순간 우리는 전혀 알지 못하는 낯선 곳에 던져지고, 거기서 언제까지 지낼 수 있을지 혹은 지내야 하는지 확실히 알지 못한 채 닥쳐오는 경험을 헤쳐 나가야 합니다. 그리고 예상과 준비를 늘 벗어나는 사람과 환경 속에서 살아남기란 누구에게나 쉽지 않지요.

그래서 새로운 장면에 맞닥뜨릴 때마다 우리에게는 새로운 용기가 필요합니다. 엄마 품에서 떨어져 처음 유치원에 갈 때, 초등학교에 입학하면서 더 이상 아기가 아닌 어린이가 되어야 할 때, 이차 성징을 겪으며 부모와 동등한 한 사람으로서의 지위를 확보하기 위한 싸움을 시작할 때, 피 말리는 경쟁 사회에서 살아남을 무기를 선택하고 연마해야 할 때, 어른으로서 어떤 가정을 꾸릴 것인지 혹은 꾸리지 않을 것인지를 결정하고 그에 수반하는 도전을 감행해야 할 때, 사회적 영향력을 확장하거나 축소해야 할 때, 가까운 사람을 잃었을 때, 늙어가는 자신을 받아들여야 할 때가 그렇지요.

이렇게 큰 덩치의 어려움이 아니라도 저는 무시로 두려움에 발목을 잡힙니다. 참여자와의 작업이 기대만큼 잘 풀리지 않을 때

나 아이가 학교가 가지 않겠다고 고집 피울 때 또 남편에게 사과해
야 할 때나 부당한 처사에 대해 시정을 요구해야 할 때도 그에 마
땅한 용기를 한참 불러내야 합니다. 용기는 그렇게 삶의 도처에 도
사린 크고 작은 두려움에 맞서는 힘입니다. 그래서 용기를 표현한
조각상은 흔히 주먹을 불끈 쥐고 이를 꽉 문 채 몸을 일으켜 세우
거나 앞으로 나아가는 모양을 취하지요. 굳은 마음으로 싸움터에
나서는 전사의 모습에 가깝습니다.

다시 다윗으로 돌아가 그가 이름마저 무시무시한 골리앗 앞에
나설 수 있었던 것은 '여호와가 나와 함께 하실 것'이라는 믿음 덕
분이었음을 생각합니다. 우리가 삶이라는 전장에 자신을 세울 수
있다면 그 믿음의 뿌리는 사랑으로 낳아 알뜰살뜰 키워 준 부모에
게 있음을 알아차립니다. 삶의 복판으로 나서는 용기, 삶이 나에게
줄 것은 죽음 밖에 없다는 절대적인 두려움에 맞서 그것을 견딜 만
한 고통이자 해볼 만한 모험과 즐길 만한 경험으로 변형하는 힘은
발달 초기의 애착에서 비롯됩니다. 부모가 최초의 안전한 기지가
되어줌으로써 상처를 죽음으로 과장하지 않고 고통을 통해 성장할
수 있음을 배우는 것이지요. 그리고 어른이 되면서 애착은 내게 속
한 사람들에 대한 사랑으로 넓어집니다. 그것이 나와 세상에 대한

믿음을 다져 용기로 벼릴 것입니다.

5) 분노

분노의 조각상의 시선은 정면의 상대를 찌를 듯 보는 것이 가장 일반적입니다. 얼굴 역시 입을 꽉 다물고 미간을 찌푸리며 상대를 노려보는 것이 가장 흔하고 고함을 치는 표정도 있습니다. 몸짓은 한 팔로 상대를 지적하거나 가격하는 동작이 가장 많고 허리춤에 양손을 얹거나 팔짱을 끼기도 합니다. 자세는 특별할 것이 별로 없는데 간혹 발로 상대를 차는 자세의 조각상이 보입니다.

이처럼 분노의 조각상은 긴장과 우위에서의 접근으로 나타납니다. 분노는 임상 장면에서 참여자들이 적절하게 경험하지 못해 가장 어려움을 겪는 감정 중 하나로, 파르마콘의 성격이 매우 뚜렷합니다. 분노는 상대가 자신의 경계를 부당하게 침범한다고 지각될 때 발생하며, 큰 힘으로 상대의 그릇된 행동이나 상황을 바로잡고자 합니다. 그래서 분노는 상대에게 자신의 생각과 요구를 당당하게 표명하는 자기주장(assertiveness)부터 상대에게 해를 가하여 자신이 받은 피해를 되돌려주는 공격성(aggressiveness)까지 다양한 태도로 나타납니다.

약(藥)으로 작용할 때 분노는 위해하는 외부의 힘에 맞서 스스로를 보호하고 공격자를 일정 거리 밖으로 쫓아 물리치는 기능을 합니다. 어릴 때부터 부모나 형제자매에게 정서적이고 신체적인 학대를 당한 참여자들을 간혹 만납니다. 학대의 정도가 심할수록 피해자들은 오히려 그 부당한 일에 대해 분노하기보다 두려움에 압도되어 꼼짝하지 못하고, 오히려 학대한 사람의 목소리를 내면화하여 자기 자신을 괴롭히곤 합니다. "너 같은 건 살 가치가 없어!"라는 학대자의 메시지를 '나 같은 건 살 가치가 없어'라고 스스로 메아리가 되어 말하는 것이지요.

　이때 분노가 필요합니다. 부당한 공격에 자신을 맥없이 내주는 대신 분연히 일어나 막아야 합니다. 멈추라고, 나는 그런 말을 들을 이유가 없다고, 더 이상 가만히 듣고 있지 않겠다고, 독이 든 그 말들은 내가 아니라 병든 당신의 것이라고, 나는 병든 당신이 가여울 뿐이라고 말해야 합니다. 이것은 학대처럼 심각한 경우가 아니라 좀 더 일상적인 경계 침범의 경우에도 마찬가지입니다. 부당한 행동과 상황에 대해 분노로 맞설 때 자신을 보호하고 상대와 진정으로 관계 맺는 것이 가능해지니까요.

　분노는 흔히 소리 높여 비난하거나 물건을 부수거나 상대에게 신체적 폭력을 가하는 것과 동일시되지만 그런 감정격발(acting out)[7]과 분노는 분명히 구별됩니다. 분노의 본질은 나는 지금 화가 났고,

---

7 정신분석에서 말하는 방어기제의 일종인 액팅 아웃은 감정을 부적응적이거나 반사회적인 행동으로 폭발시키되 그 과정이 의식적 자각이나 통제를 벗어나 무의식적으로 일어나는 현상을 말합니다. 그래서 성숙하지 못한 방어기제로 분류되며, 환자는 고통스러운 감정과 불편한 충동을 자기도 모르는 사이에 유해한 행동으로 격발시키는 대신 의식으로 끌어올려 말로 적절하게 표현하도록 훈련할 필요가 있습니다. 그런데 흔히 행위화로 번역되는 액팅 아웃은 행위 자체를 부정적으로 사용함으로써, 오랫동안 임상 장면에서 환자가 몸을 움직여 행동하는 것을 금기시하는 잘못된 관행이 유지되었습니다.
　문제는 감정을 행동화하는 것이 아니라 고통스러운 감정의 압력에 굴복하여 그것을 자각하거나 선택을 위한 사이나 거리를 갖지 못한 채 감정에 휘둘리는 데 있습니다. 그런 의미에서 액팅 아웃을 '행위화'로 옮기는 것은 썩 적절하지 않습니다. 그것은 반사회적이거나 부적절한 행동 일부가 아니라 행동이라는 경험의 범주 자체를 문제시하는 어리석음을 초래할 수 있기 때문입니다.
　그래서 저는 '행위화' 대신 '감정 격발'이라는 새로운 말을 제안합니다. 감정이 미처 의식하기도 전에 주체를 압도하여 부적절한 행동을 저지르게 내모는 느낌을 더 잘 살릴 수 있으며, 행동에 덧씌워진 엉뚱한 혐의를 벗겨낼 수 있다는 맥락에서요.

그것은 당신이 무엇을 잘못했기 때문이며, 나는 그래서 당신이 이렇게 바꿔주기를 원한다는 내용을 상대에게 단호하게 전하는 데 있습니다. 그 같은 의사전달은 상대를 소통의 대상에서 배제하지 않을 때 가능합니다. 분노는 오히려 자신의 감정을 설명하고 상대에게 원하는 바를 정확하게 말함으로써 상대에게 질문을 던지는 것이며 나아가 그에 대한 상대의 대답을 귀 기울여 듣겠다는 뜻이기도 합니다. 그런 측면에서 분노는 일반적인 오해와 달리 상대에 대한 존중을 기본으로 한다고 할 수 있습니다. 그러므로 분노 자체를 부정적으로 여겨 소거하려는 것은 치료적이지 않을 뿐 아니라 자연스럽지도 않습니다.

그러나 분노에는 독(毒)의 얼굴도 있습니다. 분노는 대개 자신은 옳고 상대가 그르다는 생각과 함께 큰 힘을 동반합니다. 그래서 분노할 때 우리는 강한 기분과 함께 상대보다 우위에 있다고 느낄 수 있습니다. 분노는 스트레스 상황과 관련됨에도 그런 측면에서 어느 정도의 쾌감을 내포하며, 그래서 분노를 폭발시켜 문제를 해결하려는 잘못된 습관이 형성될 수 있습니다.

하지만 습관적으로 화를 내는 것은 몸과 마음에 해로울 뿐 아니라 지울 수 없는 흔적을 남깁니다. 심리학자 베니타 잭슨(Benita Jackson)은 1996년에서 1998년까지 19~30세 사이의 어른 5천 명을 대상으로 분노와 심혈관 질환 위험성에 관한 데이터를 분석했는데, 그 결과 폐 기능 약화와 부정적 감정이 밀접한 관계가 있는 것으로 나타났다고 합니다. 또 습관적으로 화를 내면 전두엽의 기능이 떨어지고 장기적으로는 충동조절에 어려움이 생기며 그 상태가 지속될 경우 억제 능력이 저하되어 사소한 일에도 화를 내면서 감정조절을 못함으로써 우울증에 걸릴 확률이 높아진다고 합니다.

분노는 분노하는 사람에게도 그렇지만 그들이 쏟아내는 분노를 받아 안는 사람에게도 몹쓸 영향을 줍니다. 마틴 테이처(Martin Teicher)는 어린 시절 부모에게 언어 폭력을 당한 554명의 어른을 대상으로 두뇌 영상을 찍어 분석했고, 그 결과 폭력적 언어에 노출된 이들의 두뇌는 일반인의 것에 비해 뇌량과 해마 부위가 위축되어 있었다고 보고합니다. 지각을 담당하는 좌뇌와 감각을 주로 처리하는 우뇌를 연결하는 뇌량의 위축은 좌우뇌간 원활한 정보교환을 저해하여 사회성과 언어 발달에 문제가 생길 수 있으며, 해마의 손상은 불안과 우울증의 발생 가능성을 높인다고 합니다.

이것은 분노를 지나치게 폭발시켜 문제가 되는 경우들입니다. 사회적으로 분노를 금기시하는 경향이 있다면 바로 이런 측면 때문일 것입니다. 그러나 분노를 무조건 참는 것도 능사는 아닙니다. 다른 사람들 앞에서 분노를 느끼거나 표현하는 것을 억압한다고 해서 그 에너지가 사라지지는 않으니까요. 억압된 분노는 일반적으로 분노를 드러내도 무방하다고 여겨지는 안전한 대상에게 표출됩니다. 그리고 그것은 대개 가족 내에서 자신보다 열위에 있는 사람이거나 외부에서 대상을 찾지 못할 경우 자기 자신을 향하게 됩니다. 분노와 분노를 다루는 과정에서 발생하는 갈등이 두려워 꽁꽁 싸매어 두면 정확한 대상을 향해야 할 분노가 방향을 바꿔 엉뚱한 대상을 치게 되는 것입니다. 특히 자기 자신에게 겨누어진 분노는 우울과 무기력으로 나타납니다.

이처럼 분노는 독이기도 해서 적소에 미량을 사용할 경우 약이 되지만 그 한계를 넘으면 분노를 폭발시키든 억압하든 주고받는 사람 모두를 상하게 하는 주의해야 할 감정입니다.

분노를 잘 다루기 위해 다시 한 번 정리하자면 분노는 부당한 힘에 맞서 자신을 보호하고 자기를 주장함으로써 안팎으로 변화를 가져오는 힘입니다. 사회적으로나 개인적으로 부당한 현재에 분노하지 않고서 다른 미래를 꿈꿀 수는 없으니까요. 변화의 원동력으로서 분노를 적절하게 경험한다는 것은 분노에 휘둘리거나 두려워하지 않고 분노를 다만 설명하는 것입니다. 단호하고 정확하게 왜 화가 났고 무엇을 원하는지를 상대에게 알려주는 것입니다.

그리고 다른 한편으로는 자신의 분노를 거리를 두고 관찰하는 것이 필요합니다. 분노의 뿌리에는 '나는 옳고 당신은 그르다 혹은 나는 피해자고 당신은 가해자다'라는 신념이 있습니다. 분노를 성찰한다는 것은 그 판단이 과연 적절한지, 지나치게 편향되거나 엄격한 기준을 적용하고 있지는 않은지를 돌아보는 것입니다. 옳고 그름의 분별 밑에는 자신의 기준과 기대가 있기 마련이고 그것을 좀 더 공정하고 허용적으로 바꾼다면 화날 일 자체가 줄어들 것입니다.

6) 사랑

사랑의 조각상의 시선은 눈을 지그시 감거나 상대를 따뜻하게 바라보는 것이 압도적이고 간혹 얼굴을 가려 시선을 차단하는 표현도 있습니다. 얼굴은 흐뭇한 미소가 가장 일반적이고 쑥스러운 표정도 많습니다. 몸짓은 상대를 두 팔로 안거나 입맞춤을 하는 동작이 간간이 보입니다. 자세는 대체로 기대거나 바라보면서 상대에게 접근하는 것이 지배적이지만 간간이 상대를 의식하면서 부끄러운 듯 상대를 외면하는 자세도 있습니다.

사랑의 대상은 보살핌이 필요한 아기나 연인으로 나뉩니다. 그래서 어느 쪽을 대상으로 하는가에 따라 우위와 열위가 조금씩 달라지지만, 다른 감정들과 비교할 때 사랑은 전반적으로 대상과 대등한 관계를 유지한다고 볼 수 있습니다. 이렇게 사랑의 조각상은 이완과 확장 그리고 대등한 관계에서의 접근을 특징으로 합니다. 그리고 두려움과 함께 가장 기본적인 감정이라 할 수 있습니다.

생각해보면 우리의 인생은 엄마 4부작입니다. '세상에 나오기까지 아홉 달은 엄마 속에서, 세상에 나와 걷고 말하기까지 2부는 엄마 품에서, 그 후 어른이 되는 동안은 엄마에게서 벗어나, 마지막 4부는 엄마가 되어'라는 부제를 붙일 수 있지 않을까요?

뱃속에서 아기와 엄마는 탯줄로 이어져 있습니다. 탯줄을 끊고 난 후에는 대신 애착이라는 정서의 끈이 둘을 이어주지요. 아기는 태어남과 동시에 죽음과 고립의 공포를 경험하며, 거기서 살아남고자 본능적으로 자신을 돌봐줄 대상을 찾습니다. 아기가 미소를 짓고 눈을 맞추고 울고 붙잡고 빨고 더듬고 옹알거리고 따라다니는 것은 엄마와의 강력한 정서적 결속을 형성하고 유지하려는 본능적 행동이라 할 수 있습니다. 엄마는 그 같은 욕구에 반응하여 아기를 안아주고 눈 맞추고 웃어주고 말을 건네고 토닥이고 쓰다듬고 얼러주고 반겨주면서 보살핍니다. 있을 수 있는 위험으로부터 아기를 보호하고 배불리 먹이고 필요한 것을 적절한 때에 제공하여 쾌적하고 평안하게 해주며, 그것을 한결같이 지속합니다. 아기에게 엄마는 두려움으로 가득한 세상을 살 수 있게 해주는 구원자이며, 그렇게 맺어진 엄마와의 강력한 정서적 결속은 아기의 마음에 뚜렷한 흔적을 남겨 다른 사람과 친밀한 관계를 형성하는 바탕이 됩니다. 사랑 받은 사람이 사랑할 줄 안다는 흔한 얘기처럼 애착이 사랑으로 발전할 수 있다는 것입니다.

하지만 발전이라는 말이 넌지시 드러내듯 애착과 사랑은 매우 다른 감정입니다. 애착과 사랑은 특정 대상에 대한 특별한 유대감과 친밀감을 공유하지만, 그 밖에는 정반대의 속성으로 구별됩니다. 둘의 가장 뚜렷한 차이는 사랑은 이타적인 데 비해 애착은 자기중심적인 데서 나타납니다. 애착은 자신의 안위(安慰)를 위한 것입니다. 대상으로부터 얻고 싶은 것이 확실하지요. 내가 덜 고통스럽고 더 편안하기 위해 대상을 필요로 하는 것입니다. 그런데 사랑은 내가 아니라 상대를 보살핍니다. 상대를 평안하고 기쁘게 하고 싶어 하며 그것을 위해 필요하다면 자신의 불편과 위험을 기꺼이 감수합니다.

또 사랑은 집착하지 않지만 애착은 붙들고 놓지 못합니다. 사랑은 대상을 믿고 위하기에 그가 가까이 있으나 멀리 있으나 그에게 필요한 시간과 공간을 주는 것을 두려워하지 않습니다. 하지만 애착은 멀어지는 것을 참지 못합니다. 대상을 소유한 듯 자신이 원하는 시점에 원하는 곳에 있어야 한다고 고집 부리며 그렇지 않을 때 상대의 사랑을 의심합니다.

그리고 사랑은 사랑하는 두 사람을 모두 북돋웁니다. 주고받음의 크기와 흐름이 때에 따라 다르겠지만 힘이 어느 한쪽으로 기울지 않고 동등한 관계를 유지합니다. 애착은 권력에 집착합니다. 상대보다 자신이 우위에 있어서 상대의 몫까지 자신이 좌지우지하고 싶어 하며, 그것을 위해 다툽니다.

마지막으로 사랑은 길지만 애착은 짧습니다. 애착은 나의 필요와 욕구를 충족하기 위한 것이라서 그것이 달라지거나 더 맞춤한 대상이 나타나면 금세 끝이 납니다. 그에 비해 사랑은 대상의 반응에 관계없이 지속될 수 있습니다. 보상을 바라지 않기 때문이지요.

이런 차이를 모아보면 애착이 아이의 것이라면 사랑은 어른의 것이라 할 수 있습니다. 우리가 아기일 적에 경험하는 애착은 엄마의 사랑이 아니고서는 가능하지 않습니다. 우리는 엄마 품에서 따뜻한 사랑을 먹고 튼튼한 애착을 형성함으로써 살아남는 데 성공한 다음 무럭무럭 자랍니다. 그리고 그 힘으로 엄마의 그늘을 성큼성큼 벗어나 어른이 되면서 두려움에서 시작하지 않는 사랑을 배우

고, 스스로 부모의 자리에 서면서 엄마에게 받아 익힌 사랑을 아낌없이 자식에게 쏟아 붓습니다. 사랑이 애착을 낳고 그것이 자라 사랑을 열매 맺는 삶의 순환입니다.

7) 혐오

혐오의 조각상의 시선은 대상을 보거나 얼굴을 가려 시선을 차단합니다. 얼굴은 대상을 외면하거나 미간을 찡그리는 표정이 대부분입니다. 몸짓은 입을 막거나 코를 감싸 쥐기도 하고 자신을 보호하듯 몸통을 감싸거나 상대를 밀어내듯 두 팔을 앞으로 뻗기도 하고 비난하는 느낌으로 대상을 가리키기도 합니다. 자세는 몸통을 뒤로 젖혀 대상으로부터 멀어지려는 형태가 압도적입니다.

이렇게 혐오의 조각상은 우위에서의 회피와 긴장을 나타냅니다. 그리고 다른 감정들에 비해 반응 속도가 매우 빠른 편에 속하며, 앞서 말했듯이 문화권의 차이에도 단 하나의 보편적인 표정을 갖고 있습니다.

맘충, 설명충, 진지충, 급식충, 출근충 등등 우리 사회는 자고 났더니 알 수 없는 이유로 거대한 벌레가 되어버린 가여운 그레고리 잠자들이 득실거리는 『변신』의 왕국이 되어버렸습니다. 그 바탕에는 혐오(嫌惡)라는 감정이 있습니다. 영어로 혐오에 해당하는 'disgust'는 '맛이 없다' 뜻의 라틴어에서 왔다고 합니다. 우리는 배설물, 토사물, 체액, 쥐, 바퀴벌레, 썩은 음식 등을 보면 저절로 코 주변이 찡그려지는 혐오의 표정과 함께 몸이 뒤로 물러납니다. 그것은 혐오의 감정이 병균을 옮기는 자극을 기피하게 함으로써 생존을 돕는 진화의 산물임을 말해줍니다.

신체적으로 위험한 자극에 대한 기피 혹은 거부 반응인 생물학적 혐오는 크게 문제될 것이 없습니다. 하지만 혐오의 감정을 특정 집단에게 품고 그것을 공격적으로 표출하는 사회적 혐오는 매우 위험합니다. 실제로 범죄동기 분류 체계에 '혐오 범죄'가 포함될 만큼 혐오는 그 가해적 폭발력이 상당한 감정입니다.

거기에는 사회적 혐오가 매우 도덕적인 감정이라는 역설이 작용합니다. 자신의 가치관이나 도덕률에 크게 위배되는 대상을 혐오하게 되기 때문이지요. 흑인은 함량미달의 인종이며 따라서 백인과 동등한 권리를 누릴 수 없다는 신념, 남녀가 결합하여 자식을 낳는 것이 순리이므로 그 이외의 성적 지향은 모두 변태요, 악이라는 믿음, 무슬림은 잠재적인 테러리스트이므로 멸절시켜야 마땅하다는 견해가 그런 것들입니다.

논리를 가장하고 있지만 잘 들여다보면 이런 혐오는 두려움에 뿌리를 두고 있습니다. 내 것을 **빼앗길까봐**, 혼돈이 세상을 집어삼킬까봐, 위험과 고통이 찾아올까봐 무서워서 가상의 죽음과 혼돈을 낯선 약자에게 귀인하여 공격함으로써 안전을 도모하려는 것입니다.

이 역동에 기여하는 또 다른 중요한 기제는 무지입니다. 혐오는 대상에 대한 무관심과 무지로써만 유지됩니다. 그럴 수밖에 없는 것이 대상을 이해하고 잘 알면 흑인이 백인보다 못하다는 생각을 할 수가 없고, 정상적인(!) 성적 지향에서 벗어나는 것이 얼마만한 위험을 감수해야 하는 것인지를 간과할 수 없고, 무슬림과 이슬람 극단주의자 IS가 같지 않음을 모를 수 없기 때문입니다. 또한 혐오는 그와 관련된 가치관과 도덕률 자체에 대한 무지 곧 맹신에 기반합니다. 맹렬한 공포가 맹신을 낳고 그 무지가 다시 분별없는 미움을 낳는 것이지요.

찰스 다윈이 인간의 여섯 가지 보편적 정서의 하나로 꼽은 혐오는 사회적인 차원뿐 아니라 작은 집단 안에도 어김없이 나타납니다. 목소리가 신경에 거슬려서, 머리를 잘 안 감고 지저분해서, 이상하게 생겨서, 혀 짧은 소리를 해서, 낄 때 끼고 빠질 때 빠지는 걸 못해서 누군가를 혐오하지요. 혐오하면서 대상을 멀리 하기에 잘 만날 수 있는 기회가 줄어들고 그것이 기존의 역동을 더 안착시켜 강화하는 악순환을 발생시킵니다.

그러므로 혐오를 다루기 위해서는 그 감정이 자신의 두려움과 무지에서 비롯된 것임을 알아차릴 필요가 있습니다. 내가 어떤 두려움을 상대에게 투사하고 있는지, 혐오의 이유로 꼽는 그것이 실은 그를 안타깝게 여겨 배려할 수 있는 지점임을 깨달아야 하는 것입니다. 우리가 정말로 혐오할 것은 혐오 그 자체뿐입니다.

8) 경이

경이의 조각상의 시선은 위를 향하는 것이 일반적입니다. 얼굴은 눈과 코와 입이 모두 열리는 표정이 특징적입니다. 몸짓은 양팔을 벌려 몸을 완전히 개방하거나 위로 들어 상승의 느낌을 주는 것이 많습니다. 그리고 가슴 앞에서 두 손을 맞잡는 형태도 자주 볼 수 있으며 입을 벌린 채 양쪽 뺨에 손을 대거나 입을 막기도 합니다. 자세는 서 있는 것이 많지만 무릎을 꿇고 위를 바라보는 형태도 자주 나타납니다.

이렇게 경이의 조각상은 상승과 열위에서의 접근을 특징으로 합니다. 대상에 접근한다는 데서 사랑과 유사하지만 사랑이 가까운 거리와 친밀한 접촉과 관련된다면 경이는 대상에게 일정한 거리를 둔 상태에서의 접근으로 친밀하기보다 경계와 동경이 뒤섞인 반응이라 할 수 있습니다.

경이(驚異)는 놀랍고 신기한 느낌이지요. 뭔가 낯설고 다른 것에 대한 반응이지만 두려움과 달리 대상을 위협적이거나 고통스럽게 지각하는 대신 찬탄하거나 신비롭게 여기는 감정입니다. 그래서 두려움의 조각상이 대개 대상으로부터 거리를 두고 몸을 축소시켜 공격을 효과적으로 피할 수 있는 자세를 취한다면, 경이로움의 조각상은 역시 대상과 일정 정도의 거리를 두되 긴장도가 높은 상태에서 상대를 경계하기보다 몸을 열어 상대를 받아들이거나 몸을 낮추고 시선을 위로 하여 우러르는 자세가 보편적입니다.

경이(wonder)는 일상에서 흔히 만날 수 있는 감정은 아닙니다. 일상이라는 것이 본래 익숙한 행동과 절차의 반복이며, 그 안에서 놀랍고 신기하게 느껴지는 자극을 만나기란 쉽지 않기 때문입니다. 그래서 경이로움은 이국에서 마주치는 매혹적인 풍광이나 깊은 종교적 체험 혹은 우주적인 장면 등 이례적인 자극과 연결 짓기가 쉽습니다.

경이로운 경험은 우리의 시야를 확장합니다. 익숙한 것의 반경에 갇혀 있으면서도 그것을 알아채지 못할 때 놀랍고 신비한 것과의 만남은 그 심심한 맴돌이에 충격을 가해 궤도를 잠시 이탈하거나 수정하게 만들어줍니다. 낯선 것과의 조우가 새로운 질문과 에너지를 이끌어내고 그것을 통해 기존의 삶을 다른 각도에서 조명하고 경험하게 되는 것입니다.

세계를 구석구석 여행하거나 믿음과 수행이 깊어 신비한 종교적 체험을 하거나 우주적 장관에 지속적으로 관심을 두기 힘든 보통 사람이 경험할 수 있는 가장 경이로운 경험은 아마도 자식을 얻는 것일 것입니다. 그때 우리는 나와 부모와 삶과 사회를 자식이었을 때와는 전혀 다른 마음으로 다시 만나게 되지요. 아기의 눈짓 하나 미소 한 번에 하나의 세상이 열렸다 닫히는 것을 목격하며 여상히 지나쳤던 순간의 빛과 무게를 실감합니다.

그렇게 경이로움은 학습과 성장을 촉진합니다. 실은 매일의 하늘이 다르고 매일의 내가 다르고 매일의 그가 다름을 느끼게 하고, 그 촘촘한 차이가 모여 위대하고 일상적인 기적을 이뤄냄을 알게 하고, 반복 속에서 무뎌져 길을 잃지 않고 새로운 질문과 발견으로 깨어있게 해줍니다. 나와 세상을 처음 보는 듯 그리고 다시 못 볼 듯 절실하게 만나게 해주는 감정입니다.

경이의 크기를 좀 줄이자면 아마 호기심쯤 될 것입니다. 새롭고 신기한 것을 좋아하거나 모르는 것을 알고 싶어 하는 마음. 호기심으로 경이를 가까이 두는 사람은 그래서 쉬이 늙지 않습니다.

감정조각상의 보편적 특성

감정	조각상의 보편적 특성
슬픔	하강, 이완
기쁨	상승, 확장
두려움	열위에서의 회피, 긴장, 폐쇄
용기	대등한 위치에서의 접근, 긴장
분노	우위에서의 접근, 긴장
사랑	대등한 위치에서의 접근, 이완, 확장
혐오	우위에서의 회피, 긴장
경이	열위에서의 접근, 상승

07 부적절한 감정조각상[8]

1) 슬픔

① 카메라를 등지다

슬픔의 특징인 하강과 이완 두 가지를 모두 충족하지 않습니다.

---

8 부적절한 감정조각상에 대한 설명은 예시된 사진을 왼쪽에서 오른쪽으로 따라가
며 배치했습니다.

카메라를 등진 데서 슬픔에 대한 저항과 슬퍼하는 모습을 자기 자신과 다른 사람들에게 보이고 싶어 하지 않는 태도를 볼 수 있습니다.

② 대상을 정확히 응시하다

역시 슬픔의 특징인 하강과 이완에 모두 배치되는 모습입니다. 뿐 아니라 슬픔은 특정 대상을 향한 감정이 아님에도 조각상은 카메라를 못마땅한 표정으로 정확하게 응시하며 오른손을 긴장으로 접촉하고 있습니다. 그래서 슬픔보다 오히려 원망이나 분노에 더 가까운 느낌을 줍니다.

③ 힘을 다 놓아버리다

바닥에 태아처럼 누운 형태로 하강과 이완을 모두 충족합니다. 그러나 그 정도가 지나쳐 슬픔보다 절망에 더 근접해 있습니다.

④ 몸과 얼굴이 다른 말을 하다

몸에 힘을 빼고 벽에 기대어 앉은 전체적인 형태만 보면 슬픔 조각상의 이완과 하강을 충족하는 듯합니다. 그러나 얼굴 표정은 다른 말을 합니다. 외로 꼰 고개, 긴장된 미간과 입술, 아래로 내려

다보는 힘 있는 시선은 겉으로 드러내지는 않지만 원망을 속으로 삭이는 느낌을 여실히 보여줍니다. 자세와 몸짓은 이완과 하강인데 얼굴은 긴장과 회피를 나타내는 복합적인 조각상입니다.

2) 기쁨

① 힘없이 형태만 갖추다

바로 서서 양팔을 펼쳐 들어 상승과 확장의 특질이 관찰되지만 졸린 듯 눈을 감고 있는 얼굴과 긴장이 부족한 몸통과 팔이 하기 싫은데 억지로 만든 듯한 느낌을 줍니다. 기쁨의 형태를 취하고는 있지만 그것을 자신의 것으로 느끼지는 못하는 상태라 할 수 있습니다.

② 대상에게 자신을 과시하다

제목 없이 보면 분노나 용기로 읽을 소지가 많은 조각상입니다. 기쁨은 대상을 갖지 않는 자족적인 감정인데 시선을 특정 대상에게 정확하게 주면서 다리를 넓게 벌리고 서서 양손을 허리에 얹은 채 가슴을 내민 자세는 기쁨을 누리기보다 상대에게 자신을 과시하여 우위를 점하려는 의도로 보입니다.

③ 다른 사람의 기쁨을 구경하다

어떤 장면을 보면서 웃으며 손뼉을 치는 모습입니다. 기쁨을 느끼는 상태를 몸으로 나타내보다 기쁨과 관련된 상황을 설명하는 조각상이라 할 수 있습니다. 이는 참여자가 기쁨과 그다지 친숙하지 않음을 말해주며 얼굴 표정을 자세히 보면 만족스러움보다 대상에 대한 부러움이 관찰됩니다.

④ 하강과 이완의 조각상

상승과 확장에서 벗어나 하강과 이완의 특성을 보여주는 조각
상입니다. 얼굴은 희미하게 웃고 있지만 표정을 제외한 온 몸이 '나
는 지쳐서 기뻐할 기운조차 없어'라고 말하고 있으며 혹은 자신의
것이 아닌 다른 사람의 기쁨을 바라보며 부러워하는 듯 보이기도
합니다.

3) 두려움

① 슬픔처럼 보이다

시선이 위로 향하고 몸에는 긴장이 별로 없으며 뒷짐을 진 몸
짓이 두려움 조각상의 특징인 폐쇄나 회피와 거리가 멉니다. 얼굴
표정 역시 경계심으로 이목구비가 확장되는 두려움의 그것보다 전
형적인 슬픔의 표정에 가깝습니다. 경계하며 자신을 보호해야 할
공포 상황에서 무기력하게 슬퍼할 가능성이 있습니다.

② 전혀 회피하지 않다

카메라를 정확하게 바라보는 시선에서 대상에 대해 열위라는 느낌이 들지 않습니다. 그리고 자세 역시 회피도 긴장도 폐쇄도 아닌 형태로 입에 손을 대고 있는 몸짓은 자칫 대상을 놀리는 것으로도 읽힐 여지가 있습니다.

③ 시선만 회피하다

고개를 숙이고 바닥을 바라보는 시선에서 대상에 대한 열위임이 확실하게 나타납니다. 그러나 뒷짐을 진 채 꼿꼿이 서 있는 몸짓과 자세는 대상을 피하거나 몸을 닫아 자신을 보호하는 것으로 보기 힘들며 몸의 긴장도 역시 충분하다고 할 수 없습니다. 마치 부모에게 꾸지람을 듣는 어린 아이 같은 모습으로 두려움의 외피를 취하고 있지만 속으로는 화를 내고 있는 듯합니다.

④ 카메라를 등지다

선 자세로 카메라를 등졌습니다. 이는 두려움의 감정과 그 대상을 모두 외면하는 것이라 할 수 있습니다. 두려움 조각상의 특징은 열위에서의 회피와 긴장과 폐쇄이며 그 목적은 대상으로부터 자신을 보호하는 것인데 충분한 긴장 없이 외면하는 것만으로는 두려움의 목적에 부합하기가 어렵습니다. 부족한 긴장과 아래로 향한 시선과 몸통을 감싼 양팔이 이 조각상을 두려움보다 자기연민에 가깝게 보이게 만듭니다.

4) 용기

① 수동적이다

대등한 위치에서의 접근과 긴장이 용기 조각상의 특질인데 이 조각상은 위를 향한 시선을 볼 때 자신을 열위에 놓고 있으며 몸에서 긴장이 별로 느껴지지 않습니다. 스스로 용기를 내기보다 무력하게 다른 데서 도움이 나타나기를 기다리는 상태에 가깝다고 느껴지며, 용기보다 오히려 경이에 가까워 보이는 조각상입니다.

② 긴장이 부족하다

시선은 정면을 향하고 얼굴은 옅은 미소를 띠고 있어 대등한 위치의 조건을 충족합니다. 그런데 뒷짐을 진 몸짓과 발 앞쪽이 살짝 들려 뒤꿈치에 무게중심이 쏠린 자세는 긴장과 거리가 멉니다. 용기는 두려움에도 불구하고 그에 맞서기를 선택하는 진지한 감정인데 그에 걸맞은 긴장이 보이지 않아서 두려움을 감추기 위해 아무렇지 않은 척하는 상태로 읽히기도 합니다.

③ 두려움을 떨치지 못하다

눈은 약간 아래를 보고 있고 얼굴은 미간을 긴장시킨 걱정스

러운 표정이며 두 손은 가슴 앞으로 기도하듯 깍지를 껴 맞잡았습
니다. 앞으로 한 걸음 나서는 자세는 용기의 보편적인 조각상에서
흔히 나타나는 형태지만, 시선과 표정이 상대와 대등한 위치에 있
지 않고 몸짓이 폐쇄에 가까워 용기보다는 두려움으로 읽힐 여지가
있습니다.

④ 힘없이 형태만 갖추다

앞으로 걸음을 옮기는 자세와 몸짓은 용기 조각상에서 전형적
으로 나타나는 것입니다. 그런데 이 조각상의 경우 그 같은 외적
형태는 갖추었지만 용기 조각상의 특징인 긴장이 거의 느껴지지 않
을 뿐 아니라 에너지에 방향이 없어서 제자리에서 양팔만 들어 올
린 상태로 보입니다. 얼굴 표정 역시 긴장 없이 편안한 미소를 짓
고 있어 두려움의 대상을 목전에 두고 있다 보기 어렵습니다. 용기
에 대한 경험적 이해가 부족한 경우라 할 수 있습니다.

5) 분노

① 카메라를 등지다

선 자세로 카메라를 등졌습니다. 이는 분노의 감정과 분노의 대상을 모두 외면하는 것이라 할 수 있습니다. 이런 경우 분노와 분노를 느끼는 자신을 잘 다루지 못하고 분노의 대상에게 원하는 것을 요구하기보다 관계를 단절하는 것으로 반응할 가능성이 많습니다.

② 슬픔처럼 보이다

우위에서의 접근과 긴장이라는 분노의 특질에서 상당히 벗어나 있습니다. 눈은 감고 있고 얼굴은 우는 표정에 가까우며 주먹을 쥔 양손을 제외하면 몸짓과 자세 역시 하강과 이완의 특징을 띤다는 점에서 분노보다 슬픔의 조각상에 가깝습니다. 분노를 대상으로 향해 표현하기보다 자폐적 슬픔으로 경험함을 말해줍니다.

③ 긴장이 부족하다

시선이 정면을 향하고 양손은 주먹을 쥐어 몸통 앞쪽에 놓았습니다. 대등한 위치에서의 접근이지만 희미하게 웃고 있는 얼굴 표정과 몸 전체의 자세에서 긴장이 충분히 느껴지지 않습니다. 정확하게 자기를 주장할 수 있는 힘이 약한 경우라 하겠습니다.

④ 발로 차다

시선이 정면을 향하고 오른발로 앞에 있는 대상을 높이 올려 차는 자세입니다. 몸의 긴장은 충분하지 않지만 상대를 발차기로 제압하려는 자세에서 우위에서의 접근에 포함시킬 수 있습니다. 그러나 일반적으로 나타나는 한 손을 뻗어 상대를 지적하거나 주먹으로 가격하는 몸짓에 비해 대상을 발로 차는 자세는 감정격발의 가능성이 크다고 읽을 수 있습니다. 분노를 느낄 때 발로 땅을 툭툭 차는 몸짓은 흔히 관찰되지만 바닥이 아니라 상대를 차는 표현은 필요 이상으로 과격하고 상대를 하대하는 것이라 할 수 있습니다.

⑤ 괴로워하다

시선은 아래로 떨구고 얼굴 표정은 굳어 있으며 양손으로는 입고 있는 옷을 쥐어뜯듯 부여잡고 있습니다. 분노가 있지만 그것을 외부로 표현하지 못하고 자기 내부에서만 괴로움으로 경험하는 것을 볼 수 있습니다. 이런 경우 스트레스가 감당하기 힘들 만큼 심해지면 자신을 해롭게 할 가능성이 있습니다.

6) 사랑

① 대상이 없다

눈은 약간 좌측 정면을 향해 있고 얼굴 표정은 살짝 미소를 띠고 있으며 두 손은 앞으로 모아 다리 위에 놓고 벽에 기대 다리를 뻗고 앉은 자세입니다. 좀 떨어져 있는 대상을 바라보거나 마음속에 사랑하는 대상을 떠올리며 흐뭇해하는 모습입니다. 대등한 위치에서의 접근과 이완과 확장이라는 사랑 조각상의 보편적 특성을 고려할 때 이완은 충족하지만 접근과 확장의 요소가 부족하여 대상이 없다고 느껴지기도 합니다.

② 기호로 나타내다

사랑에 대한 자신의 느낌을 담기보다 손가락으로 사랑의 관습적인 상징인 하트를 만들었습니다. 이런 표현은 꽤 자주 볼 수 있는데, 사랑을 표현하는 것에 대한 간접적인 회피로서 쑥스럽다거나 잘 모르겠다는 메시지로 읽을 수 있습니다.

③ 사랑을 거부하다

정면 아래를 향하지만 대상을 정확히 보지 않는 초점 없는 시선, 아무런 표정도 없는 얼굴, 힘없이 늘어뜨린 양팔, 중립적으로 선 자세는 대상에 대한 접근과 확장과 이완이라는 사랑의 보편적 특질에서 모두 벗어나 있습니다. 이 조각상은 마치 '나는 사랑이 어떤 건지 모르겠어요'라고 소극적으로 거부하거나 저항하는 느낌을 줍니다.

7) 혐오

① 두려움에 가깝다

눈은 정면 아래를 응시하고 양손으로 귀와 머리를 감싸며 벽에 기대어 웅크리고 앉은 자세입니다. 긴장과 폐쇄 그리고 열위에서의 회피가 특징적이며 그로 인해 혐오가 아니라 두려움으로 읽히는 조각상입니다.

② 분노에 가깝다

왼발에 무게를 실어 몸이 한쪽으로 쏠리게 선 자세에서 시선은 정면 살짝 아래를 보기 때문에 상대를 째려보는 느낌입니다. 얼굴 표정 역시 미간을 살짝 찌푸린 채 입을 약간 벌리고 있어 뭔가 상대에게 할 말이 있어 보입니다. 팔짱을 낀 몸짓은 방어적이기도 하고 상대에 대한 우위를 나타내기도 합니다. 전체적으로 대상에 대한 우위와 긴장 그리고 접근의 요소가 관찰되며 그로 인해 혐오보다 분노에 가깝게 보입니다.

8) 경이

① 자기를 불평하다

무릎을 안고 앉아서 고개를 들어 위를 봅니다. 자신의 몸을 낮춘 상태에서 시선을 위로 주고 있기 때문에 상승과 열위에서의 접근을 충족하지만 얼굴 표정이 경이를 의심케 합니다. 입이 살짝 나온 상태에서 입 꼬리가 내려간 표정은 마치 '나는 왜 여기 이렇게 두고 저기서 혼자만 저렇게 근사한 거야'라고 혼잣말을 하는 어린 아이 같습니다. 대상을 찬탄하기보다 그와 비교하며 자신을 불평하는 조각상입니다.

② 기호로 나타내다

경이를 감정으로 경험하기보다 엄지손가락을 치켜세우는 관습적 상징으로 설명합니다. 열위에서의 접근과 상승의 특질을 모두 충족하지 못하며 오히려 대상을 우위에서 평가하는 모습입니다.

③ 의도가 분명치 않다

떨어져 있는 대상을 바라보는 시선을 제외하면 아무런 의도를

갖지 않은 중립 자세에 가까운 조각상입니다. 얼굴 표정 역시 경이
에 일반적으로 동반되는 놀라움을 찾기 힘듭니다. 경이뿐 아니라
어떤 감정으로도 읽어내기 힘든 의도가 분명치 않은 조각상이며,
경이에 대한 표현이 이렇게 산출되는 것은 그에 대한 경험치가 절
대적으로 적기 때문이라 추측됩니다.

08 진단평가의 예

1) 참여자 A

30대 후반의 전문직 미혼 여성인 참여자 A는 분노조절과 관련
한 문제로 상담을 시작했습니다. 직장에서 한 달에 한 번 꼴로 주
변 사람들에게 부적절하게 화를 내는 일이 반복되었고 업무상 실수
를 저지를지도 모른다는 불안에 과도하게 시달렸습니다. 이후 작업
과정에서 열등감이 중요한 감정으로 떠올랐고 과도한 분노와 불안
은 그것을 피하기 위해 전략임이 드러났습니다.

(1) 첫 번째 감정조각상

① 슬픔

시선은 눈을 감아 차단하고 얼굴은 미약하게 입 꼬리가 내려 간 표정이며 양 손을 앞에서 모아 오른손의 검지를 왼손으로 살짝 잡은 몸짓에서 긴장이 느껴집니다. 자세도 중립적으로 서 있어서 전체적으로 슬픔의 특질인 하강과 이완을 모두 충족하지 않습니다.

② 기쁨

정면을 보며 입을 벌려 웃는 표정에 중립적인 몸짓과 자세로 서 있습니다. 그리고 슬픔의 조각상보다 오히려 긴장도가 낮은 것 을 볼 수 있습니다. 표정이 기쁨을 경험하고 있음을 말해주지만 표 현의 장소가 얼굴에 한정되어 몸짓과 자세로 확장되지 않고 있으며 그로 인해 조각상이 상승과 확장이라는 기쁨의 전형적인 특질에 부 합하지 않습니다.

③ 두려움

앞쪽의 대상을 아련한 눈빛으로 보고 있고 양팔은 그대로 늘 어뜨렸고 무게중심이 왼발로 살짝 옮겨진 자세를 취하고 있습니다. 두려움의 특질인 긴장과 열위에서의 회피와는 동떨어진 조각상입 니다. 시선이 대상보다 열위이기보다 대등한 위치에 있음을 말해주 고 긴장도는 현격하게 떨어지며 자세히 관찰해야 할 수 있을 정도 의 무게중심 이동은 회피라 말하기에는 정도가 너무 약합니다.

④ 용기

시선은 약간 위를 응시하고 얼굴은 곧 울 듯 억울한 표정입니다. 그 밖에 몸짓과 자세는 오른손을 주먹에 가깝게 말아 쥔 것 말고는 다른 조각상과 차별점이 없습니다. 시선에서 대등한 접근보다 열위에서의 접근을 볼 수 있고 얼굴 표정에서 긴장이 조금 관찰됩니다. 그로 인해 용기보다는 분노의 하위 유형으로 자신보다 우위에 있는 대상에 대한 원망이 느껴집니다.

⑤ 분노

정면을 힘 있게 바라보는 시선에 말을 하듯 약간 벌린 입과 손가락 사이를 모두 벌려 힘주어 뭔가를 전달하는 듯한 몸짓에서 분노에 가까운 표현을 읽을 수 있습니다. 대상보다 확실히 우위에 있다는 느낌은 부족하지만 우위에서의 접근과 긴장의 요소를 어느 정도 충족하는 조각상입니다.

⑥ 사랑

눈을 감고 약간 슬픈 미소를 띤 채 기도하는 모습입니다. 대등한 위치에서의 접근과 이완이라는 사랑의 전형적 특징과는 거리가 멀지요. 사랑하는 대상이 매우 멀리 있는 느낌을 주는 조각상입니다.

⑦ 혐오

시선은 정면을 응시하고 특별한 감정이나 의도가 담겨 있지 않은 중립적 표정에 두려움의 경우와 마찬가지로 왼쪽 발로 무게 중심을 이동하는 정도의 회피를 보여줍니다. 혐오의 전형적 특질인 우위에서의 회피와 긴장을 찾아보기 어렵습니다.

⑧ 경이

시선은 정면을 응시하고 입을 약간 벌린 표정에 양손을 앞에서 살짝 맞잡은 몸짓입니다. 열위에서의 접근과 상승이라는 경이의 보편적인 특질이 확실하게 나타나지 않습니다.

⑨ 총평

여덟 가지 감정에 대한 분별은 가능하지만 표현의 크기가 매우 작은 것이 가장 두드러진 특징입니다. 감정의 종류를 막론하고 표현의 장소가 얼굴 표정과 손에 제한되어 있어 더 큰 몸짓과 자세를 통해 상승/하강, 확장/폐쇄, 접근/회피의 갈래가 분명하게 드러나지 않습니다. 그리고 긴장과 이완을 갈라 말하기 어려울 만큼 비슷한 긴장도를 나타냅니다. 충분한 이완의 경험이 부족하여 긴장이 몸에 밴 경우라 읽힙니다.

전체 감정 중에서 가장 보편적 형식에 부합하고 적극적으로 표현된 것이 분노이며, 용기가 원망에 가깝게 나타나는 것으로 볼 때 참여자에게는 분노가 가장 크게 자리 잡고 있는 감정이라 할 수 있을 것입니다. 전반적으로 감정에 대한 기본적 분별은 가능하지만 각 감정의 고유함을 충분히 경험하고 적절히 표현하지는 못하는 상태라 말할 수 있습니다.

참여자 A는 감정조각상에서 나타나듯 분노를 제외한 다른 감정들을 축소하여 분리적으로 취급하는 경향이 강했고, 그 저변에는 가족사와 자신의 능력에 대한 열등감이 크게 자리 잡고 있었습니

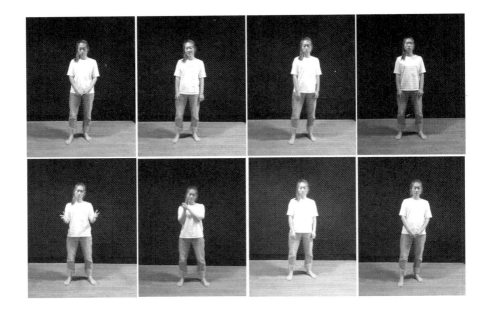

다. 그래서 상담에서는 분노를 적절하게 다루는 연습에서 시작해
분노를 과장하고 그에 집착하게 만드는 감정의 무의식적 역동을 탐
험함으로써 열등감을 알아차린 후 그와 관련된 부정적인 가족사와
화해하도록 촉진하는 단계로 개입을 진행했습니다. 그 과정에서 참
여자는 상담의 안전한 환경 속에서 감정을 방어하지 않고 있는 그
대로 자각하고 경험하고 표현하고 소통하는 연습을 지속했습니다.

(2) 두 번째 감정조각상

① 슬픔

쪼그리고 앉아 고개를 숙이고 양 손으로 이마와 머리를 감싼
조각상입니다. 하강과 이완의 슬픔의 특질을 잘 보여줍니다.

② 기쁨

양 팔을 위로 뻗은 채 제자리에서 위로 도약하는 움직임을 보여줍니다. 상승과 확장의 기쁨의 보편적 특질에 정확하게 부합합니다.

③ 두려움

시선은 살짝 위를 보며 얼굴 표정은 경계로 굳어있고 두 손을 앞쪽으로 모아 오른손으로 왼손을 감싸고 있습니다. 조각상의 위치를 정면에서 오른쪽으로 이동하여 대상으로부터 멀어지는 움직임을 표현하고 어깨가 살짝 위로 올라간 데서 긴장을 확인할 수 있습니다. 열위에서의 회피와 긴장과 폐쇄의 전형적인 두려움의 조각상입니다.

④ 용기

왼발을 크게 앞으로 디뎌 전진하는 자세를 만들고 정면을 응시한 상태에서 왼팔을 상대 쪽으로 길게 뻗어 손가락으로 가리키는 몸짓을 했습니다. 얼굴은 입을 굳게 다물어 단호한 표정입니다. 대등한 위치에서의 접근과 긴장이라는 용기의 전형적 특질을 보여줍니다. 원망에 가깝게 읽히던 첫 번째 조각상과 크게 다름을 확인할 수 있습니다.

⑤ 분노

정면의 상대를 쏘아보듯 강하게 응시하면서 단호한 표정을 하고 있습니다. 팔짱을 낀 몸짓에 왼발을 살짝 앞으로 내민 자세입니다. 얼굴표정과 몸짓에서 적절한 정도의 긴장이 느껴집니다. 우위에서의 접근과 긴장의 분노의 특질이 잘 나타나 있습니다.

⑥ 사랑

정면을 보면서 웃는 표정으로 양팔로 자신의 몸을 감싸는 몸짓을 합니다. 사랑의 특질인 대등한 위치에서의 접근과 확장에 근접한 조각상입니다. 눈을 감고 기도하는 듯한 몸짓을 했던 첫 번째 조각상에 비하면 확실하게 대상과 접촉하는 표현으로 이동했음을 알 수 있습니다.

⑦ 혐오

카메라 뒤로 한참 물러나 몸을 돌려 등쪽만 개방하고 있으며 고개를 돌려 약간 낮은 위치에 있는 대상에게 시선을 줍니다. 얼굴을 찌푸리지는 않았지만 우위에서의 회피와 긴장을 잘 보여줍니다.

⑧ 경이

여전히 굳은 표정이지만 위를 향한 시선과 역시 위쪽으로 들어 올린 양팔에서 상승과 열위에서의 접근의 특질을 읽을 수 있습니다.

⑨ 총평

전반적으로 감정의 보편적 특질이 정확하고 뚜렷해졌습니다. 감정 표현의 장소가 얼굴표정과 손에 제한된 데서 몸 전체로 확장된 덕분에 상승/하강, 개방/폐쇄, 접근/회피의 양상이 분명해진 덕분입니다. 그런데 여전히 긴장/이완은 다른 요소에 비해 크게 구별되지 않아서 확실한 이완의 경험이 더 필요하다 여겨집니다.

2) 참여자 B

20대 중반 미혼 임시직 여성인 참여자 B는 어린 시절 부모의 극심한 불화와 오랜 기간 낯선 환경에서 혼자 버텨야 했던 경험으로 인해 외상 후 스트레스 장애와 유사한 증상을 보였고, 고립감과 자신에 대한 혐오에서 벗어나기 위해 성형수술과 술과 남자친구에게 과도하게 집착했습니다.

(1) 첫 번째 감정조각상

여덟 가지 감정조각상 중에서 보편적 특질에 부합하는 것은 제외하고 거기서 벗어난 부적절한 감정들 세 가지만을 살펴봅니다.

① 두려움

시선은 약간 앞쪽 아래를 보고 있고 얼굴에는 특별한 표정이 드러나지 않으며 몸통과 다리는 중립 자세에 가깝게 그저 늘어뜨린 조각상입니다. 열위에서의 회피와 긴장과 폐쇄의 두려움과 별 관련이 없습니다. 내리깐 시선에서 열위임이 나타나지만 회피와 긴장과 폐쇄의 단서는 보이지 않습니다. 두려움과 관련을 짓자면 공포로 인해 얼어붙은 반응에 가깝다고 할 수 있겠습니다.

② 분노

쪼그리고 앉아 양팔을 무릎에 얹고 고개를 숙인 조각상입니다. 하강과 폐쇄와 긴장의 특질을 볼 수 있습니다. 분노의 보편적 특질은 우위에서의 접근과 긴장인데 긴장 이외에는 모두 관련이 없으며 이 조각상은 분노보다는 열위에서의 회피와 긴장과 폐쇄의 두려움이나 하강의 슬픔에 훨씬 가깝습니다. 이는 참여자가 분노를 두려움이나 슬픔처럼 경험한다는 것을 말해줍니다.

③ 혐오

약간 앞쪽 아래에 시선을 주고 있고 얼굴은 살짝 굳은 표정이며 다른 부위는 중립적 자세로 그저 서 있습니다. 우위에서의 회피와 긴장 그리고 코 주변을 찡그리는 혐오 특유의 표현이 나타나지 않습니다. 두려움의 조각상과 다른 점을 찾기 어려울 만큼 비슷한 이 조각상은 혐오 자극으로부터 전혀 자신을 보호하지 못하고 있습니다.

④ 총평

이 참여자는 감정조각상이 대상으로 하는 네 가지 부정적 감정 중에 슬픔을 제외한 나머지 세 감정을 모두 보편적 표현에서 벗어난 방식으로 경험하고 있습니다. 슬픔은 부정적 감정 중에서 유일하게 대상을 두지 않는 것이고, 두려움과 혐오와 분노는 대상에 대해 특정한 태도를 취하는 감정이라는 공통점을 갖습니다. 그런 측면에서 참여자는 다른 사람들과의 관계 속에서 경험되는 두려움과 혐오와 분노를 잘 다루지 못하고 자폐적이고 수동적으로 왜곡함으로써 자신을 적절하게 보호하는 대신 위험에 노출하고 있다고 할 수 있습니다.

참여자 B는 고립감과 자신에 대한 혐오를 잊기 위해 술과 남자친구에 과도하게 의존하는 것이 또 다른 문제를 초래하여 도리어 자기혐오를 강화하는 악순환을 반복했습니다. 그래서 상담에서는 무엇보다 그 자해적 행동 패턴을 멈추는 것을 급선무로 접근했습니다. 한편으로는 자신을 피해자이자 실패한 사람이 아니라 어렵고

힘든 상황에서 위협에 굴하지 않고 용감하고 끈질기게 살아남은 사람(survivor)으로 다시 볼 수 있도록 도우면서 다른 한편으로는 고통을 회피하기 위한 의존 전략이 어떻게 자신을 더욱 위험에 노출시키는지를 통찰하도록 도왔지요.

그리고 의존 문제가 상당히 완화된 상담 후반에는 자신의 상처 입은 아이를 스스로 돌볼 수 있도록 돕는 어른의 역할을 강화하는 개입에 주력했습니다.

(2) 두 번째 감정조각상

① 두려움

시선은 아래를 보고 있고 얼굴은 굳은 표정이며 양팔로 몸통을 감싼 몸짓을 하고 있습니다. 굳은 표정과 솟은 어깨가 긴장하고 있음을 말해주고 시선은 열위에서의 회피를 나타냄으로써 두려움의 보편적 특질을 성취합니다. 첫 번째 조각상이 얼어붙은 듯 공포 자극에 대해 아무런 방어를 하지 못하는 모습이었다면 두 번째 조각상은 적어도 자신을 보호할 수 있을 만큼의 힘이 생겼음을 보여줍니다.

② 분노

시선은 아래를 보고 있고 주먹 쥔 오른팔을 들어 밑에 있는 대상을 칠 듯한 몸짓을 하고 있습니다. 자세 역시 오른발의 무릎을 살짝 굽혀 세게 가격하겠다는 의지를 표현합니다. 우위에서의 접근과 긴장의 요소를 제대로 담고 있는 분노의 전형적인 조각상입니다.

③ 혐오

지정한 공간 끝으로 가서 몸통을 거기서 더 뒤로 젖혀 회피의 에너지를 강렬하게 표현합니다. 아래로 내려다보는 시선과 몸통 쪽으로 반쯤 들어 올린 양팔에서 우위에서의 회피와 긴장을 확인할 수 있습니다. 표정 역시 찡그리지는 않았지만 입 주변의 긴장이 경계심을 보여줍니다. 혐오 자극을 피할 수 있는 힘이 생겼음을 알 수 있습니다.

④ 총평

두 번째 감정조각상의 변화는 참여자가 대상에 대해 각 감정별로 우위에 있을 것인지 열위에 있을 것인지, 접근할 것인지 회피할 것인지를 정확히 분별하여 적절하게 반응할 수 있음을 보여줍니다. 특히 첫 번째 감정조각상들이 공통적으로 위협적인 대상으로부터 자신을 보호하는 데 지나치게 무력했던 데서 확실히 벗어났음을 확인할 수 있습니다.

3) 참여자 C

참여자 C는 50대 중반의 직장을 다니는 기혼 여성으로 대인관계의 불편함 때문에 상담을 의뢰했고, 감정적으로는 누군가 자신을 막아서면 폭발적으로 화가 나고 슬픔은 막혀있다고 말했습니다. 그녀와의 상담에서는 분노에 가려진 수치심을 만나고 그것과 화해하는 것이 중요했습니다.

(1) 첫 번째 감정조각상

감정조각상에서도 참여자가 스스로 불편함을 호소한 두 가지 감정이 특히 보편에서 벗어난 것을 확인할 수 있었습니다.

① 슬픔

시선이 위를 향하고 양손의 끝이 닿도록 머리 위로 마주 들어 상승의 몸짓을 완성합니다. 표정은 중립적이고 뒤꿈치를 약간 들어 자세 역시 상승과 긴장에 호응합니다. 하강과 이완의 슬픔의 보편적 조각상과 정반대의 특성으로 기쁨에 오히려 가까운 조각상이라 할 수 있습니다. 슬픔을 축소하거나 외면하기보다 정반대의 기쁨으로 왜곡함으로써 매우 적극적으로 거부하는 것이라 읽을 수 있습니다.

② 분노

시선은 아래를 향하고 얼굴은 이를 앙다물어 긴장의 표정이며 양팔은 주먹을 쥔 채 가격할 태세로 오른발로 상대를 밀어 넘어뜨리는 자세를 취하고 있습니다. 우위에서의 접근과 긴장의 분노의 보편적 특질을 충족합니다. 그런데 그 공격성의 정도가 지나쳐서 경계를 침해한 상대에게 경고하고 자신이 원하는 바를 단호하게 전달하도록 하는 분노의 기능을 넘어서 상대에게 해를 입히는 데 더 집중하고 있습니다. 앞서 말했듯이 발로 상대를 공격하는 점이 감정격발로 이어질 수 있어 위험하다고 보입니다.

③ 총평

슬픔과 분노가 모두 지나친 긴장과 공격성으로 물들어 있습니다.

참여자 C는 한마디로 자신을 약하다 느끼게 하는 감정(슬픔, 사랑)은 차단하고 강하게 느끼도록 하는 감정(분노, 기쁨)에 집착했습니다. 그 같은 감정적 양상은 '남들이 날 얕보지 못하게 강해질 거야'라는 무의식적 신념과 관련되었고 그것은 다시 자신의 존재를 부끄럽게 여기는 수치심에 뿌리를 두었습니다. 그래서 상담 초반에는 참여자가 오랜 세월 차단한 슬픔에 집중하여 막힌 감정의 순환을 촉진했고, 중반에는 분노와 수치심의 역동을 탐험하면서 자신의 상처 입은 아이를 애도할 수 있도록 도왔습니다. 그 과정에서 돕는 어

른의 기본적인 면모를 갖춘 후 바리데기 이야기를 극화하면서 수치
심과 관련한 자신의 역사와 화해함으로써 전체 상담의 성과를 다졌
습니다.

(2) 두 번째 감정조각상

① 슬픔

한 팔을 베고 바닥에 옆으로 누운 자세로 확실한 하강과 이완
을 보여줍니다. 얼굴 표정 역시 힘이 없고 시선은 특정한 초점이
없습니다. 첫 번째 슬픔의 조각상이 기쁨으로 보일 만큼 하강과 이
완을 거부했던 것에 비하면 슬픔에 대한 저항이 사라졌다고 할 수
있으며, 오히려 슬픔이 지나쳐 좌절에 가깝게 읽힐 여지마저 보입
니다.

② 분노

무표정의 얼굴로 오른쪽 측면에 있는 대상을 보며 주먹을 쥔
채 오른팔을 내뻗어 가격하는 몸짓입니다. 우위에서의 접근과 긴장
의 특성을 나타내되 첫 번째 조각상보다 과격성이 덜한 것을 볼 수
있습니다. 상대를 가해하고자 하는 의지는 확실히 줄었지만 무표정
에 가까운 얼굴과 에너지 없이 형태만 취한 몸짓이 다소 기계적인
느낌을 줍니다. 참여자가 분노라는 감정 자체에 대해 긴장하고 있
음을 관찰할 수 있습니다.

③ 총평

슬픔과 분노의 조각상 모두 첫 번째에 비해 보편적 표현의 범

주 안으로 들어왔고 전반적인 긴장도와 공격성이 완화되었습니다. 하지만 여전히 경직된 느낌이 있습니다.

SUMMARY · ·

01_ 감정조각상은 제가 리차드 쉐크너의 라사 박스에서 영감을 얻어 개발한 진단평가 도구로 참여자의 감정적 경험과 표현의 양상을 빠른 시간에 정확하게 파악할 수 있습니다.

02_ 감정조각상은 참여자에게 슬픔, 기쁨, 두려움, 용기, 분노, 사랑, 혐오, 경이의 여덟 가지 감정을 제시하고 그것을 자신의 몸을 이용해 조각상으로 표현하게 한 뒤 사진으로 촬영하는 방식을 취합니다.

03_ 감정은 약이자 독으로서 심리치료 장면에서 주요하게 다루어야 할 심리작용입니다.

04_ 참여자가 만든 조각상을 통해 그의 감정적 경험과 표현의 양상을 유추할 수 있는 것은 몸과 마음이 서로를 견인하는 연속적인 실체이기 때문입니다.

05_ 감정조각상의 표현 단위는 자세, 몸짓, 얼굴 표정, 시선으로 나누어 볼 수 있고, 그 표현의 양상을 읽어내는 공간적 변인에는 중력(하강과 상승), 에너지(긴장과 이완), 지위(우위와 열위), 거리(접근과 회피), 접촉(개방과 폐쇄)의 다섯 가지가 있습니다.

06_ 슬픔 조각상은 이완과 하강, 기쁨은 상승과 확장, 두려움은 열위에서의 회피와 긴장과 폐쇄, 용기는 대등한 위치에서의 접근과 긴장, 분노는 우위에서의 접근과 긴장, 사랑은 대등한 위치에서의 접근과 이완과 확장, 혐오는 우위에서의 회피와 긴장, 경이는 열위에서의 접근과 상승을 보편적 특징으로 합니다.

07_ 이 보편적 특징과 부합 하는가 혹은 얼마나 어떻게 벗어나는가를 기준으로 참여자의 감정적 경험과 표현의 양상을 분석할 수 있습니다.

CHAPTER 03

여섯조각이야기 회복탄력성 척도
(Resilience Scale for 6PSM)

1992년 물리 라하드와 알리다 거시(Alida Gersie)와 리아트 아얄론(Liat Ayalon)이 함께 소개한 여섯조각이야기는 참여자에게 스토리텔링을 위한 틀을 주고 순서에 따라 이야기를 만들게 하는 진단평가 도구입니다.

여섯조각이야기는 애초에 참여자의 스트레스 대응기제를 파악할 목적으로 개발되었습니다. 우리는 사는 동안 끊임없이 스트레스에 맞닥뜨리고 그래서 또 스트레스에 반응하여 그것을 통제하기 위해 신념(Belief), 정서(Affective), 사회(Social), 상상(Imaginative), 인지(Cognitive), 신체(Physical)의 다양한 유형의 자원을 사용합니다. 물리 라하드는 스트레스에 대처하는 이 여섯 가지 자원을 종합하여 'BASIC Ph'라 명명하고, 그것이 종국에는 스트레스 상황에서도 약물에 의존하거나 범죄를 저지르거나 병리적인 증상을 나타내지 않고 자기를 안정시킬 수 있는 회복탄력성으로 집약된다고 보았습니다.

그는 여섯조각이야기를 통해 참여자가 주로 사용하는 스트레스 대응기제를 파악함으로써 위기관리 등의 단기 작업에서는 참여자의 강점인 대응기제를 사용하여 시간을 절약하고, 상대적으로 여유가 있는 장기 작업에서는 참여자가 주로 사용하는 것 이외에 다른 대응기제들을 고루 계발하여 자원의 균형성을 확보하고자 했습니다. 즉 회복탄력성을 중심으로 작업 조건에 따라 적절한 전략을 선택하기 위한 방편으로 여섯조각이야기를 고안한 것입니다.

이 장에서 다룰 여섯조각이야기 회복탄력성 척도(RS6)는 여섯 조각이야기에 투사된 참여자의 회복탄력성 정도를 양적으로 측정할 수 있도록 제가 개발한 도구입니다. 이야기를 직조한 상징과 은유를 분석하여 참여자의 내적 현실의 지형을 읽어내는 질적 분석이 아니라 심리치료적 개입 전후의 양상을 한눈에 비교할 수 있는 척도로서 회복탄력성의 정도를 숫자로 나타나도록 한 것이지요.

여섯조각이야기는 검사 당시 참여자의 회복탄력성의 양상을 민감하게 반영할 뿐 아니라 간단한 구조로 상상의 이야기를 만드는 것으로 참여자에게 자기노출의 부담을 주지 않습니다. 그래서 저는 일반적으로 초기 상담에서 사전 평가로서 여섯조각이야기를 실행하고 종결 회기에서 사후 평가로서 다시 한 번 여섯조각이야기를 만들어 연극치료적 개입에 따른 회복탄력성의 변화를 질적으로 또 양적으로 비교합니다. 상처 입은 아이를 위한 연극치료에서 초기 회상극화가 참여자의 상처 입은 아이의 원형을 드러내는 사전 평가 도구라면, 여섯조각이야기 회복탄력성 척도는 상처 입은 아이를 돌보는 돕는 어른의 양상을 측정하는 것으로서 사전과 사후에 필히 실행하는 중요한 진단평가 도구입니다.

그에 관한 이야기를 여섯조각이야기를 만드는 과정부터 시작해볼까요?

01 검사 방식

1) 진행

① A4 크기의 종이 한 장과 연필과 지우개를 준비합니다.
② 참여자가 종이를 접거나 선을 그어 여섯 개의 칸으로 나누도록 합니다.
③ 참여자는 검사자의 안내에 따라 각 칸마다 주어진 질문에 따른 내용을 간단한 그림으로 표현합니다.
④ 이야기에 어울리는 제목을 붙입니다.
⑤ 줄거리를 말로 설명하거나 글로 씁니다.

2) 안내

① 지금부터 상상의 이야기를 만들 겁니다. 제가 드리는 질문에 따라 떠오르는 답을 이어나가면 저절로 하나의 이야기가 될 것입니다. 칸마다 그림을 그려가며 줄거리를 만들 텐데 그림은 다른 사람이 알아보지 못해도 관계없으니 편하게 그리십시오. 한 가지 주의하실 건 자신의 실제 경험이 아니라 상상의 이야기를 지어내야 한다는 점입니다.
② 첫 번째 칸에는 지금부터 만들 이야기의 주인공과 주인공이 사는 곳을 그려주세요. 주인공은 사람일 수도 있고 사람이 아닐 수도 있습니다.
③ 주인공이 이야기 속에서 해야 할 일이 있습니다. 그것을 떠올려 두 번째 칸에 그려주세요.
④ 주인공이 두 번째 칸에 그린 그 일을 해야 하는데 그것을 못하도록 방해하는 것이 있습니다. 누가 혹은 무엇이 어떻

게 방해하는지를 세 번째 칸에 그려주세요.

⑤ 네 번째 칸에는 반대로 주인공이 해야 하는 일을 할 수 있도록 돕는 것이 있습니다. 누가 혹은 무엇이 어떻게 돕는지 그려주세요.

⑥ 다섯 번째 칸에는 주인공이 해야 할 일을 해내는지 그렇지 못한지를 그리면 됩니다.

⑦ 마지막 칸에는 그래서 그 이야기가 어떻게 끝나는지, 결말을 그려주세요.

⑧ 이야기의 줄거리를 한 칸당 한두 문장으로 적어주세요.

⑨ 이야기에 어울리는 제목을 붙여주세요.

본래 여섯조각이야기는 질문을 주인공, 과제, 조력자, 방해자, 경과, 결말의 순서로 제시합니다.1 그렇게 조력자를 먼저 묻는 이유는 방해자를 먼저 상상하게 할 경우 참여자가 느낄 스트레스를 고려하여 불안을 줄여주기 위함이라고 봤던 듯합니다.

그런데 저는 방해자가 명확하지 않은 상태에서 조력자를 먼저 제시하면, 주인공이 방해자의 훼방을 다루는 데 긴밀한 도움을 주기가 어렵다고 생각합니다. 조력자가 의미 있는 조력을 행사하기 위해서는 과제를 수행함에 있어서의 난관이 먼저 설정되는 것이 적절하다는 것이지요. 그래서 주인공과 과제 다음에 방해자를 먼저 묻습니다.

---

1 물리 라하드는 1992년에 발표한 '진단평가 방식에서 스토리메이킹'에서 그렇게 썼습니다. 그런데 2013년에 쓴 '여섯조각이야기 만들기의 재고'에서는 임상 진단을 받은 환자들에게 사용할 목적으로 수정한 6PSM-C는 조력자보다 방해자를 먼저 묻는다고 말합니다.

주인공이 해야 하는 일이 있는데 그것을 가로막는 방해자가 있고 또 그 상황을 타개할 수 있게 해주는 조력자가 있는 여섯조각이야기는 일종의 문제해결과정으로 볼 수 있으며, 문제해결과정은 자원이 아니라 문제에서 시작되는 것이 당연합니다. 어떤 문제가 있고 나서야 그를 해결하기 위한 절차가 따를 수 있으므로 당연히 여섯조각이야기에서도 문제 상황을 만들어내는 방해자가 조력자에 선행할 필요가 있습니다.

또 하나 제목도 물리 라하드가 제시한 방식에는 포함되지 않습니다. 그런데 저는 스토리텔링을 마친 후 꼭 제목을 붙이도록 합니다. 제목은 스토리텔러가 이야기의 어떤 것에 초점을 두고 있는지를 보여주기 때문입니다. 여섯조각이야기를 만드는 과정에서 참여자는 이야기가 최종적으로 어떤 모습이 될지 알지 못한 채 검사자가 주는 질문을 따라갑니다. 그래서 줄거리를 맺은 후에 제목을 붙이도록 하면 자신의 이야기를 다시 읽으며 초점을 잡아 집약하게 됩니다. 그러니까 제목은 여섯조각이야기에 대한 스토리텔러의 자기분석이라고도 할 수 있으며 그런 점에서 의미가 있습니다.

02 여섯조각이야기의 특성

여섯조각이야기는 상상의 이야기를 만들어 거기 투사된 참여자의 특성을 읽어내는 스토리텔링 방식의 투사 검사입니다. 상상과 이야기가 여섯조각이야기를 특징짓는 요소라 할 수 있지요.

1) 상상

현실과 상상, 일상 현실과 극적 현실은 우리가 실재를 경험하는 두 가지 다른 방식입니다. 일상 현실에서 우리는 시간과 공간의 제약 속에서 나라는 정체성을 바탕으로 감각에 근거해 실재를 경험합니다. 극적 현실에서는 실재를 경험하는 방식이 상대적으로 자유롭습니다. '만약 ~라면'이라는 가정에 따라 시공간과 정체성을 임의로 설정할 수 있고 여전히 감각에 근거하지만 감각에 한정되지 않고 그것을 변형할 수 있습니다.

일상 현실과 극적 현실은 이렇게 구분 가능한 별개의 실체입니다. 그러나 인간의 경험을 구성하는 다른 대립쌍들처럼 자세히 들여다보면 이 둘은 상대의 특성을 나누어 가진 연속된 실체의 서로 다른 측면이라는 편이 더 정확합니다. 일상 현실을 구축하는 세 기둥 중 하나인 정체성이 기억이라는 허구적 특질 충만한 기능에 의존한다는 사실이 그렇고, 극적 현실이 아무리 자유로움을 강조해도 개연성이라는 일상 현실의 문법을 벗어나지 않는다는 사실이 또 그렇습니다.

그런데 우리가 이 둘과 관련해 흔히 범하는 오류 중 하나는 일상 현실을 실재라고 착각하는 것입니다. 우리는 실재에 온전히 접근할 수 없습니다. 그래서 감각되는 것을 실재라 믿는 것뿐이지요. 그것은 마치 우리 눈에 감지되는 빛 이외의 다른 것이 존재하지 않는다고 여기는 것과 같습니다. 그러나 가시광선의 양쪽에는 맨 눈으로 보지 못하는 적외선과 자외선이 있다는 것을 우리는 알고 있습니다. 그리고 일상 현실을 실재라 착각하는 데서 발생하는 또 다른 오류는 상상, 곧 극적 현실을 일상 현실에 비해 부차적인 것으로 폄훼하는 것입니다. 필수적이지 않고 열등하며 심하면 비윤리적인 것으로 취급하는 것. 그러나 다시 말하지만 현실과 상상, 일상 현실과 극적 현실은 우리가 실재를 경험하는 두 가지 방식이며, 일상 현실과 극적 현실은 서로를 보완하며 실재에 대한 입체적 접근을 가능케 합니다.

이는 마치 우리가 두 눈으로 보고 두 다리로 걷는 것과 같습니다. 우리에게는 눈이 두 개가 있지요. 두 눈은 사이를 두고 서로 다른 자리에 있으면서 각자의 일을 합니다. 한쪽 눈을 가리고 다른 한쪽 눈으로 보아도 세상은 감지됩니다. 그리고 어느 쪽 눈으로 보는가에 따라 서로 다른 상이 나타납니다. 이는 두 눈이 개별적으로 작동하며 하나의 올바른 시각이란 존재하지 않음을 말해줍니다. 눈이 하나만 있어도 볼 수 있는데 굳이 두 개의 눈으로 보아야 하는 이유가 무엇일까요? 우리는 두 눈이 보는 상의 차이 덕분에 대상의 형태뿐 아니라 그것과의 거리를 지각할 수 있습니다. 두 관점의 통합이 곧 3차원의 입체적 시각을 창조하는 것이지요.

이처럼 보는 행위는 서로 다른 두 원천 사이에서 발생하는 지속적인 대화라 할 수 있습니다. 그리고 일상 현실과 극적 현실 역시 이와 동일한 관계와 역동을 가집니다. 시차를 통해 우리가 실재에 보다 근접하도록, 실재를 입체적으로 조망할 수 있도록 돕는 두 개의 서로 다른 눈인 것입니다.

2) 이야기

여러분은 내가 나라는 걸 어떻게 아세요? 제가 수업 중에 가끔

던지는 질문입니다. 그럼 여러 가지 대답이 나옵니다.

> 사람들이 ☆☆☆라고 불러주니까요.
>
> 그럼 이제부터 제가 다르게 부르면 다른 사람이 될까요?
>
> 거울을 보고 알아요.
>
> 거울이 없거나 사고나 성형수술로 외모가 달라지면 그럼 더 이상 같은 사람이 아닐까요?
>
> 가족과 친구, 직장 동료들을 통해서요.
>
> 그럼 혼자 외딴 곳에 있거나 주변 사람들이 바뀌면 나는 나를 어떻게 알 수 있죠?
>
> 주민등록증을 보면 알 수 있어요.
>
> 신분증을 잃어버리거나 변조하면 어떻게 되나요?

이런 실랑이 끝에 제가 내미는 답은 기억입니다. 내가 나임을 알 수 있는 것은 나로서 살아온 기억을 갖고 있기 때문이지요. 기억 덕분에 이름이 바뀌어도, 거울이 없어도, 중요한 관계가 달라져도, 서류로 증명하지 않아도, 우리는 여전히 내가 나로서 동일함을 믿고 의심하지 않습니다. 기억으로 저장된 역사가 나의 동일성을 확증하는 것입니다. 이것이 기억자아의 대표적인 기능입니다.

우리 안에는 이렇게 지난 경험을 회상하고 평가하는 기억자아 (remembering self)와 현재 일어나는 것을 겪어내는 경험자아 (experiencing self)가 있습니다. 경험자아는 말 그대로 경험하는 나입니다. 태어나면서 숨을 거두기까지 지속되는 사건들을 겪는 것이 경험자아가 하는 일이지요. 경험자아는 경험의 의미나 연속성을 염두에 두지 않고 오직 시시각각 변하는 대상을 통과할 뿐입니다. 그러니까 경험자아는 경험에 따라 계속해서 달라진다고 할 수 있겠지요. 그에 비해 앞서 말한 것처럼 동일성으로서의 정체성을 구성함으로써 심리적 항상성을 제공하는 기억자아는 우리의 경험을 이야기의 형태로 저장합니다. 나로서 경험한 모든 것을 저장하는 것이 아니라 특정한 기준에 따라 선별한 경험들을 특정한 질서를 갖도록 배열한 서사의 형태로 바꿔 저장하는 것입니다. 그런데 미래를 예측하고 의사결정을 하는 심리적 기능은 전적으로 자신의 경험에 대해 끊임없이 의미를 부여하는 기억자아에 의존하며, 그런 의미에서 우리가 세상을 살아가는 데 있어 더 중요한 것은 기억자아라 할 수 있습니다.

여기서 주목할 것은 이 기억자아가 경험을 회상하고 평가하는 방식이 바로 스토리텔링이라는 점입니다. 그러니까 고통을 비롯하여 환경의 변화에 적응하고 그것을 자신에게 유리한 방향으로 이용하는 능력인 회복탄력성은 스토리텔링을 통해 경험에 의미를 부여하는 기억자아의 문제이며, 따라서 여섯조각이야기는 참여자의 기억자아가 이야기를 풀어내도록 함으로써 그 회복탄력성 수준을 파악할 수 있는 좋은 도구입니다.

03 개발 배경

진단평가 도구로 개발된 이후 시간이 흐르면서 다양한 배경을 가진 사람들이 나름의 방식으로 여섯조각이야기를 사용함에 따라

'BASIC Ph'가 아닌 다른 관점으로 이야기를 분석하게 되었습니다. 물리 라하드와 킴 덴트 브라운은 그렇게 확장된 여섯조각이야기의 활용 방식을 다음의 여섯 가지로 정리합니다. 무엇보다 눈에 띄는 방식은 제목이나 주인공이 해야 하는 일 등을 통해 '이 세상은 위험하다'거나 '나는 누구에게나 사랑받아야 한다' 혹은 '나는 갇혀 있고 탈출하고 싶다'와 같이 주인공의 관심을 사로잡은 주제를 읽는 것입니다. 두 번째는 이야기에 내포된 관계 양상을 통해 연극치료사와 연극치료에 대한 참여자의 태도와 질문을 헤아리는 것이며, 이야기의 서술 방식에 주목하는 세 번째 독법은 동사와 부사를 세목화하여 대립관계를 찾아냄으로써 주인공의 무의식적 갈등에 접근합니다. 또한 이야기를 끌고 가는 주된 사건을 발달적 관점에서 평가할 수도 있으며, 분석심리학적 관점에서 주인공이 겪는 일련의 사건을 개성화를 향한 영웅의 여정으로 읽기도 합니다. 마지막으로 두 사람은 이야기에 나타난 상징을 분석할 수도 있다고 덧붙이고 있습니다.

저는 여기에 여덟 번째 분석방식을 추가하려 합니다. 상기한 방식이 모두 여섯조각이야기의 텍스트에 대한 질적 분석이라면 지금부터 얘기할 '여섯조각이야기 회복탄력성 척도(RS6)'는 이야기에 나타난 스토리텔러의 회복탄력성의 정도와 양상을 양적으로 측정합니다. 치료적 개입에 따른 회복탄력성의 변화를 통계적으로 처리할 수 있도록 계량화한 양적 진단평가 도구라는 말입니다.

연극치료가 성장할수록 그 영향력에 대한 객관적 입증의 요구가 안팎으로 거세어지고 있으며, 그에 따라 진단평가를 비롯한 작업 전반의 경험적 자료를 계량화하여 통계적으로 처리할 수 있는 양적 분석의 필요성이 커지고 있습니다. 물론 연극치료는 연극 예술의 연장으로서 이면을 갖지 않는 직설 화법의 과학과 달리 배음(倍音)과 연결의 상징 언어를 사용하여 감각되지 않는 마음의 일을 다루는 영역이며, 따라서 그 과정과 결과를 수량화하여 객관적으로 증명하려는 시도는 어쩔 수 없이 예술로서의 연극치료의 본질을 해칠 수밖에 없다는 주장도 있습니다. 하지만 연극치료 역시 시장과 소비자가 주도하는 서비스의 일종으로 비용, 평가, 예산, 회계 감사 등이 지배하는 현실 세계의 일부일 수밖에 없으며 그런 측면에서 수요자가 원하는 보다 용이하고 객관적인 방식으로 연극치료의 효율성을 설명하는 노력이 필요합니다.

그런 맥락에서 양적 진단평가를 위한 첫 시도라는 의미를 갖고 있는 여섯조각이야기 회복탄력성 척도(RS6)의 개발 과정을 차분히 따라가 보겠습니다. 먼저 RS6는 여섯조각이야기가 영웅 여정을 축약한 구조라는 데서 출발합니다.

04 영웅 여정(Hero's Journey)

영웅은 구스타프 융이 말한 여러 원형 중 하나이며 그에 대해 깊이 연구한 사람으로 신화학자 조셉 캠벨을 꼽을 수 있습니다. 그는 『천의 얼굴을 가진 영웅』에서 세계 각지의 신화에 공통적으로 나타나는 이야기의 골자를 '영웅 여정'이라는 이름으로 추려냈습니다. 영웅 여정은 원질신화(monomyth)라고도 하는데 그것은 세상의 이야기가 모두 근원적으로 동일함을 뜻합니다. 즉 영웅 여정은 인

간의 보편적이고 원형적인 인생 지도라 할 수 있습니다. 그가 17개
의 단계로 정리한 영웅 여정은 이렇습니다.

① 모험이 부르다(Call to Adventure)
일상의 세계를 사는 주인공에게 누군가 나타나 낯선 세계로
떠나기를 청합니다.
② 부름을 거부하다(Refusal to Call)
주인공은 어떤 이유로 지금의 세계를 떠나지 않으려 합니다.
③ 스승을 만나다(Supernatural Aid)
주인공이 모험을 떠나기로 마음먹으면 스승이 나타나 신비한
힘을 부여합니다.
④ 첫 번째 관문을 넘다(The Crossing of the First Threshold)
문지기가 지키는 경계를 넘어 익숙한 세계에서 미지의 세계로
들어갑니다.
⑤ 고래 뱃속(The Belly of Whale)
미지의 심연 속에서 주인공은 기존의 자신을 해체하고 새로운
모습으로 태어납니다.
⑥ 시험의 길(The Road of Trial)
주인공은 연속적으로 펼쳐지는 고난을 통과해야 합니다.
⑦ 여신과 만나다(Meeting with the Goddess)
사랑을 만나 신성한 결혼을 합니다.
⑧ 유혹하는 여성(Woman as Temptation)
여인의 유혹에 빠져 모험을 중단하거나 길을 잃고 헤맵니다.
⑨ 아버지와 화해하다(Atonement with Father)

자신의 삶을 이끌어 온 궁극의 힘에 맞서다가 화해합니다. 이것이 영웅 여정의 핵심입니다.

⑩ 절정(Apotheosis)

신성한 지혜와 사랑의 세계에 머뭅니다.

⑪ 보물(Ultimate Boon)

모험의 목표였던 보물을 얻습니다.

⑫ 돌아가기를 거부하다(Refusal to Return)

떠나온 일상의 세계로 돌아가기를 거부합니다.

⑬ 불가사의한 탈출(Magic Flight)

보물을 가지고 일상의 세계로 탈출합니다.

⑭ 외부로부터 구조되다(Rescue from Without)

모험을 떠날 때 조력자가 필요했던 것처럼 돌아올 때도 다른 존재의 도움을 받습니다.

⑮ 다시 관문을 통과하다(The Crossing of the Return Threshold)

모험에서 얻은 지혜를 일상 세계와 어떻게 공유할 것인지를 시험을 통해 증명합니다.

⑯ 두 세계를 정복하다(Master of Two Worlds)

내면과 외부 혹은 물질과 정신의 균형을 이룹니다.

⑰ 자유로운 삶(Freedom to Live)

과거와 미래에 매이지 않고 현재를 삽니다.

조셉 캠벨의 영웅 여정은 영웅이 집이나 고향처럼 평범하고 익숙한 공간에서 알지 못하는 낯선 세계로 떠나는 것, 거기서 거듭된 시련과 싸움을 겪으면서 거대한 힘에 맞서 승리하는 것, 그 대가로 얻은 보물을 가지고 떠났던 곳으로 돌아오는 것까지 처음-중간-끝의 세 단계로 볼 수 있으며, 이 신화적 모험의 표준 궤도는 분리-입문-통합의 통과의례의 구조와 그대로 일치합니다. 변형의 원리를 이야기의 형태로 확장한 것이라 할 수 있겠지요.

잘 들여다보면 영웅 여정은 원질신화라는 이름에 걸맞게 우리가 좋아하는 거의 모든 이야기에 녹아 있습니다. 이를 거꾸로 말하면 우리는 어떤 경험을 통해 주인공이 성장하는 이야기를 좋아한다고 할 수도 있을 것입니다. 그것은 우리 삶의 행로가 곧 영웅의 여정이며, 초능력을 가진 수퍼맨만 영웅이 아니라 낯섦에 도전함으로써 스스로에게 변화와 성장의 기회를 허용하고 거기서 얻은 힘을 사람들에게 이롭게 돌려줄 때 우리들 모두가 영웅이라는 사실을 일러줍니다.

로버트 랜디의 역할 유형 분류체계에서 영웅은 영적 역할로 분류된 목록의 맨 앞에 있습니다. 그는 안티고네를 대표적인 영웅으로 꼽으며, 도덕적이고 탐구적이며 미지의 세계를 직면하는 데 열려 있는 것이 영웅의 특징이고, 이해와 변형을 향한 위험천만한 여정을 감당하는 것이 영웅의 기능이라고 정리합니다. 그러니까 우리가 영웅으로 살아야 할 장면은 특히 변화가 요구되는 때라 할 수 있으며, 그것은 정확히 심리치료의 참여자에게 해당합니다.

심리치료 과정은 참여자에게 기존의 익숙한 그러나 부적응적인 생각과 감정과 관계에서 떠날 것을 요구합니다. 불편함에도 불구하고 그것을 놓지 못하게 하는 집착과 공포를 대면하도록 합니다. 그 괴물의 목을 베어 승리하도록 돕습니다. 그 위험한 여정에서

만난 낯선 그러나 적응적인 생각과 감정과 관계라는 보물을 쟁취하
도록 이끕니다.

조셉 캠벨은 또 『천의 얼굴을 가진 영웅』에서 "영웅이 애써 찾
아다니고 위기를 넘기면서 얻어낸 신적인 권능은 처음부터 영웅의
내부에 있었던 것으로 드러난다"고 말합니다. 신화 속 영웅의 이야
기들은 주인공이 집을 떠나는 데서 시작해 온갖 역경과 시련을 겪
고 뭔가를 찾아 다시 돌아오면서 끝이 나는데 그렇게 애써 찾아낸
보물이 실은 전혀 다른 것이 아니라 이미 제 안에 있던 것이라는
게 조셉 캠벨의 발견인 것입니다.

신화는 아니지만 우리에게 익숙한 이야기인 『오즈의 마법사』
도 그 사실을 정확히 보여줍니다. 도로시는 에메럴드 성으로 가는
길에 허수아비와 양철 나무꾼과 사자를 만나고 저마다 오즈의 마법
사에게 얻고 싶은 보물이 있는 그들은 금세 마음 맞는 친구가 되지
요. 도로시는 집으로 돌아갈 방법을 알고 싶었고, 허수아비는 짚으
로 가득한 머리 대신 명석한 두뇌를 갖고 싶었고, 양철 나무꾼은
따뜻한 심장을 원했고, 겁쟁이 사자는 용기를 얻고 싶었습니다. 길
을 나서기 전에는 분명 그들에게는 지혜도, 사랑도, 용기도, 집으로
가는 길도 없었지요.

그런데 그들은 에메랄드 성에 도착하기까지 절벽을 건너고, 괴
물 칼리라를 물리치고, 영원히 잠들게 하는 양귀비 꽃밭을 통과하
고, 들쥐 여왕을 구해냈습니다. 그리고 오즈의 마법사의 명령에 따
라 서쪽 마녀를 죽이기 위해 40마리의 늑대와 까마귀 떼와 벌떼와
싸워 이겨 오즈의 마법사에게 각자 원하던 것을 얻게 되었지요. 하
지만 그 보물들은 가짜인 오즈의 마법사가 준 게 아니라 도로시와

허수아비와 양철나무꾼과 사자가 집을 떠나 에메랄드 성을 거쳐 서쪽 마녀를 없애는 과정에서 이미 스스로 쟁취한 것입니다. 말 그대로 싸워 얻은 것입니다.

이미 있는 것을 힘겨운 싸움을 통해 다시 얻어야 하는 까닭은 내 안에 감춰진 힘이기 때문입니다. 그것을 꺼내 무기로서 잘 연마하기 위해서 외부의 장애물이 필요한 것이지요. 바깥의 싸움으로 내면을 정련하는 과정, 그 도전과 모험이 바로 금인지 모를 형태로 안쪽 깊숙이 묻힌 그것을 순수한 금으로 바꿔내는 연금술인 것입니다.

세상 모든 이야기가 들려주는 이야기 속 이야기인 영웅 여정은 이렇게 삶이라는 시련에 맞서 우리가 어떻게 살아야 하는지를 보여주는 인생지도이자 변화와 성장의 원리를 담은 비결입니다. 그리고 여섯조각이야기는 영웅 여정의 의미와 형식을 그대로 계승합니다. 그 의미는 회복탄력성이라는 특성으로 집약되고 형식은 스토리텔링을 위한 열린 구조로써 나타납니다.

여섯조각이야기의 직접적인 제작 과정은 러시아의 민속학자 블라디미르 프롭(Bladimir Propp)으로 거슬러 올라갑니다. 그는 『민담 형태론』에서 200여 편의 러시아 민담과 전설을 분석하여 그 공통된 서사의 틀을 31개의 기능과 7개의 행동영역으로 추출했습니다.[2] 그리고 아동용 진단평가 도구를 개발 중이던 물리 라하드가

---

2 31개 기능을 열거하면 이렇습니다. 가족 중 한 명이 집에 없다, 영웅에게 금지가 주어진다, 금지를 위반한다, 악당이 수색한다, 악당이 희생자에 대한 정보를 얻는다, 악당이 희생자를 속인다, 희생자가 속아 적을 돕는다, 악당이 가족 중 한 명에게 피해를 입힌다, 불행이 알려진다, 영웅이 집을 떠난다, 영웅이 시험을 당하고 조력자를 만난다, 영웅이 미래의 증여자의 행동에 반응한다, 영웅이 신비한 도구의 사용법을 익힌다, 영웅이 그가 찾는 대상이 있는 곳으로 이동한다, 영웅이 악당과 맞닥뜨린다, 영웅이 승리한다, 처음에 주어진 결핍이 해소된다, 영웅이 돌아온

여기서 힌트를 얻어 이야기를 만들 수 있는 여섯 개의 질문을 끌어낸 것이 지금의 여섯조각이야기가 된 것입니다.

조셉 캠벨의 영웅 여정은 아니지만 블라디미르 프롭이 『민담형태론』에서 분석한 내용 역시 원질신화에서 벗어나지 않습니다. 31개의 기능에는 영웅이 집을 떠난다, 영웅이 시험을 당하고 조력자를 만난다, 영웅과 악당이 맞서 싸운다, 영웅이 승리한다, 영웅이 새로운 모습으로 나타난다 등 영웅 여정의 골자가 고스란히 담겨있습니다.

그런데 여섯조각이야기가 하나의 이야기가 아니라 진단평가도구가 될 수 있는 것은 그것이 영웅 여정을 따르되 구체적인 서사를 부여하는 대신 참여자가 자신의 심리상태를 투사한 이야기를 만들 수 있도록 열린 형태의 질문으로써 스토리텔링의 구조를 제공하기 때문입니다.

여섯조각이야기는 다음 여섯 개의 질문으로 영웅 여정의 구조를 축약합니다.

- 주인공은 누구이며 어디에 사는가?
- 주인공이 해야 할 일은 무엇인가?
- 누가/무엇이 어떻게 방해하는가?
- 누가/무엇이 어떻게 돕는가?

다, 영웅이 추격당한다, 영웅이 구출된다, 영웅이 신분을 숨기고 집에 돌아온다, 가짜 영웅이 나타난다, 어려운 임무가 주어진다, 그것을 해결한다, 영웅이 인정받는다, 가짜 영웅임이 밝혀진다, 영웅이 새롭게 변신한다, 악당이 벌을 받는다, 영웅이 결혼을 하고 왕위에 오른다 입니다. 그리고 그가 추출한 7개의 행동 영역은 영웅, 악당, 후원자, 조력자, 공주, 파견자, 가짜 주인공입니다.

　　－ 주인공은 어떻게 과제를 수행하는가?
　　－ 이야기는 어떻게 끝나는가?

　　이처럼 열린 형태의 질문임에도 불구하고 여섯조각이야기가 영웅 여정의 구조를 계승한다고 말할 수 있는 근거는 두 번째 질문입니다. 두 번째 구조는 스토리텔러에게 주인공이 '해야 할 일'이 무엇인지를 묻습니다. 해야 할 일은 과제(task)나 소명(what he/she should do)이라고 바꿔 말할 수 있습니다. 하고 있는 일이나 하고 싶은 일이 아니라 주인공이 해야 할 일을 질문함으로써 여섯조각이야기는 스토리텔러의 여러 역할 중 영웅의 면모를 부각하고자 하는 것입니다.

　　영웅은 흔히 '위대하거나 용감한 행위 또는 우등한 자질로 인해 존경받는 사람'으로 통용됩니다. 난세가 영웅을 만든다 말이 시사하듯 영웅은 뛰어난 소수에 의해 구원받는 어리석은 다수의 구도를 내포하는 측면이 있습니다. 그러나 영웅의 본질적 의미는 헌신과 성장에 있습니다. 조셉 캠벨은 영웅을 "자기의 삶을 자기보다 큰 것에 바친 사람"이라고 말합니다. 그리고 그가 말한 '자기보다 큰 것'을 사람들은 흔히 '다른 사람들'로 치환합니다. 그래서 위키 낱말사전은 영웅을 "용감하게 다른 사람들을 돕는 사람"이라고 풀이하고, 아폴로 11호를 타고 달을 탐사한 우주비행사 마이클 콜린스는 "우주비행사는 영웅이 아니다. 생면부지의 사람이 의식을 잃었을 때 인공호흡을 해주는 이, 출혈이 낭무하는 응급실에서 묵묵히 할 일을 하는 간호사, 전우를 구하기 위해 수류탄 위로 몸을 던지는 군인, 이런 분들이 진짜 영웅"이라고 말하는 것입니다.

다시 말해 영웅은 자신의 욕구나 욕망에 초점을 두기보다 자기보다 더 큰 것을 위해 헌신하는 존재이며, 그것은 이야기에서 외부에서 주어지는 소명이나 과제의 형태로 시작됩니다. 여섯조각이야기는 그렇게 주인공이 해야 할 일을 질문함으로써 영웅 여정의 구조를 계승하며, 그 같은 여섯조각이야기를 진단평가도구로 사용한다는 것은 누구나 자신의 삶에서 영웅임을 곧 주어진 과제를 이뤄내는 과정에서 변형을 이루어 성장하는 존재임을 말해줍니다.

05 회복탄력성

조셉 캠벨의 17단계 영웅 여정을 12단계로 축약하여 스토리텔링의 교본으로 대중화한 미국의 시나리오 컨설턴트 크리스토퍼 보글러는 "우리는 영웅 이야기를 필요로 한다. 전설적인 영웅에게 자신의 삶을 대입하고 그 이야기를 시련에 대처하는 지침으로 여긴다"고 말합니다. 영웅 여정은 그렇게 갈등과 고통에 대한 이야기이기도 합니다. 영웅 여정의 보물인 변형은 과제를 수행하면서 겪은 갈등과 고통을 통해 얻어지는 것이니까요. 그래서 영웅 여정을 축약한 여섯조각이야기는 스토리텔러가 스트레스를 얼마나 잘 다루고 있는지 곧 그의 회복탄력성 정도를 여실히 보여줍니다.

회복탄력성은 본래 물리학에서 충격을 흡수하는 신체 능력을 가리키는 말로 처음 쓰기 시작했다고 합니다. 그것이 안팎에서 가해지는 유무형의 스트레스를 다루어 원형을 회복하는 힘으로 의미가 확장되면서 매우 다양한 분야에서 주목하는 특성이 되었고요.

그래서 회복탄력성은 "부정적 결과가 나올 수도 있는 명백한 스트레스와 역경 상황에서도 긍정적이고 사회에서 수용되는 방식으로 살아남아 성공하고 발전할 수 있는 능력"이나 "실패하더라도 역경을 극복하고 다시 일어설 수 있는 능력"으로 알려져 있습니다.

회복탄력성은 두뇌 신경망의 구조와 기능으로도 그 존재가 확인된 바 있습니다. 미국의 심리학자 그레고리 밀러는 시카고에 사는 218명의 청소년을 그 주거지역의 폭력범죄율에 따라 분류한 다음 전반적인 건강검진을 실시했습니다. 그 결과 범죄율이 높은 지역에 사는 청소년의 건강상태가 대체로 좋지 않았는데 그런 와중에서도 건강이 양호한 청소년들은 두뇌 신경망의 중앙집행기능 네트워크(central executive network) 부위가 더 강하게 연결되어 있다는 것을 발견했습니다. 중앙집행기능 네트워크는 우리가 집중하거나 어떤 일을 수행할 때 활성화되는 부위로, 위험한 상황을 해석하거나 자기 통제력을 발휘하고 부정적인 감정을 억제하는 기능을 한다고 합니다. 그러니까 이 실험은 스트레스가 심한 동일한 조건에서도 상황에 대한 해석을 달리 하여 긍정적인 태도로 자신의 충동을 적절히 제어할 수 있다면 스트레스에 크게 영향 받지 않을 수 있음을 신경과학적으로 보여주며, 회복탄력성이 어떤 심리적 특질과 관련되는지를 일러줍니다. 그런 맥락에서 앤 매스튼은 회복탄력성을 "살면서 만나는 사건에 감정적 틀을 부여함으로써 효율적으로 대처하게 해주는 의미를 꼭 붙들 수 있는 힘"이라 정의하기도 합니다. 회복탄력성은 애초에 충격을 흡수하는 신체 능력에서 시작되었듯 충격을 흡수하는 심리적 능력을 뜻하고 그런 의미에서 마음의 근력이라 쉽게 풀어 말할 수 있습니다.

스트레스에 신속하고 유연하게 효과적으로 대응하는 능력이라
는 점에서 회복탄력성은 심리치료에서 매우 중요한 특성입니다. 참
여자들은 '엄마를 실컷 원망하려고', '우울함을 견디기 힘들어서',
'발표 불안을 없애기 위해', '학교에서 친구들과 잘 지내고 싶어서',
'술을 끊기 위해서', '사별한 아내를 잊기 위해서', '망상을 없애려
고', '사회성을 기르려고' 등 매우 다양한 목적으로 치료 장면에 들
어옵니다. 그 이유를 조현병, 우울증, 알콜의존증, 발달장애, 불안장
애와 같이 질환이나 장애로 바꾸어 말할 수도 있지요. 그러나 어떻
게 표현하든 참여자가 심리치료를 찾는 까닭은 자기 자신이 힘들거
나 중요한 사람들이 자기로 인해 힘들어 하기 때문이며 참여자가
주변 사람을 불편하게 하는 것도 실은 자신의 고통을 다루는 방식
의 하나라는 점에서 심리치료는 곧 고통을 다루는 일이라 할 수 있
습니다.

하지만 어떤 것도 참여자의 고통 자체를 없앨 수는 없으며, 심
리치료가 줄 수 있는 도움은 참여자가 고통을 정확하게 자각할 수
있도록 하는 것, 안전한 환경에서 고통을 충분히 느끼고 표현할 수
있게 하는 것, 나아가 고통을 자신의 것으로 온전히 수용하게 하는
것, 거기서 오는 책임이 있다면 그것을 기꺼이 지도록 하는 것, 그
리하여 종국에는 고통에 반응하는 방식을 바꾸는 것입니다. 다시
말해 심리치료는 고통을 소거하는 것이 아니라 고통에 휘둘리는 상
태에서 고통을 다룰 수 있는 상태로 옮겨갈 수 있도록 참여자의 감
정과 생각을 변형하는 일이며, 그것은 다시 참여자의 회복탄력성을
강화하는 것이라 바꿔 말할 수 있습니다.

그래서 다시 여섯조각이야기에서는 영웅 여정의 의미와 심리

치료의 목표가 스토리텔링의 방식으로 정확하게 일치합니다. 주인공에게 해야 할 일과 방해자와 조력자를 함께 부여함으로써 역경과 고난을 이겨내고 과제를 수행하도록 하는 스토리텔링 구조인 여섯조각이야기는 참여자의 회복탄력성의 정도와 변화 양상을 측정하는데 최적화된 도구라 할 수 있습니다.

06 여섯조각이야기 회복탄력성 척도

이제 여섯조각이야기에 투사된 회복탄력성을 어떻게 양적으로 측정할 것인가의 주제로 넘어가도록 하겠습니다. 양적 분석에서 양(量)이란 현상을 개념화, 범주화, 계량화하여 측정과 비교를 통해 인식되는 관계적 속성을 말하며, 효율적인 소통을 위해 이차적으로 부가된 것이라 할 수 있습니다. 여섯조각이야기에 투사된 현상은 이미 회복탄력성으로 개념화했으므로 그것을 범주화하고 계량화하는 절차가 남았습니다.

여섯조각이야기는 스토리텔링을 위해 참여자에게 여섯 개의 질문을 주는데, 그것이 고스란히 회복탄력성의 범주로 이어집니다.

일단 여섯조각이야기가 제시하는 구조를 순서에 따라 열거하면 이렇습니다.

- 주인공은 누구이며 어디에 사는가?
- 주인공이 해야 할 일은 무엇인가?
- 누가/무엇이 어떻게 방해하는가?

　　－ 누가/무엇이 어떻게 돕는가?
　　－ 주인공은 어떻게 과제를 수행하는가?
　　－ 이야기는 어떻게 끝나는가?

　그리고 이 구조를 양적 측정을 위해 다시 일곱 개의 범주로 재
편합니다.
　　－ 주인공은 누구인가?
　　－ 주인공은 어디에 사는가?
　　－ 주인공이 해야 할 일은 무엇인가?
　　－ 방해자와 조력자가 과제수행과정에 어떻게 작용하는가?
　　－ 이야기가 어떻게 끝나는가?
　　－ 인물들은 갈등을 어떻게 다루는가?
　　－ 이야기가 얼마나 잘 만들어졌는가?

　그런 다음에는 각 범주의 질문이 내포하는 특성을 10개의 등
급으로 나누어 리커트 척도로 배열함으로써 비교와 측정이 가능하
도록 계량화합니다.

1) 주인공은 누구인가?

　주인공을 묻는 첫 번째 구조는 스토리텔러를 직접적으로 드러
냅니다. 방해자와 조력자를 비롯해 이야기에 등장하는 인물 모두가
화자의 역할로서 그의 역할 체계를 보여주지만, 그 중에서도 주인
공은 참여자의 자아상을 가장 충실히 투사한다고 할 수 있습니다.
　반복하자면 여섯조각이야기의 구조는 '모험을 통한 성장'으로

압축할 수 있는 영웅 여정을 모방하며 그것은 연극치료가 참여자를 '모험을 통해 성장하는 영웅'으로 간주한다는 뜻입니다. 모험의 여정에 나서기 위해서 주인공은 능동적이어야 합니다. 가장 안전한 곳인 집을 떠나지 않고서는 모험 자체가 불가능합니다. 낯선 것과 불확실한 것에 대해 자신을 열기 위해서는 적어도 자신의 뜻에 따라 움직일 수 있는 정도의 능동성이 필요합니다. 그리고 이야기에서 주인공의 능동성은 구체성과 함께 나타납니다. 스토리텔러가 상상한 주인공이 능동적일수록 그에 대한 표현도 막연하거나 모호하기보다 분명하고 다채로운 것을 볼 수 있습니다. 그러므로 여섯조각이야기가 겨냥하는 영웅다움을 염두에 둘 때 첫 번째 구조와 관련해서는 '주인공이 능동적이고 구체적인가?'를 물을 수 있습니다.

실제 여섯조각이야기에 나타난 주인공의 유형을 능동성을 염두에 두고 살펴보면 연필, 의자, 자동차 등의 사물, 새싹, 꽃, 사과나무 등의 식물, 나비, 고래, 개, 곰 등의 동물, 바람, 시냇물, 별 등의 자연/자연현상, 꼬마, 농부, 왕 등의 사람, 외계인, 요정, 귀신 등의 기타 생명체로 묶을 수 있습니다. 능동성은 자신의 의지에 따라 움직일 수 있는가 그리고 다른 대상에게 미치는 영향력이 얼마나 큰가에 따라 가름합니다. 스스로 움직이지 못하는 것보다는 마음대로 이동할 수 있는 것이, 병약한 상태보다는 강건한 상태가, 성장하지 못하는 것보다는 성장하는 것이, 의존적인 상태보다는 독립적인 상태가 능동적이라 할 수 있습니다.

그리고 구체성은 주인공을 얼마나 섬세하게 상상하는가와 관련됩니다. 화자에 따라서는 주인공의 성별, 나이, 이름, 직업, 가족관계까지 그리는 경우가 있는가 하면 반대로 아무런 세부묘사 없이 한 단어로만 말하기도 합니다.

한 가지 더 고려해야 할 것은 부정성입니다. 회복탄력성이 매우 낮은 경우 자신의 혼란을 다른 인물들에게 해악을 끼치는 부정적인 주인공으로 투사할 수 있습니다.

그래서 '주인공은 누구인가'의 범주는 그 부정성과 능동성과 구체성을 고려하여 다음과 같이 계량화합니다.

주인공이 능동적이고 구체적인가와 관련한 리커트 척도

1	의도적으로 해를 끼치는 범죄자	부정성
2	부정적으로 인식되는 인물	
3	다치거나 병든 인물	능동성
4	스스로 움직이지 못하는 사물	
5	부정적인 상태로 표현된 인물	
6	추상적 인물, 두 명 이상의 인물	
7	나무를 제외한 작은 화초류, 반려동물, 가축	
8	한 단어로만 표현된 인물	구체성
9	구체적으로 표현된 인물	
10	매우 구체적으로 표현된 인물	

① 의도적으로 해를 끼치는 범죄자

악당, 살인자처럼 다른 인물들에게 의도적으로 해를 끼치는 범죄자가 주인공인 경우입니다.

• 사필귀정

 − 부조리한 사회에 환멸을 느낀 테러리스트가 있다.
 − 그는 사회악인 인간들을 처단할 계획을 세운다.

- 하지만 경찰은 그의 은둔처를 알아내 진압작전을 펼친다.
- 이 사실을 안 테러리스트는 경찰들에게 폭탄을 던지고 탈출한다.
- 그는 마지막으로 처단할 자를 찾아가 죽음으로 응징한다.
- 계획대로 일을 마치고 자살한다.

② 부정적으로 인식되는 인물

범죄자는 아니지만 일반적으로 부정적인 이미지로 고정된 경우입니다. 바퀴벌레, 똥, 귀신, 노숙자, 쓰레기, 먼지. 충치, 변기 등을 예로 들 수 있습니다.

• 주인

- 언덕에 욕심쟁이 난쟁이 할아버지가 살고 있었다.
- 그는 혼자 금광을 차지하고 필요할 때마다 금을 캤다.
- 어느 날 금광에서 일을 하는데 박쥐 한 마리가 그를 쫓아내려 한다.
- 길을 지나던 마법사가 그를 도와주려고 나타난다.
- 박쥐 떼가 마법사와 할아버지를 동굴에서 쫓아내버린다.
- 그 후로 욕심쟁이 난쟁이 할아버지는 다시는 동굴에 발을 들일 수 없었다.

③ 다치거나 병든 인물

외부의 충격으로 다치거나 병약하거나 장애가 있는 인물로 제시되는 경우입니다.

• **난 다 말랐다**

— 거리에 비에 젖어 찢어진 낙엽이 있다.

— 낙엽은 햇볕에 물기를 말려야 한다.

— 곁에 있는 나무가 햇볕을 가려 그늘이 진다.

— 낙엽을 좋아하는 소녀가 와서 주워간다.

— 낙엽을 말려 책갈피에 꽂아둔다.

— 좋아하는 남자아이에게 낙엽에 편지를 써서 준다.

④ 스스로 움직이지 못하는 사물

사물은 본래 움직이지 못하지만 허구적 상상력으로 생명력을 부여할 수 있습니다. 그런데 이야기에 따라서는 그렇게 하지 않고 스스로 이동이 불가능한 사물의 특성을 그대로 살리기도 하며 그런 경우에는 주인공의 능동성이 매우 제한되는 것을 볼 수 있습니다.

• **브레드피트**

— 식빵이 새로 구워져 빵집에 등장! 이름은 브레드피트.

— 브레드피트는 빨리 팔려서 사람들을 행복하게 해주고 싶다.

— 빵집에 쥐가 나타나서 브레드피트를 먹는다.

— 주인이 쥐를 잡는다.

— 먹혀버린 브레드피트도 같이 버린다.

— 결국 쓰레기장에서 쥐에게 먹힌다.

⑤ 부정적인 상태로 표현된 인물

'다치거나 병든' 정도는 아니지만 인물의 마음과 몸을 부정적인 형용사로 수식하는 경우입니다. 외로운, 배고픈, 불행한, 게으른 등을 예로 들 수 있습니다.

- **하고 싶은 대로만 살 수는 없다**
  - 길에서 사는 데 지친 고양이가 있다.
  - 마을 시계탑의 종속에 보금자리를 만들려고 올라간다.
  - 시계탑을 지키는 경비 아저씨가 고양이를 쫓아낸다.
  - 친구를 찾아가 함께 작전을 짠다.
  - 경비 아저씨가 자는 틈을 타 종안으로 무사히 들어간다.
  - 어두컴컴한 종속에서 자다가 울리는 종소리가 너무 시끄러워 죽는다.

⑥ 추상적 인물이나 두 명 이상의 인물

추상적 인물이란 도형, 문자, 문장부호처럼 개념적으로 정의되는 인물을 뜻합니다. 그런 주인공은 사물과 마찬가지로 살아있어 성장하지 못한다는 점에서 능동성이 부족하다 볼 수 있습니다. 그리고 오누이나 부부처럼 두 명 이상의 인물을 함께 주인공으로 세우는 것은 단독의 주인공을 세우는 일반적인 경우보다 의존성이 두드러진다는 점에서 능동성을 낮게 봅니다.

- **고정관념**
  - 도형나라의 정삼각형
  - 다른 도형과 결합해서 더 큰 정삼각형이 되어야 한다.
  - 그런데 원과 결합하면 다각형이 될 수 없다.
  - 하지만 틈에 맞는 도형을 쓰면 그만이다.

- 그래서 정삼각형을 완성했다.
- 더 큰 정삼각형이 되고 보니 반드시 정삼각형이어야 할 필요도 없다.

• 흰 나비와 꽃동산

- 흰 나비와 친구는 나뭇잎에 살았어요. 그들이 사는 나무에는 꽃이 피지 않아 항상 배가 고팠답니다.
- 남쪽나라에는 꽃동산이 있다는 얘기를 듣고 흰 나비와 친구는 길을 나섰어요.
- 하지만 그 길은 생각보다 멀었답니다. 가면서 폭풍을 만났어요.
- 그냥 우리 돌아갈까? 아니야. 이 고비만 넘으면 꽃동산이 나올 거야.
- 마침내 흰 나비와 친구는 꽃동산에 도착했어요.
- 흰 나비는 다른 친구들도 초대해서 다 같이 어울려 꽃동산에 살았답니다.

⑦ 나무를 제외한 작은 화초류, 반려동물, 가축

작은 화초는 그 특성상 외부의 자극으로부터 자신을 지킬 만한 힘이 부족하다는 점에서 그리고 반려동물과 가축은 돌봐주는 주인이 있어야 한다는 점에서 의존성이 크기에 능동성이 충분하지 않다고 봅니다.

• 새싹

- 새싹 하나가 허허벌판 낯선 곳에 심겨졌다.

– 새싹은 거기서 적응해 무럭무럭 잘 자라고 싶다.

– 어떤 사람이 매일 지나다니며 새싹을 빤히 보면서도 밟고 지나간다.

– 새싹에서 가시가 돋아나기 시작한다.

– 가시가 돋친 후로 사람은 더 이상 새싹을 밟지 않았다.

– 새싹은 햇님과 비의 도움으로 무럭무럭 잘 자란다.

• 멍청한 닭

– 닭이 시골 마을에 산다.

– 마당을 돌아다니며 바닥에 떨어진 먹이를 먹는다.

– 개가 먹는 것을 방해한다.

– 동네 꼬마가 닭이 먹는 것을 돕는다.

– 닭은 먹이를 모두 먹었다.

– 암탉을 만나 잘 살았다.

⑧ 한 단어로만 표현된 인물

여기부터는 부정성이 없고 능동성이 충분한 주인공을 대상으로 그 구체성을 헤아립니다. 8점은 구체적인 설명 없이 주인공을 직업, 성별, 연령 등과 관련한 한 가지 정체로만 표현하는 경우입니다. 스스로 움직일 수 있도록 표현된 사물, 나무, 동물, 사람, 자연 현상이 모두 포함됩니다.

• 농부와 사과나무

– 시골 마을에 한 농부가 살았어요.

– 농부는 사과나무를 키웠어요.

− 그런데 한 나무에 벌레가 생겼어요.

− 농부는 포기하지 않고 그 나무를 가꾸었어요.

− 이제 모든 사과나무들은 건강해요!

− 아주 좋은 사과를 수확할 수 있었답니다.

⑨ 구체적으로 표현된 인물

성별, 나이, 이름, 외모, 성격, 취향, 가족 등에 관한 한두 가지 형용사로 주인공을 수식합니다.

• **쿠키 굽는 공주**

− 옛날에 왕궁에 착한 공주가 살았다.

− 공주는 쿠키를 구워야 한다.

− 그런데 엄마가 쿠키를 구우면 방이 어질러진다며 못하게 한다.

− 시녀들이 왕비가 알아채지 못하도록 도와준다.

− 공주는 쿠키를 많이 구워서

− 마을의 형편이 어려운 사람들에게 나누어준다.

⑩ 매우 구체적으로 표현된 인물

주인공의 성벽, 나이, 이름, 외모, 성격, 취향, 가족 등을 3개 이상의 형용사로 표현합니다.

• **마을 지키기**

− 바다가 보이는 마을에 할아버지와 강아지 뭉치와 함께 사는 10살 소년 네티가 있었어요.

- 네티는 고기도 잡고 밭일도 하며 씩씩하게 잘 살았죠.
- 마을의 부자가 다른 나라에 땅을 팔아넘기려고 했어요.
- 네티와 친구들이 마을 사람들을 설득하여 땅을 다른 나라에 빼앗기지 않도록 해요.
- 마을 사람들이 힘을 모아 마을이 어느 나라의 소유도 아님을 선포해요.
- 마을은 다시 평화를 되찾았어요.

2) 주인공은 어디에 사는가?

　주인공이 어디에 사는지 역시 스토리텔러의 자아상과 관련됩니다. 질베르 뒤랑은 집의 상징체계는 몸과 정신의 소우주적 모형으로 거주자의 인격을 중복시키는 것이라고 말합니다. 다시 말해 주인공이 사는 곳은 스토리텔러가 자신을 어떻게 지각하는지를 공간적 이미지로 보여줍니다. 그래서 주인공이 사는 곳을 묻는 두 번째 구조에서는 '주인공이 사는 곳이 적절하고 구체적인가?'가 중요합니다.

　주인공이 사는 곳과 관련해서는 가장 먼저 주인공에게 어울리는 장소인가를 살펴야 합니다. 주인공의 능동성을 해치는 장소는 아닌지, 주인공이 있을 법한 범위를 벗어나지는 않는지 등을 볼 것입니다. 그런 뒤에 주인공이 사는 곳이 갖추어야 할 요건으로는 안전성과 쾌적성과 개방성을 꼽을 수 있습니다. 그리고 적절성이 충분하다면 주인공의 경우와 마찬가지로 얼마나 구체적으로 표현되어 있는지를 볼 수 있습니다.

　이를 바탕으로 범주를 계량화하면 이렇습니다.

주인공이 사는 곳이 적절하고 구체적인가와 관련한 리커트 척도

1	주인공을 감금한 장소	부정성
2	주인공에게 부적절한 장소	개연성
3	안전하지 않은 장소	안전성
4	보호와 감상을 위해 구별된 장소	쾌적성
5	명확한 언급 없이 암시된 적절한 장소	
6	안전하지만 쾌적하지 않은 장소	
7	안전하고 쾌적하지만 고립된 장소	개방성
8	한 단어로만 표현된 적절한 장소	구체성
9	구체적으로 표현된 적절한 장소	
10	매우 구체적으로 표현된 적절한 장소	

① 주인공을 감금한 장소

주인공이 원치 않음에도 특정 장소에 갇혀 이동할 수 없는 상태를 말합니다. 감옥이나 구덩이를 예로 들 수 있습니다.

• **자유롭게 훨훨**

- 나뭇가지에 걸린 풍선이 있었다.
- 풍선은 새들처럼 훨훨 날아다니고 싶다.
- 그런데 바람이 방해해서 나뭇가지에서 빠져나갈 수가 없다.
- 풍선을 본 한 꼬마가 막대기를 가지고 왔다.
- 막대기로 나뭇가지에 걸린 풍선을 꺼내주었다.
- 그리고 풍선을 들고 신나게 집으로 갔다.

② 주인공에게 부적절한 장소

일반적으로 주인공이 있을 만한 장소가 아니며, 이야기의 전개

과정에서 굳이 그 장소일 필요가 설득되지 않을 때 개연성이 떨어
진다는 점에서 부적절하다고 판단합니다.

• 제목 없음

－ 사과 속에 강아지가 산다.

－ 운동을 해야 한다.

－ 시끄럽다고 엄마가 운동 기구를 부순다.

－ 아빠가 도와주려 한다.

－ 아빠가 새 운동기구를 사준다.

－ 운동을 마치고 집에 가서 잠을 잔다.

③ 안전하지 않은 장소

주인공의 생존과 안녕이 위협 받을 수 있는 위험한 장소를 말
합니다.

• 꽃이 되다

－ 많은 사람들이 오고 가는 시내 한복판 횡단보도에 민들레가 피
  어있습니다.

－ 민들레는 가만히 날씨를 느끼며 사람들 구경하는 것을 가
  장 좋아합니다.

－ 만만치 않은 도시 살이에 다른 민들레들이 사람들 손에 꺾
  여 혼자 남았습니다.

－ 그래도 마지막 민들레는 굳은 마음으로

－ 더 강한 바람과 소음과 공해가 괴롭혀도

－ 꽃이 지고 씨앗이 되어 다시 꽃이 될 준비를 합니다.

④ 보호와 관람을 위해 구별된 장소

동물원, 새장, 어항, 화분 등 안전하고 쾌적하지만 주인공이 아닌 다른 인물을 위해 만들어진 공간을 말합니다. 주인공의 자유로운 이동이 불가능하다는 데서는 감금된 장소와 유사하지만 적절한 돌봄이 제공된다는 점이 그와 다릅니다.

• **살기 위해서**

– 동물원에 사자가 살고 있었습니다.

– 사자는 지급되는 식량을 먹어야 합니다.

– 그렇지만 상한 이빨 때문에 고깃덩어리를 씹기가 고통스럽습니다.

– 그것을 안 사육사는 사자를 위해 고기를 잘게 다져 주었습니다.

– 사자는 고기를 먹을 수가 있게 되었습니다.

– 그렇게 동물원에서 잘 지내고 있습니다.

⑤ 명확한 언급 없이 암시된 적절한 장소

주인공이 사는 곳에 대한 표현이 생략되었지만 이야기의 전체 맥락을 고려할 때 적절한 장소에 있다고 판단되는 경우를 말합니다. 특히 집단으로 여섯조각이야기를 만들 때 이런 경우를 자주 볼 수 있습니다.

• **성실한 일상**

– 아저씨가 퇴근을 했다.

- 마저 회사 일을 한다.
- 밖이 시끄럽다.
- 그래서 귀마개를 하고 커튼을 치고 일에 집중한다.
- 일찍 일을 끝마치고 잠이 든다.
- 다음날 기분 좋게 출근한다.

⑥ 안전하지만 쾌적하지 않은 장소

하수도, 쓰레기통 등 주인공에게 익숙하고 안전하지만 쾌적하지는 않은 장소입니다.

• 치즈와 쥐

- 하수도에 사는 쥐가 있었어요.
- 쥐는 치즈를 찾아 훔쳐 먹고 싶었어요.
- 치즈까지 가는 길이 너무 복잡해서 갈 수 없었어요.
- 참새가 그곳까지 가는 길을 알려 주었어요.
- 치즈가 있는 곳에 도착했지만 치즈가 없었어요.
- 집에 돌아가려던 쥐는 고양이에게 걸려 죽임을 당했어요.

⑦ 안전하고 쾌적하지만 고립된 장소

장소는 안전하고 쾌적하되 다른 장소와의 연결성도 중요합니다. 그것을 감안하면 동굴이나 병원과 같은 장소는 고립성이 강하다고 할 수 있습니다.

• 돌의 발견

- 돌이 동굴 바닥에 산다.

‒ 자신이 뭔지 알아야 한다.

‒ 아무것도 없는 게 방해가 된다.

‒ 한 탐험가가 동굴에 들어온다.

‒ 탐험가가 돌을 부순다.

‒ 돌 안에 보석이 있었다.

⑧ 한 단어로만 표현된 적절한 장소

규모, 외양, 명칭 등과 관련한 수식이 전혀 없이 특정 장소로
만 표현합니다.

• **목장 소녀의 젖 짜기**

‒ 목장에 소녀가 산다.

‒ 소녀는 젖소의 우유를 짜야 한다.

‒ 일을 하러 가는 길에 강아지에게 물린다.

‒ 엄마가 치료해주신다.

‒ 친구들이 일을 도와준다.

‒ 일을 끝내고 친구들과 소풍을 즐긴다.

⑨ 구체적으로 표현된 적절한 장소

규모, 외양, 명칭 등과 관련한 한두 개의 형용사로 장소를 표
현합니다.

• **춤추는 성**

‒ 아름다운 성에 공주가 살았다.

‒ 공주는 춤추는 것을 좋아했다.

- 하지만 왕은 공부를 안 한다며 공주를 혼냈다.
- 울고 있는 공주를 유모가 달래주며 공부를 도와주었다.
- 어느 날 밤 왕이 공주가 몰래 춤추는 광경을 보게 되었다.
- 왕과 공주는 그 후로 종종 함께 춤을 추었다.

⑩ 매우 구체적으로 표현된 적절한 장소

규모, 외양, 명칭 등과 관련한 3개 이상의 형용사로 장소를 구체적으로 표현합니다.

- **꼬마의 행복**
- 꽃밭이 펼쳐져 있고 분홍 꽃잎이 날리는 무지개 마을에 한 꼬마가 살고 있었어요.
- 꼬마는 꽃을 꽃병에 담으려 합니다.
- 숲 속에서 무서운 사자가 나타나 꼬마에게 겁을 줍니다.
- 숲의 요정이 사자의 마음을 변화시켜 꼬마와 꽃들과 어울릴 수 있게 합니다.
- 변화된 사자는 요정과 꼬마를 도와 꽃을 꽃병에 담습니다.
- 꼬마는 사자에게 꽃병을 선물합니다.

3) 주인공은 무엇을 해야 하는가?

여섯조각이야기에서 과제는 주인공을 움직이는 힘이자 이야기를 전개하는 추진력으로서 플롯의 기능을 합니다. 로널드 토비아스(Ronald Tobias)는 플롯은 인간의 행동과 느낌을 담고 있는 일종의 청사진이며, 인류는 지난 5천년 동안 변함없이 20개의 동일한 유형

의 플롯을 사용해 왔다고 주장합니다.3 그와 같은 맥락에서 여섯조
각이야기의 과제는 스토리텔러의 욕망의 방향과 힘의 크기를 보여
주는 청사진이라 할 수 있습니다.

저도 그와 비슷한 방식으로 약 500여 편의 여섯조각이야기를
수집하여 과제의 내용을 분석하였고 그 결과 죽음/잠, 휴식, 생존,
안전, 섭식, 탈출, 파괴, 복수, 놀이/친교, 여행, 노동, 경쟁, 사랑,
모험/추구, 통제/지배, 양육/조력, 변신, 성공, 희생, 인내의 20가지
유형을 얻을 수 있었습니다.

이들 유형의 과제를 회복탄력성의 관점에서 분석할 때 고려할
요소는 부정성과 개연성과 도전성입니다. 주인공이 다른 인물이나
자신에게 해를 끼치는 과제가 가장 회복탄력성이 낮은 경우로 구별
한 다음, 주인공이 할 만한 혹은 주인공과 적절하게 관련된 과제인
지를 우선적으로 보고, 개연성이 있는 과제라면 그것이 얼마나 새
롭고 과감한 시도를 포함하고 있으며 그를 통해 주인공의 영향력을
얼마만큼 외부로 펼칠 수 있는지를 살피는 것입니다. 그러므로 주
인공에게 적절한 과제란 주인공이 할 법한 일 가운데서 그 잠재력
을 최대한 이끌어내어 한계에 도전하게 함으로써 주인공을 성장시
키는 것이라 할 수 있습니다. 그래서 세 번째 구조와 관련한 질문
은 '주인공이 할 법하고 도전적인 과제인가?'가 됩니다.

이를 바탕으로 범주를 계량화하면 다음과 같습니다.

---

3 그가 『인간의 마음을 사로잡는 스무 가지 플롯』에서 추출한 것은 추구, 모험, 추
  적, 구출, 탈출, 복수, 수수께끼, 라이벌, 희생자, 유혹, 변신, 성숙, 사랑, 금지된
  사랑, 희생, 발견, 지독한 행위, 상승과 몰락입니다.

주인공이 할 법하고 도전적인 과제인가와 관련한 리커트 척도

1	이유 없이 다른 인물에게 해를 가한다	부정성
2	자신에게 해를 가한다	
3	자신의 편익을 위해 다른 인물에게 해를 가한다	
4	주인공과 관련성이 부족하다	개연성
5	주인공과 관련되지만 실현 불가능하다	
6	명시적 과제와 암시적 과제가 모순된다	
7	주인공이 수동적 대상에 머물거나 개연성이 부족하다	도전성
8	주인공이 할 만한 것이지만 도전성이 약하다	
9	주인공이 할 만하고 도전성이 있다	
10	개연성과 도전성이 있고 그 영향이 외부로 확장된다	

① 이유 없이 다른 인물에게 해를 가한다

특별한 이유 없이 혹은 재미 삼아 다른 인물에게 가학적 행동을 합니다. 파괴 유형이 여기에 해당합니다.

• 망나니

– 아기 괴물이 산책을 나왔다.

– 심심해서 이것저것 가지고 놀다가 부쉈다.

– 사람들이 아기괴물을 포박했다.

– 친구도 같이 놀고 있었다.

– 아기 괴물의 아빠가 화가 나서 인간들의 주거지를 다 부쉈다.

– 결국 다 파괴되었다.

② 자신에게 해를 가한다

주인공이 자신을 다치게 하거나 죽어 없어지는 것을 과제로 내세웁니다. 죽음 유형이 여기에 해당합니다.

• 선택

— 학교폭력과 가정폭력에 시달리는 아이가 있습니다.
— 아이는 극단적인 선택을 하려고 합니다.
— 천사가 말렸습니다. 그래서 아이는 덜컥 겁이 났습니다.
— 악마가 극단적인 선택을 부추겼습니다.
— 결국 아이는 포기하기로 했습니다.
— 아이는 땅 속에서 편히 쉬었습니다.

③ 자신의 편익을 위해 다른 인물에게 해를 가한다

자신의 불편과 고통을 해결할 목적으로 다른 인물에게 불편과 고통을 끼치는 행동을 합니다. 과제 유형으로는 복수가 여기에 해당합니다.

• 어린 생쥐 톰의 모험

— 산골에 사는 어린 생쥐 톰이 있다.
— 굶는 식구들이 치즈를 먹고 싶어 해서 훔쳐오기로 했다.
— 무서운 고양이 틸다가 치즈를 지키고 있다.
— 가장 친한 친구 제리가 적극적으로 도와주어서
— 틸다의 눈을 다른 데로 돌려 치즈를 가져올 수 있었다.
— 톰의 식구와 제리도 배부르게 먹었다.

④ 주인공과 관련성이 부족하다

불가능하지는 않지만 일반적으로 주인공이 할 법하다고 여겨지지 않는 과제를 내세웁니다.

• **피로**

- 제주도에 귤이 있다.
- 화산을 터뜨려 보는 게 버킷 리스트 중 하나다.[4]
- 근데 귤이 너무 싫어하는 잠자리가 등장하여 혼란스럽다.
- 개구리가 나타나 잠자리를 잡아먹는다.
- 야호! 방해물은 없어지고 한라산을 폭발시킨다.
- 귤은 한라산 분화구의 뚜껑이 되어 따뜻하게 마사지를 즐긴다.

⑤ 주인공과 관련되지만 이룰 수 없는 불가능한 과제다

주인공이 하고 싶을 수는 있지만 결코 실현할 수는 없는 과제를 내세웁니다.

• **눈사람의 삶**

- 마을에 눈사람이 살았다.

---

4 이 이야기는 전반적으로 인물과 사건이 자연스러운 인과 관계로 연결되어 있지 않습니다. 특히 주인공과 과제의 관점에서 볼 때 스스로 움직일 수 없는 사물로 제시된 귤이 한라산을 폭발시킨다는 것은 가능하지도 않고 할 법하지도 않다는 점에서 주인공과 관련성이 부족하다고 할 수 있습니다.

- 눈사람은 눈을 모아 녹지 않게 해야 한다.5
- 햇빛이 강해져서 눈사람은 자꾸만 녹아내린다.
- 추운 날에는 다시 눈이 내려 눈사람은 살 수 있다.
- 햇빛이 강해지자 눈이 녹아버렸다.
- 결국 눈사람은 증발하여 구름이 되었고 겨울이 되어 다시 눈사람이 되기를 기다린다.

⑥ 명시적 과제와 암시적 과제가 모순된다

명시적 과제란 여섯조각이야기의 두 번째 구조인 과제로서 설정된 행동을 말하며 암시적 과제란 이야기의 맥락상 주인공이 정말 해야 하거나 하고 싶어 하는 행동을 가리킵니다. 여섯조각이야기에서는 명시적 과제와 암시적 과제가 하나로 일치하기도 하고 다르게 나타나기도 하는데, 여기서 문제가 되는 것은 그 둘의 관계가 어느 하나를 포기하지 않는 이상 다른 것을 이룰 수 없도록 대립되는 경우입니다. 그것을 명시적 과제와 암시적 과제가 모순된다고 봅니다.

• 자유로워지고 싶던 **꼬마비행기**

- 꼬마비행기는 궂은 날씨에도 하늘을 날며 일을 하고 있었죠.
- 다음 날도 꼬마비행기는 날고 있었습니다.6 새들이 같이 놀자

---

5 주인공이 눈사람이고 눈사람이 해야 할 일은 눈이 녹아내리지 않게 해야 하는 것입니다. 주인공을 눈사람이 아니라 사람이라 상상하면 눈이 녹지 않게 해야 한다는 과제는 죽지 않아야 한다가 될 것입니다. 그런 맥락에서 눈이 녹지 않게 해야 한다는 과제는 날씨와 계절의 변화에도 상관없이 영원히 살고 싶다는 눈사람의 소망을 반영한 것일 수는 있지만 불가능하다고 보는 것입니다.

6 이 여섯조각이야기는 제목의 중요성을 보여주는 예이기도 합니다. 줄거리에서 주인공인 꼬마 비행기는 현재에도 날고 있고 해야 할 일도 나는 것이고 그렇게 날다

하지만 묵묵히 날기만 합니다.

- 사실 꼬마비행기는 새들과 함께 너무도 놀고 싶어요.
- 하지만 그에겐 주인이 있습니다. 그래서 시키는 대로 일만 해야 되죠.
- 그러던 어느 날 꼬마비행기는 추락하여 죽고 맙니다.
- 그가 죽은 곳은 다름 아닌 마술사의 새장이죠. 사실 그는 한평생을 마술사의 손에 갇혀 지내던 새였습니다.

⑦ 주인공과 관련되지만 주인공이 수동적 대상에 머문다

주인공이 해야 하거나 하고 싶어 하지만 자신이 주도적으로 실행할 수는 없는 과제를 뜻합니다. 주인공이 움직이지 못하는 사물일 경우 자신이 수동적인 대상에 머무는 과제를 설정할 가능성이 많습니다.

• 시한부 인생

- 인기품목인 삼각 김밥과 우유가 있었다.
- 그들은 팔리기를 기다린다.
- 또 다른 인기품목인 소시지가 입고되었다.
- 김밥과 소시지를 맛있게 데워주는 전자레인지가 조력자다.
- 결국엔 소시지가 팔려서 전자레인지에 들어간다.
- 소시지가 먹히는 것을 보며 유통기한이 지난 삼각 김밥은

가 죽음을 맞습니다. 하지만 정말 하고 싶었던 건 일에서 벗어나 새들과 자유롭게 노는 것이지요. 그런데 그런 스토리텔러의 욕망은 이야기에서 방해자와 제목으로만 왜곡되고 우회하여 드러납니다. 말 그대로 명시적 과제와 암시적 과제가 모순되는 경우라 할 수 있습니다.

폐기되었다.

⑧ 주인공이 할 만한 것이지만 도전성이 부족하다

주인공과 관련된 것이지만 과제라 할 수 있을 만큼의 위험과 도전을 내포하지 않으며, 당연히 해야 하는 것 혹은 계속 해오던 것에 가까운 과제를 뜻합니다. 휴식 유형, 생존 유형, 섭식 유형, 노동 유형, 놀이/친교 유형, 여행 유형 등이 여기에 해당합니다.

• **양말**

－ 양말이 집에 있다.
－ 양말은 발을 감싸주는 역할을 한다.7
－ 가끔 발가락이 양말을 뚫는 방해꾼이 된다.
－ 하지만 발은 동시에 양말의 역할을 돕는다.
－ 발에 씌워졌을 때 양말과 발은 환상적인 조합이 된다.
－ 빨린다.

⑨ 개연성과 도전성이 있다

주인공과 관련되고 그것을 수행하기 위해서는 일정 정도의 위험과 도전을 감수해야 하지만 과제수행의 목적이나 결과가 주인공에게 한정되는 과제를 뜻합니다. 일반적으로 탈출 유형, 안전 유형,

---

7 주인공이 양말이고 과제는 '발을 감싼다'입니다. 발을 감싸는 것은 양말의 본래 역할이므로 이 과제는 노동 유형에 해당합니다. 다른 예를 들면 농부가 농사를 지어야 한다거나 학생이 공부를 한다거나 가수가 노래를 부른다거나 하는 것들이지요. 노동 유형은 여섯조각이야기에서 가장 많은 분포를 보이는 과제 유형으로서 해당 인물에게 기대되는 상식적인 역할을 수행하는 데서 더 나아가지 않으며 그것을 통해 인물이 변화하지 않는다는 점에서 도전성이 부족하다고 판단합니다.

경쟁 유형, 지배/통제 유형, 모험/추구 유형, 변신 유형, 성공 유형, 사랑 유형, 인내 유형이 여기에 해당합니다.

• 보상

- 무더운 여름 날 산 속에 한 사람이 있습니다.
- 그는 다가올 겨울을 대비하여 나무를 합니다.
- 너무 더워서 하기 싫었지만
- 그래도 가끔씩 솔솔 불어오는 바람 덕에 힘이 덜 듭니다.
- 땔감을 충분히 마련해둔 덕분에
- 겨울을 따뜻하게 날 수 있었습니다.

⑩ 개연성과 도전성이 있고 영향력이 외부로 확장된다

주인공과 관련되고 그것을 수행하기 위해서는 일정 정도의 위험과 도전을 감수해야 하며 과제수행의 목적이나 결과가 주인공에게 한정되지 않고 다른 인물들에게로 확장되는 과제를 뜻합니다. 양육/조력 유형과 희생 유형이 여기에 해당합니다.

• 마법사의 묘약

- 깊은 숲 속에 꼬마 마법사가 살고 있었습니다.
- 그는 마을의 아픈 할머니를 위해 약을 만들고 싶었습니다.
- 하지만 그 약의 중요한 재료를 불 뿜는 용이 지키고 있었습니다.
- 숲 속 친구인 부엉이가 용이 좋아하는 술을 주었습니다.
- 용이 술을 마시고 취한 사이 꼬마 마법사는 약의 재료를 획득했습니다.

- 꼬마 마법사는 약을 완성하였고 할머니는 건강해졌습니다.

4) 주인공의 과제수행에 방해자와 조력자가 어떻게 개입하는가?

방해자와 조력자는 스토리텔러의 외부에 실재하면서 영향력을 행사하는 특정 대상으로 볼 수도 있고 그의 역할 체계 속에서 방해와 조력으로 대립하는 내면의 역할로 이해할 수도 있습니다. 어떤 방향으로 읽든 방해자와 조력자의 특성과 역동은 과제 수행과 관련한 화자의 현실 인식을 그대로 투사합니다.

가령 방해자는 주인공보다 엄청나게 강하게 그리면서 조력자를 떠올리지 못한다면, 현실의 화자는 자신이 목표한 바를 이룰 수 있도록 도와주는 대상은 전혀 없고 도처에 장애물만 가득하다고 느낄 수 있으며, 그로 인한 압박감과 고립감이 상당할 것입니다. 그러나 삶은 언제나 방해와 조력의 힘을 동시에 제공하며, 그 두 힘의 실체와 역동을 정확히 파악할 때 비로소 과제를 제대로 수행할 수 있습니다.

그래서 스토리텔러의 현실 인식을 반영하는 과제수행과정은 오로지 개연성을 중심으로 분석합니다. 우선 방해자가 설정된 과제와 관련성이 충분한지를 살핀 다음 조력자가 그 방해자의 작용을 완화하거나 갈등을 해결하는 데 적절하게 작용하는지에 초점을 맞춥니다. '과제수행과정이 개연성 있게 전개되는가?'가 네 번째 구조를 분석하는 관점입니다.

과제수행과정이 그럴듯하기 위해서는 주인공과 방해자와 조력자의 역동이 과제를 중심으로 긴밀하고도 자연스러운 인과관계를 갖고 전개되어야 합니다. 실제로 방해와 조력은 해야 하는 일이 무엇인가에 따라 얼마든지 달라질 수 있으며, 따라서 방해자와 조력자의 개연성은 무엇보다 주인공의 과제와 얼마나 잘 연결되는가에 달려있습니다. 또한 방해와 조력의 힘이 어느 한쪽으로 크게 기울지 않고 팽팽한 긴장을 이룰 때 자연스럽고도 긴장감 있는 이야기를 만들 수 있으며, 방해자와 조력자의 갈등이 전면에 부각되기보다 대립하는 두 힘을 이용하여 종국에 과제를 수행하는 것은 주인공의 몫이 되어야 합니다.

이를 바탕으로 범주를 계열화하면 다음과 같습니다.

과제수행과정이 개연성 있게 전개되는가와 관련한 리커트 척도

방해자	0	방해자가 없다	
	1	방해자가 있지만 과제와의 관련성이 부족하다	
	2	방해자가 지나치게 강력하다	
	3	숨어있는 방해자가 있다	
	4	방해자가 약하다	
	5	과제와 관련되고 적절한 영향력을 행사한다	
조력자	0	조력자가 없다	개연성
	1	조력자가 오히려 방해자의 역할을 한다	
	2	조력자의 현실성이 부족하거나 부정적인 방법을 사용한다	
	3	조력자가 약하거나 방해자와의 관련성이 부족하거나 문제해결과정이 모호하다	
	4	주인공이 방해의 해결을 조력자에게 전적으로 의존한다	
	5	주인공이 조력자와 함께 방해를 해결하고 과제를 수행한다	

◎ 방해자가 없다

• **배고픈 치타**

- 동물원에 치타 한 마리가 있었다.
- 치타는 자다가 일어났는데 배가 고파졌다.
- 방해하는 건 없다.
- 사육사가 치타에게 먹이를 주었다.
- 치타는 배고픔이 해결되어 다시 잤다.
- 자고 일어난 치타는 다시 배가 고파졌다.

① 방해자가 있지만 과제와의 관련성이 부족하다

방해자가 주인공의 과제 수행에 방해로 작용할 가능성이 별로 없을 때 과제와의 관련성이 부족하다고 판단합니다.

• **나는 지금 뭘 하고 있나**

- 나는 군인이다.
- 나라를 굳건히 지킨다.
- 그런데 대통령이 자기를 지켜달라고 한다.
- 나는 꿋꿋이 버티며 굴복하지 않는다.
- 하지만 압박을 이기지 못하고 결국 대통령을 경호하게 된다.
- 아무 말도 못하고 묵묵히 대통령을 지킨다.

② 방해자가 지나치게 강력하다

방해자가 과제 수행을 방해하는 것을 넘어서 주인공의 존재

자체를 위협하고 그 위협이 적대적이고 의도적일 때 지나치게 강력
하다고 판단합니다.

- 회

  - 아저씨가 혼자 여행을 합니다.
  - 회를 떠서 먹으려 합니다.
  - 갑자기 전쟁이 나서 하늘에서 포탄이 떨어집니다.
  - 지나던 사람이 새 재료를 주고 갑니다.
  - 회를 쳐서 소주와 마십니다.
  - 줌 아웃

③ 숨어있는 방해자가 있다.

방해자로 제시된 인물과 조력자 이외에 또 다른 인물이 등장하
여 주인공의 과제수행을 방해할 때 숨어있는 방해자로 판단합니다.

- 윤회

  - 아스팔트 위에 물이 있다.
  - 물은 그 곳을 벗어나려 한다.
  - 까마귀가 물을 마셔서 없어질 위기에 처한다.
  - 호스의 도움으로 물의 덩치가 커져 자연스럽게 다른 곳으
    로 넘친다.
  - 탈출 성공!
  - 청소부가 비질을 하는 바람에 물은 엉망으로 흩어진다.

④ 방해자가 약하다

주인공의 과제 수행에 방해가 될 수는 있지만 그 영향력이 대수롭지 않을 때 방해자가 약하다고 판단합니다.

• 농부와 사과나무

- 아름다운 시골 마을에 한 농부가 살았어요.
- 농부는 사과 과수원을 했어요.
- 그런데 나무 하나에 벌레가 생겼어요.
- 농부는 포기하지 않고 그 나무를 가꾸었어요.
- 이제 사과나무들이 전부 건강해요!
- 아주 좋은 사과를 수확할 수 있었답니다.

⑤ 과제와 관련되고 적절한 영향력을 행사한다.

• 곰순이와 그물채

- 곰순이는 동굴에 혼자 살고 있었습니다.
- 먹고 살기 위해 낚시를 해야 하는데
- 물살이 너무 빨라 잡을 수가 없었습니다.
- 마침 그물채가 있다는 게 떠올랐습니다.
- 그물채 덕분에 빠른 물살에도 낚시를 할 수 있었습니다.
- 곰순이는 동굴로 돌아와 배부르게 물고기를 먹었습니다.

Ⓞ 조력자가 없다

• **돌아오리**

- 큰 호수에 혼자 사는 오리 한 마리가 있었다.
- 이 오리는 어릴 적 엄마 품이 너무 그리웠다.
- 엄마 오리는 울타리 너머 멀리에 있었다.
- 울타리 앞 큰 돌을 넘어가면 되지만
- 이 오리의 날갯짓으로는 큰 돌을 넘어갈 수 없었다.
- 엄마 오리가 울타리를 넘어 찾아오는 행복한 꿈을 꾸며 잠이 들었다.

① 조력자가 오히려 방해자의 역할을 한다

조력자로 제시되는 인물이 오히려 주인공을 위협하거나 과제 수행을 방해할 때 방해자의 역할을 한다고 판단합니다.

• **갑과 을**

- 토끼가 있다.
- 토끼가 풀을 뜯으러 갔다.
- 토끼가 돌아오니 집에 뱀이 있었다.
- 토끼가 난처해할 때 부엉이가 나타났다.
- 그 순간 뱀이 토끼를 물어 죽였다.
- 부엉이가 뱀을 죽여 부엉이는 일타쌍피다.

② 조력자의 현실성이 부족하거나 부정한 방법을 사용한다

조력자가 주인공의 과제수행을 돕는 것으로 나타나지만 인물의 등장과 조력 과정의 개연성이 떨어져 설득력이 없을 때(it's magic!) 현실성이 부족하다고 판단합니다. 그리고 조력자가 부정한 방법으로 과제수행을 돕는 것 역시 개연성이 떨어지는 것으로 간주합니다.

• 별과 달

- 별은 동산에 살고 있었다.
- 별은 거기서 태어났지만 늘 하늘의 별들을 보며 자신이 있을 곳은 하늘이라고 생각했다.
- 하지만 친구인 달과 헤어지는 것이 너무 슬퍼서 하늘에 가고 싶지 않았다.
- 별의 간절한 소망으로 하늘로 올라갈 수 있는 사다리가 생겼다.
- 별은 잠시 고민했지만 하늘로 올라가기로 결심했다.
- 달이 하늘로 올라와 둘은 오랫동안 행복하게 지냈다.

• 변기 왕국 왕이 되다

- 전 세계의 고급스런 변기가 모인 변기 왕국에 변기왕족 5총사가 있었다.
- 그 중 첫째가 왕이 되고 싶어 했다.
- 그런데 첫째보다 잘 생기고 똑똑하고 인기 많은 셋째도 왕의 예비 후보가 되었다.
- 첫째는 프로듀스 202에 나가서 1위를 하려고 프로듀서에게 접근

해 뇌물을 주었다.

− 계약대로 첫째는 대회에서 1위를 차지했고 인기가 많아졌다.

− 그래서 왕이 되었다.

③ 조력자가 약하거나 방해자와의 관련성이 떨어지거나 문제해결
　과정이 모호하다

조력자가 주인공의 과제수행을 돕기는 하지만 방해자와는 무
관하게 작용할 때 방해자와의 관련성이 떨어진다고 판단합니다. 또
주인공을 돕기는 하지만 그것이 과제를 수행하는 데 별 영향력을
행사하지 못할 때 조력자가 약하다고 봅니다. 그리고 조력자가 어
떻게 과제수행을 돕는지가 분명하게 설명되지 않는 경우에 문제해
결과정이 모호하다고 할 수 있습니다.

• 나는야 브랜드

− 나는 신발장의 최고의 인기 아디다스다.

− 나는 우찬이를 더욱 돋보이게 하는 역할을 한다.

− 시간은 나를 쓸모없게 만든다.

− 나는 세탁기로 인해 깨끗해질 수 있다.

− 그러나 결국 더러워져서 버려졌다.

− 나는 아디다스다.

• 귀여운 코알라

− 나무 위에 코알라가 살았다.

− 코알라는 항상 그 자리에서 사람들의 포토존이 되어 주었다.

− 가끔 유칼립투스 향이 강하게 유혹해 자리를 옮기면 사람

들이 사진을 못 찍었다.
- 그래서 사진이 잘 나오도록 빛나는 전등을 나무 앞에 설치했다.
- 덕분에 많은 사람들이 코알라와 사진을 찍어서 SNS에 올렸다.
- 오늘도 코알라는 나무 위에서 하루를 보낸다.

• 삼시세끼 토끼 편

- 달에 토끼가 살았다.
- 맛있는 떡을 만들고 있었다.
- 갑자기 무중력 상태가 되어 떡을 찧을 수 없었다.
- 갑자기 햇빛이 강해졌다.
- 반죽이 빵이 되었다.
- 맛있게 먹었다.

④ 주인공이 방해의 해결을 조력자에게 전적으로 의존한다

방해자의 작동을 다루는 과정에서 주인공이 아무것도 하지 않을 때 조력자에게 전적으로 의존한다고 판단합니다.

• 보물을 지키려는 우주전쟁

- 우주에서 가장 반짝이는 별이 탄생한다.
- 그 별은 밝은 빛으로 반짝반짝 모든 걸 비춰준다.
- 혜성이 오고 있고 그것과 부딪치는 순간 별똥별이 되어 사라진다.
- 그래서 지구에 있는 인간들이 별을 구해주려 한다.
- 로켓에 폭탄을 설치한 다음 혜성을 향해 쏘아 올려 폭파시킨다.
- 그래서 그 별은 여전히 반짝반짝 빛나고 있다.

⑤ 주인공이 조력자와 함께 방해를 해결하고 과제를 수행한다

조력자의 도움을 받되 문제해결의 주체가 주인공임이 분명한 것이 가장 좋습니다.

• **고래의 행복**

- 고래가 아주 큰 바닷가에 살고 있다.
- 맛있는 물고기를 많이 잡아서 가족과 친구들을 먹이고 싶다.
- 고래보다 크고 이빨도 뾰족한 죠스가 있어서 먹이를 구하기가 쉽지 않다.
- 자기보다 힘센 고래가 도와줘서 함께 죠스와 싸운다.
- 죠스는 도망가고 고래는 물고기를 많이 잡는다.
- 가족과 친구들과 맛있게 먹는다.

5) 이야기가 어떻게 끝나는가?

이야기란 경험의 무작위적 연속이라 할 수 있는 현실에서 일련의 사건을 추출하여 그것들이 인과 관계를 갖도록 특정한 형태로 배열한 것입니다. 처음－중간－끝으로 구성된 이야기에서 결말은 진행되는 일련의 사건에 마침표를 찍는 것으로서 스토리텔러의 가치관을 반영하며 화자가 자기 자신과 세상의 미래를 얼마나 낙관하는가를 보여줍니다.

주인공이 방해와 조력의 힘을 적절히 다루어 과제를 수행하는 여섯조각이야기의 구조는 일종의 문제해결과정이며, 문제해결과정의 성패를 좌우하는 결정적 요소는 문제를 대하는 태도, 곧 낙관성이라 할 수 있습니다. 여기서 주의해야 할 한 가지는 낙관성과 낙

천성을 구분하는 것입니다. 표면적 어의로는 둘이 잘 구분되지 않지만 심리학적으로 볼 때 낙관(樂觀)과 낙천(樂天)은 상당히 다릅니다. 낙천성이 타고난 성격적 특성이라면 낙관성은 학습된 태도로서의 사고 경향이라 할 수 있지요. 낙천적인 사람은 다른 이들에 비해 스트레스를 별로 받지 않고 그래서 늘 즐겁습니다. 그것이 가능한 이유는 긍정적 감정이 대체로 생래적으로 결정되는 두뇌신경전달물질의 분비에 영향을 받기 때문입니다. 그에 비해 낙관성은 반복을 통해 학습된 낙관주의라고 할 수 있습니다. 잘 될 것이라는 관점을 견지하면서 긍정적 결과를 만들어내는 태도인 것입니다. 그래서 낙천성은 지혜를 동반하지 않지만 낙관성은 반드시 지혜를 필요로 합니다.

　구체적인 상황 속에서 둘을 비교하면 이렇습니다. 거대한 미로에 갇힌 상황을 상상해봅시다. '여기서 대체 어떻게 나가란 말이야. 이제 꼼짝 없이 죽게 생겼네. 가엾은 내 인생, 엿 같은 세상!' 이렇게 반응하는 사람은 비관적이라 할 수 있겠지요. '언제까지 날 여기 두겠어? 누군가 오겠지. 일주일만 기다리면 나갈 수 있을 거야. 별일 아냐.' 그랬다가 일주일 후에도 상황이 똑같으면 '한 달이 지나면 풀어주겠지. 분명히 그럴 거야'라고 자위하는 사람들은 낙천적인 사람입니다. 낙관적인 사람은 좀 다를 것입니다. 언제 나갈 수 있을지 알 수 없으므로 꾸준히 운동을 하면서 체력을 유지할 것이고, 아마도 지도를 만들어 자신이 갔던 길과 가지 않은 길을 표시해 나갈 것입니다. 즉 '갇혀 있다'는 현실을 정확히 받아들인 후에 그 속에서 최선의 결과를 내기 위해 할 수 있는 일을 찾아 노력하는 것, 희망을 구체화하는 힘이 바로 낙관성입니다.

　　세상은 도처에 문제이지요. 그래서 문제를 다루는 능력은 사는 데 매우 중요하고, 그 바탕은 문제를 문제로서 정확히 인식하여 자신이 할 바를 찾는 낙관성에 있으며, 그것은 여섯조각이야기에서도 마찬가지입니다. 그래서 다섯 번째 결말의 구조는 '이야기가 만족스럽게 끝나는가?'로 범주화할 수 있습니다.

　　만족스러운 결말의 첫 번째 요소는 해피 엔딩입니다. 행복한 결말, 슬픈 결말, 열린 결말 중에서 굳이 해피 엔딩을 꼽는 것은 낙관성의 측면에서 슬픈 결말과 열린 결말 보다는 행복한 결말이 낫기 때문이며, 이것이 여섯조각이야기가 일반 문학 작품과 구별되는 지점이라 할 수 있습니다. 여섯조각이야기가 미학적 감상을 목적으로 하는 작품이 아니라 스토리텔러의 회복탄력성 정도를 측정하기 위한 진단평가 도구임을 감안할 때, 결말은 새드 엔딩보다는 열린 결말이 또 그보다는 해피 엔딩이 좋다고 봅니다. 해피 엔딩은 스토리텔러가 자기 자신과 미래에 대해 희망을 품고 있음을 말해줍니다.

　　또 한 가지 볼 것은 과제입니다. 이야기 전체를 끌어가는 힘이 과제에 있기 때문에 결말의 양상을 계열화하는 데 있어서도 과제의 수행 여부가 중요합니다. 주인공이 과제수행에 성공하는지 실패하는지 혹은 유예되는지를 볼 수 있으며, 과제수행과 결말의 연관성 역시 확인해야 할 점입니다.

　　만족스러운 결말의 세 번째 요소는 변화입니다. 이야기의 두 요소는 인물과 사건이지만 그것을 좀 더 길게 말하면 인물이 사건을 통해 처음과 달라지는 것이라 할 수 있습니다. 주인공이 장애물을 극복하거나 자신이나 세상을 새로운 눈으로 바라보거나 혹은 실패를 통해 뭔가를 수용하는 등 변화의 양상은 달라도 어쨌거나 처음과는 다른 지점에 도착하는 것이 중요합니다. 여섯조각이야기에서는 그 변화를 크게 주인공이 처한 상황이 달라지는 것과 주인공의 행동이 달라지는 것으로 나누어 볼 수 있습니다.

이를 바탕으로 범주를 계열화하면 다음과 같습니다.

이야기가 만족스럽게 끝나는가와 관련한 리커트 척도

1	과제수행에 실패하고 주인공이 다치거나 죽는다	부정성
2	과제수행에 실패하고 불행하게 끝난다	
3	과제수행이 유예 된다	
4	과제를 수행하지만 불행하게 끝나거나 과제와 상관없이 행복하게 끝난다	
5	과제수행에 그치거나 결과가 처음과 같거나 수행 후 잠든다	
6	과제수행에 성공하고 개연성이 부족한 행복한 결말	개연성
7	과제수행에 실패하지만 긍정적인 결말	낙관성
8	과제수행에 성공하고 행복하지만 주인공의 죽음이 암시된다	
9	과제수행에 성공하고 주인공의 상황이 긍정적으로 변한다	
10	과제수행에 성공하고 주인공의 행동이 긍정적으로 변한다	

① 과제수행에 실패하고 주인공이 다치거나 죽는다

• 운 나쁜 사람

- 주인공이 있었다.
- 면접을 보고 취업을 해야 한다.
- 사고가 났다.
- 지인이 추천장을 주었다.
- 사고 때문에 면접을 보지 못했다.
- 병이 악화되어 죽었다.

② 과제수행에 실패하고 불행하게 끝난다

• **신입생의 일기**

- 뚝섬에 사는 대학 신입생이 있다.
- 중간고사에 대비해 도서관에서 공부를 해야 한다.
- 그런데 친구가 전화를 해서 술을 마시자고 꼬드긴다.
- 대학생은 공부를 하다 말고 친구를 만나러 간다.
- 친구들과 술자리를 한다.
- 시험에 F를 맞는다.

③ 과제수행이 유예된다

이야기가 끝날 때까지 과제 수행 여부가 분명하게 나타나지 않는 경우입니다.

• **사념**

- 주인공이 집 안에 앉아있다.
- 주인공은 책에 몰두하여 밤늦도록 시간 가는 줄 모르고 읽어야 한다.
- 쓸데없는 생각들이 방해한다.
- 운동이 도움이 될지도 모른다.
- 성공할지 실패할지 아직은 모른다.
- 주인공은 일단 침대에 눕는다.

④ 과제수행에 성공하지만 불행하게 끝난다

• **돼지의 하루**

- 돼지가 평화로운 곳에서 살았다.
- 꽃을 보러 산에 올라가야 한다.
- 절벽이 앞을 가로 막는다.
- 하지만 그에겐 총명한 두뇌와 강한 신체가 있다.
- 산에 계단을 만들어 올라가기로 한다.
- 결국 꽃을 손에 넣었지만 산이 전부 부서졌다.

⑤ 과제수행에 그치거나 결과가 처음과 같거나 수행 후 잠든다

• **포기하지 않는 화가**

- 나는 도시에 사는 화가
- 조용히 그림을 그리고 싶다.
- 그러나 영감이 떠오르지 않는다. 한 번 막히면 오래도록 그릴 수 없다.
- 새로움을 찾으러 여행을 떠나 이곳 저곳을 다닌다.
- 여러 곳을 다니며 책도 보고 도전하지만 어렵다. 그러나 포기하려는 순간 떠오르는 생각.
- 드디어 그림을 그릴 수 있었고 완성했다.

• **WHY?**

- 홀로 달을 지키는 강아지가 있었습니다.
- 그 강아지는 달을 오염시키는 파리를 쫓는 일을 했습니다.

- 하지만 그 강아지는 혼자였기에 늘 외로웠습니다.
- 강아지에게는 파리 경보를 주는 등대가 있었습니다.
- 등대와 힘을 합해 파리를 몰아냅니다.
- 하지만 그 후 찾아오는 외로움은 아무리 시간이 지나도 익숙해지지가 않습니다.

• **토끼의 하루**

- 토끼가 풀밭에 있다.
- 토끼는 밥을 먹어야 한다.
- 비가 너무 많이 내려서 먹기가 힘들다.
- 사람이 우산을 들고 토끼가 먹을 수 있게 도와준다.
- 토끼는 배불리 먹을 수 있었다.
- 집에 가서 행복하게 잠이 든다.

⑥ 과제수행에 성공하고 개연성이 부족한 행복한 결말

과제 수행에 성공한 후 설득력 있는 과정을 생략한 채 행복한 결말로 비약하는 경우입니다.

• **토끼와 거북이**

- 용왕의 충신 중에 거북이가 있었다.
- 용왕이 먹고 싶어 하는 토끼의 간이 궁금해진 거북이는 그것을 먹겠다는 목표를 세웠다.
- 뱀이 거북이를 모함했지만
- 거북이의 스승 쿵푸 팬더가 도와주었다.
- 거북이는 토끼와 달리기 시합을 해서 잠자는 틈을 타 토끼를 죽이

고 간을 꺼내 먹었다.
- 그리고 동물의 왕이 되었다.

⑦ 과제수행에 실패하지만 행복한 결말

과제수행은 실패하지만 그로 인해 예상치 못한 다른 긍정적인 경험을 하게 되는 것입니다.

• **인생은 바다**

- 바다 속에 연어가 살았다.
- 연어의 꿈은 왕이 되는 것이다.
- 문어도 왕이 되려고 한다.
- 복어가 연어를 도와준다.
- 연어와 복어가 힘을 합해 싸웠지만 문어의 먹물 공격을 당해낼 수 없었다.
- 문어가 왕이 되었지만 연어와 복어는 사랑에 빠졌다.

⑧ 과제수행에 성공하고 행복하지만 주인공의 죽음이 암시된다

• **아낌없이 주었으나 고급스러웠던 판**

- 초콜릿 판이 있다.
- 판은 힘없고 어린 소녀들에게 초콜릿을 나누어 주어야 한다.
- 그런데 비가 내리면 단 맛이 빠져나가 맛이 없어진다.
- 그러면 판은 자신이 태어난 통 안에 들어가 비를 피하며 쉰다.
- 판은 비에도 젖지 않는 초콜릿을 많이 계속해서 만들어낸다.
- 오랜 시간이 지나고 판은 그렇게 많은 소녀들에게 기억된다.

⑨ 과제수행에 성공하고 주인공의 상황이 긍정적으로 변한다

과제수행에 성공하고 그 결과로 긍정적인 경험을 하게 되는데 그것이 주로 주인공이 처한 외부적 상황과 관련된 것입니다.

• 부지런한 농부

- 시골 마을에 한 농부가 살았어요.
- 매일 아침에 일찍 일어나 부지런히 일을 했어요.
- 하지만 밤이면 산짐승들이 몰래 내려와 밭작물들을 먹어치웠어요.
- 해서 마을 사람들이 힘을 합해 울타리를 쳐주었어요.
- 덕분에 큰 수확을 거둘 수 있었어요.
- 그는 마을에서 제일 예쁜 아가씨랑 결혼을 해서 행복하게 살았어요.

⑩ 과제수행에 성공하고 주인공의 행동이 긍정적으로 변한다

과제수행에 성공하고 그 결과로 긍정적인 경험을 하게 되는데 그것이 주로 주인공의 선택과 행동에 관련된 것입니다.

• 인싸 독수리

- 독수리 한 마리가 있었는데 엄청난 회오리바람에 휘말렸다.
- 정신을 차리고 일어나야 한다.
- 그런데 날개에 부상이 깊다.
- 지나던 사람이 우연히 독수리를 발견 했다.
- 꾸준한 보살핌으로 독수리는 날 수 있을 만큼 회복하게 되었다.
- 자신에 대한 사랑을 느낀 독수리는 은혜를 갚기 위해 다른 짐승과

사람을 도와준다.

6) 인물들은 갈등을 어떻게 다루는가?

여섯조각이야기의 구조는 과제와 방해자로써 이야기에 갈등을 끌어들이고 스토리텔러가 그것을 어떻게 다루는지를 보여줍니다. 갈등은 여러 사람이 집단을 이루어 살아가는 사회에서는 피해갈 수 없는 국면으로, 그것을 어떻게 다루는가에 따라 집단과 거기 속한 개인의 경험의 방향과 특질이 달라진다는 점에서 매우 중대한 화두입니다. 인간 사회가 그토록 다양한 이야기를 지속적으로 생산하고 소비하는 이유 중 하나도 바로 이 갈등 다루기에 있다고 할 수 있습니다.

갈등을 다루는 태도는 앞서 '상상계의 인류학적 구조들'에서 말했듯이 크게 네 가지로 나눌 수 있습니다. 갈등에 압도되어버리거나(함입상태), 갈등하는 대상에 적대적으로 맞서거나(분열형태구조), 갈등을 완곡하게 바꿔 우회하거나(신비구조), 갈등 자체를 동력 삼아 새롭게 변화된 관계를 만들어내는 것(종합구조)입니다.

죽음은 어떻게 해도 배제할 수 없는 삶의 상수입니다. 거기서 파생되는 갈등 역시 마찬가지이며, 그렇다고 할 때 갈등의 공포에 얼어붙기보다는 맞서 싸우는 편이 낫고, 대상에 대해 적대적 대립각을 세우기보다는 그것을 완곡하게 만들어 우회하는 편이 나으며, 또 그보다는 갈등을 적극적으로 끌어안아 변화의 동력으로 삼는 편이 성숙한 태도라 할 수 있습니다.

그리고 갈등을 다루는 태도는 곧바로 인물들 사이의 상호작용으로 나타나며, 이야기 속 인물들의 정서와 관계 양상은 현실에서 화자가 맺는 대인관계의 양상과 감정을 고스란히 보여줍니다. 그래서 여섯조각이야기의 회복탄력성을 분석하는 여섯 번째 범주는 '인물들의 상호작용이 긍정적인가?'입니다.

인물들의 상호작용을 분석할 때 가장 먼저 고려할 것은 방해자로 은유되는 갈등 양상입니다. 그것은 갈등의 원인과 해결방식의 폭력성 정도에 따라 파괴적 대립, 적대적 대립, 상대적 갈등, 중립적 갈등, 우호적 갈등의 다섯 가지로 나눌 수 있으며, 갈등의 원인이 덜 심각하고 해결방식이 덜 폭력적일수록 상호작용의 긍정성을 높게 평가합니다.

그 다음에는 갈등을 다루는 방식을 볼 수 있습니다. 대개의 경우 여섯조각이야기에서는 주인공과 조력자가 갈등의 대상인 방해자를 통제하는 방식으로 문제를 해결합니다. 그런데 주인공이 대립을 피해 갈등을 우회하거나 주인공과 방해자가 기존과 다른 선택을 함으로써 갈등의 소지를 없애고 화해하는 경우도 있습니다. 전자보다는 후자가 긍정적인 상호작용에 가깝습니다.

또 한 가지 이야기 전체의 분위기를 살필 수 있습니다. 딱히 갈등과 대립이 두드러지지는 않지만 주인공이 상호작용이 배제된 채 고립되어 있거나 매우 비관적인 상태에 놓여 있을 수 있습니다.

이를 바탕으로 범주를 계열화하면 다음과 같습니다.

인물들의 상호작용이 긍정적인가와 관련한 리커트 척도

1	죽음의 위협과 파괴적 대립이 지배적이다	부정성
2	주인공이 고립되어 있다	
3	좌절, 두려움, 슬픔이 지배적이다	
4	적대적 대립이 지배적이다	
5	상대적 갈등이 지배적이다	낙관성
6	중립적 갈등이 지배적이다	
7	우호적 갈등이 지배적이다	
8	대립을 피하여 갈등을 우회 한다	변형성
9	일방의 변화로 갈등을 해결하고 포용 한다	
10	쌍방의 변화로 갈등을 해결하고 포용 한다	

① 죽음의 위협과 파괴적 대립이 지배적이다

주인공, 방해자, 조력자가 서로를 목숨을 위협하고 살상합니다. 그에 대한 특별한 설명이 없는 경우가 대부분입니다.

• 최고의 플레이어 치타

－ 치타가 아프리카의 드넓은 평원에 살고 있다.

－ 치타는 시속 104킬로미터로 달리고 있다.

－ 사자가 경고하며 치타를 방해한다.

－ 나무늘보가 사자를 죽인다.

－ 치타가 다시 나무늘보를 죽인다.

－ 전원처치다.

② 주인공이 고립되어 있다

주인공과 상호작용하는 인물이 없고 고립감이 느껴집니다.

- **매시처럼 빠른 허스키**

  - 매시처럼 빠른 허스키가 아무도 없는 산에 산다.
  - 혼자서 하루 종일 조용히 시간을 보낸다.
  - 방해하는 건 시간이다.
  - 주인공을 돕는 것은 해다.
  - 방해하는 시간이 없는 곳으로 간다.
  - 죽었다.

③ 절망, 두려움, 슬픔이 지배적이다

이야기 전체에 흐르는 주인공의 감정이 절망, 두려움, 슬픔으로 매우 비관적입니다.

- **허수아비**

  - 노랗게 익은 들판에 허수아비가 홀로 서 있다.
  - 움직이고 싶지만 새를 쫓아야 한다.
  - 새들이 자꾸만 모여들어 곡식을 쫀다.
  - 두더지가 도와준다.
  - 덕분에 허수아비는 움직일 수 있었지만 곧 익은 벼 속으로 넘어졌고 어두워졌다.
  - 들판의 벼는 계속 자랐고 허수아비는 보이지 않았다.

④ 적대적 대립이 지배적이다

적대적 대립은 주로 방해자가 갈등이나 이해관계와 상관없이 자신의 욕구에 따라 주인공을 공격하고 가해하는 경우를 말합니다.

이 경우 주인공은 일방적 피해자로 남기 쉬우며 따라서 스토리텔러가 인물들의 상호작용을 적대적 대립으로 그린다는 것은 갈등과 문제해결에 대한 표피적인 인식을 반영하는 것일 수 있습니다.

• **희망, 자유**

- 길가에 민들레가 있었다.
- 사람들의 발길에도 살아남아야 한다.
- 술 취한 아저씨가 민들레를 발로 차며 화풀이를 한다.
- 비와 해가 민들레를 돕는다.
- 민들레는 홀씨가 되어 날아간다.
- 들판에 내려앉은 홀씨는 아기 민들레로 피어 주변의 다른 꽃들과 함께 행복하다.

⑤ 상대적 갈등이 지배적이다

주인공과 방해자가 모순되는 이해관계나 경쟁적인 관계에 있고 그로 인해 갈등이 생깁니다. 그리고 주인공, 조력자, 방해자가 모두 그 갈등을 공격적으로 통제함으로써 해결하려 합니다. 즉 인물의 상호작용을 상대적 갈등으로 조직하는 것은 서로의 입장 차이가 갈등의 원인이며 그것을 해결하는 방식은 누가 더 힘이 있는가에 달렸다는 스토리텔러의 인식과 관련된다고 할 수 있습니다.

• **수상한 어느 숲 속 마을**

- 강이 있는 숲 속 마을에 한 소녀가 살았습니다.
- 소녀는 배가 고파서 낚시를 하였습니다.
- 그때 곰이 나타나서 소녀가 잡은 물고기를 먹으려고 하였

습니다.

- 한 사냥꾼이 나타나 총을 쏘자 곰이 달아났습니다.

- 소녀는 물고기를 한 양동이에 가득 잡았습니다.

- 그 사냥꾼과 소녀는 함께 맛있는 저녁 식사를 하였습니다.

⑥ 중립적 갈등이 지배적이다

중립적 갈등에서 방해자는 주인공과 관계없는 중립적 대상임에도 불구하고 자신의 의지와 관계없이 주인공이나 과제수행의 관점에서 걸림돌로 작용합니다. 다시 말해 인물 자체보다 인물이 처한 시간이나 공간 등의 환경적 요인에 의해 갈등이 발생하며 따라서 그것의 해결도 환경적 조건을 변형하는 데 집중됩니다.

• 소녀의 도우미

- 어느 마을에 한 소녀가 살고 있다.

- 그 아이는 차와 케이크를 먹기 위해 물을 끓이고 있다.

- 그런데 창문이 열려서 바람이 불어 불이 꺼지려 한다.

- 오빠가 그걸 보고 도와줘야겠다고 생각한다.

- 오빠가 창문을 닫아준다.

- 남매는 맛있게 케이크와 차를 먹는다.

⑦ 우호적 갈등이 지배적이다

방해자는 주인공에게 우호적인 태도와 행동을 취하지만 그것이 주인공과 과제수행을 힘들게 하는 경우를 우호적 갈등으로 구별합니다. 이 경우 스토리텔러는 방해자로 표상되는 대상에게 양가감정을 품고 있을 가능성이 큽니다.

• 오빠 이야기

- 어느 시골 마을에 남자아이가 꽃을 가꾸러 나옵니다.
- 꽃을 키우기 위해 물을 줍니다.
- 물을 주고 있는데 동생들이 놀자고 합니다.
- 마침 비가 내려 아이의 일을 덜어줍니다.
- 물을 충분히 주어 예쁜 꽃이 활짝 피고
- 빨리 집으로 돌아가 동생들과 하하 호호 웃으며 놀아줍니다.

⑧ 갈등을 우회적으로 해결한다

여기서부터는 방해자를 통제하지 않고 어떻게 갈등을 해결하는가를 집중적으로 봅니다. 우회적 해결은 방해자를 통제하는 대신 주인공이나 조력자가 대안을 찾아냄으로써 방해자와 충돌하지 않고 문제를 해결하는 경우를 말합니다.

• 상생

- 아무 생각 없는 지렁이가 살았다.
- 땅에 숨구멍이 많이 생겨서 지렁이가 돌아다니는 땅은 식물들이 잘 자랐다.
- 어느 날 돌멩이에 길이 막혔다.
- 마침 개미들이 다니는 길을 발견하였다.
- 아무 생각 없는 지렁이는 그 길을 통해 갔다.
- 지렁이가 길을 넓혀 주어서 개미들이 고마워했고 아무 생각 없는 지렁이에게는 친구가 생겨 좋았다.

⑨ 일방의 변화로 갈등을 해결하고 포용한다

주인공이나 방해자 중 한쪽이 갈등을 유발한 기존의 선택을 폐기하고 새로운 선택을 함으로써 문제를 해결하고 만족스러운 관계를 형성합니다. 단순히 문제해결에 그치는 것이 아니라 갈등을 통해 인물의 긍정적인 변형이 일어난다는 점에서 여섯조각이야기의 원형인 영웅 여정에 부합하는 구조라 할 수 있습니다.

• 고릴라계의 귀염둥이 릴라

– 사람들이 잘 안 오는 울창한 숲에 고릴라가 살고 있어요.
– 릴라는 잘 생긴 표정을 거울을 보고 계속 연습해요.
– 거울은 계속 릴라에게 못 생겼다고 말해서 릴라는 짜증이 났어요.
– 숲의 요정이 나타나 거울의 입을 막아버렸어요.
– 심심한 거울은 미안하다며 말을 할 수 있게 해달라고 했어요.
– 셋은 화해하고 베스트프렌드가 되었답니다.

⑩ 쌍방의 변화로 갈등을 해결하고 포용한다

주인공과 방해자가 모두 처음과 다른 선택을 함으로써 갈등을 해결하고 만족스러운 관계를 형성합니다.

• 네모

– 말캉말캉 울라울라 별에 네모가 살고 있습니다.
– 네모는 평화롭게 노래 부르고 싶습니다.
– 여우가 노래를 부르지 말라고 무섭게 말합니다.

- 친구들이 응원하러 오자 여우가 놀랍니다.
- 싸움이 싫은 네모가 여우와 자리를 바꾸자 여우는 노래가 부르고 싶어집니다.
- 그래서 네모는 친구들과 노래하고 춤을 추면서 여우를 초대합니다.

7) 이야기가 얼마나 잘 만들어졌는가?

여섯조각이야기는 상상의 이야기를 만들도록 이끕니다. 주인공을 그리는 첫 번째 구조에서 "영화나 전설이나 동화의 주인공을 떠올려도 좋고, 그냥 어떤 인물을 만들어내도 좋습니다"라는 안내를 줌으로써 스토리텔러가 자신의 실제 경험에서 떠나 허구의 세계로 이동하게 하는 것입니다. 그렇게 상상의 세계로 옮겨갈 때 스토리텔러는 자기를 직접적으로 드러내지 않아도 되기에 의식의 방어기제를 내려놓을 수 있으며, 동시에 허구에 투사된 자신의 현실을 적절한 거리를 두고 낯설게 볼 수 있습니다. 다시 말해 상상의 이야기를 잘 만든다는 것은 임의로 자기로부터 거리를 둘 수 있으며 동시에 자신이 아닌 다른 대상의 생각과 감정과 욕구를 생생하게 느낄 수 있음을 의미합니다. 그리고 그 분리와 공감의 능력은 자기조절력과 대인관계능력을 밑뿌리로 하는 회복탄력성에 밀접하게 관련될 수밖에 없습니다.

그래서 마지막 구조는 '상상의 이야기를 잘 만들었는가?'입니다.

허구의 완성도를 따지려면 일단 이야기가 개연성 있게 전개되어야 합니다. 기능이 심하게 떨어지는 참여자들은 줄거리가 하나로 이어지지 않는 이야기를 만드는 경우가 많습니다. 그리고 여섯조각이야기가 스토리텔러에게 요구하는 것은 상상의 이야기이므로 화자의 경험을 그대로 가져오거나 실제 경험을 관점만 바꾸어 기술하는 이야기보다는 화자의 일상 현실이 개입되지 않은 가공의 이야기를 완성도 있게 평가할 수 있습니다.

이는 임상적으로도 쉽게 확인됩니다. 참여자가 자신의 문제에 밀착한 상태일 때는 상상력을 잘 발휘하지 못하고 자기를 주인공으로 내세운 현실의 이야기를 만들지만, 치료적 변형이 일어나면서부터는 밀착 상태에서 빠져나와 자신을 거리를 두고 바라볼 수 있는 힘을 갖게 되고 그에 따라 이야기의 양상도 현실에서 상상으로 그 경계를 뚜렷이 넘는 것을 볼 수 있습니다.

개연성이 충족된 후에는 이야기의 창조성에 주목할 수 있습니다. 단순한 구조이지만 그 안에서 흥미롭고 독창적인 이야기를 만들 수 있습니다.

이를 바탕으로 범주를 계열화하면 다음과 같습니다.

상상의 이야기를 잘 만들었는가와 관련한 리커트 척도

1	허구나 현실의 틀을 일관되게 유지하지 못 한다	개연성
2	주인공이 중간에 바뀐다	
3	과제가 중간에 바뀐다	
4	자신을 주인공으로 실제 경험을 이야기한다	허구성
5	자신을 주인공으로 상상의 이야기를 만든다	
6	자신의 현실을 평면적으로 허구화한다	
7	구조에 따라 단순한 상상의 이야기를 만든다	창조성
8	사건의 배열이 자연스러운 이야기를 만든다	
9	극적 변화가 담긴 흥미로운 이야기를 만든다	
10	흥미롭고 정교하고 독창적인 이야기를 만든다	

① 허구나 현실의 틀을 일관되게 유지하지 못 한다

스토리텔러가 자신이 아닌 인물을 주인공으로 상상의 이야기를 만들다가 허구의 틀에서 벗어나 자기 자신을 주인공으로 한 현실의 이야기를 합니다. 반대의 경우도 논리적으로는 가능하지만 실제로는 거의 없습니다.

• **나의 미래**

− 산 속에 집을 짓고 사는 개가 있었다.
− 그 개는 나무 베는 일을 시작했다.
− 그는 먹는 것이 최대의 단점이었고 먹느라 일하는 것을 소홀히 했다.
− 그러나 그 개는 다양한 공부를 통해 다시 열정과 발전을 얻을 수 있었다.
− 덕분에 성공하여 자회사를 갖게 되었고
− 마지막엔 좋은 일을 해서 여러 사람들에게 존경을 받았다.

② 주인공이 중간에 바뀐다

상상의 이야기라는 일관성을 지키지만 도중에 주인공 대신 방해자나 조력자가 이야기를 이끌어가는 중심인물이 됩니다.

• **먼지의 반란**

− 휴지통에 버려진 과자 껍질이 있다.
− 과자 껍질은 쓰레기들을 재활용 가능한 것, 그렇지 않은 것, 나갈 것을 순서대로 분류해야 한다.

- 먼지가 쓰레기들을 더럽혀서 자기 말고는 아무도 못 나가게 하겠다고 위협한다.
- 과자 껍질이 병에 든 물로 먼지를 적신다.
- 하지만 먼지는 오히려 쓰레기들에게 찰싹 달라붙어 유서(나는 죽지만 죽어서도 너희들이 나 빼고 혼자 재활용 되는 것을 막겠다)를 남긴다.
- 먼지들이 자신들의 권리를 주장하며 시위한다.

③ 과제가 중간에 바뀐다

상상의 이야기라는 일관성을 지키지만 이야기가 전개되면서 처음에 말한 과제는 관심 밖으로 사라지고 다른 과제에 집중합니다.

• 허억! 수아비잉

- 나는 허수아비다.
- 항상 화를 내고 있는 나를 참새들은 무서워하고 그래서 참새 쫓는 일을 하고 있다.
- 나는 이상한 옷을 걸치고 있다.
- 바람이라는 녀석이 그걸 가지고 싶었는지 홀라당 가져가 버렸다.
- 근데 꼬마 친구들이 내게 말을 걸며 입고 있던 옷을 벗어 입혀줬다.
- 나는 이제 멋진 옷을 입고 있고 아이들의 사랑과 관심을 눈에 넣었다.

④ 자신의 실제 경험을 이야기한다

스토리텔러 자신이 주인공이 되어 현실에서 실제로 경험한 것을 이야기합니다.

• 대학생이란

- 용인시 처인구 역북동 724-5번지 트윈원룸에 사는 나
- 과제와 연습일지를 써야 한다.
- 선배들이 술을 먹자고 한다.
- 교수님께 전화가 온다. "내일까지 해 와라."
- 하다가 잠 들어서 꿈속에서 한다.
- 꿈이라는 걸 알고 좌절한다.

⑤ 자신을 주인공으로 상상의 이야기를 만든다

스토리텔러 자신이 주인공으로서 상상 속에서 경험한 것을 이야기합니다.

• 모험

- 내가 판타지 세계에 갑자기 떨어졌다.
- 보물을 찾으러 떠나간다.
- 보물은 악당들이 지키고 있다.
- 용의 저주에 걸린 요정이 나와 동행한다.
- 용을 물리치고 보물을 얻는다.
- 저주에서 벗어난 요정과 행복하게 산다.

⑥ 자신의 현실을 평면적으로 허구화 한다

상상의 인물을 주인공으로 내세우지만 이야기의 내용은 스토리텔러의 실제 경험을 거의 그대로 옮겨 놓습니다.

• **콩알콩알**

- 귀여운 콩이 살았습니다.
- 콩은 초콜릿을 먹으려고 했어요.
- 지방이 나타나 살이 찌니 안 된다고 했어요.
- 그때 악마가 나타나 먹어도 살이 찌지 않는다고 꼬드겼어요.
- 악마가 지방을 무찔렀어요.
- 초콜릿을 먹은 콩은 살이 쪄서 더 이상 귀엽지 않게 되었어요.

⑦ 주어진 구조에 따라 단순한 상상의 이야기를 만든다

검사자가 제시하는 구조에 단답형으로 반응하듯 이야기를 만들고 그 결과 사건들을 연결하는 인과 관계가 단순하고 투박합니다.

• **농사**

1. 옛날에 농사꾼이 살고 있었다.
2. 그 농사꾼은 밭을 가꾸었다.
3. 그런데 심한 장마가 와서 밭이 망가졌다.
4. 다행히 해가 나타났다.
5. 상추가 자라나기 시작했다.
6. 농부가 열심히 일한 덕에 상추밭이 풍성해졌다.

⑧ 사건의 배열이 자연스러운 이야기

주인공, 방해자, 조력자 등 이야기를 전개하는 인물에 구체적으로 집중함으로써 사건의 인과 관계가 좀 더 뚜렷하고 자연스럽습니다.

- **숲 속 꼬마 이야기**

  - 옛날 숲 속 마을에 한 꼬마가 살고 있었다.
  - 꼬마는 늘 동물들에게 먹을 것을 나누어 주었다.
  - 심술궂은 늑대는 꼬마가 다른 동물들에게 먹이를 주는 게 싫어서 소녀를 위협했다.
  - 이 사연을 알게 된 사냥꾼이 꼬마 옆을 지키며 늑대가 나타나기를 기다렸다.
  - 늑대는 함정에 걸려들어 사냥꾼의 총에 맞아 죽었다.
  - 꼬마는 숲 속 동물들과 행복하게 살았다.

⑨ 극적 변화가 담긴 흥미로운 이야기

자연스러운 사건의 배열을 바탕으로 문제를 흥미롭고 창조적으로 해결함으로써 극적 변화를 담아냅니다.

- **크리스마스 장식**

  - 어떤 사람이 아늑한 집에 살고 있었다.
  - 크리스마스가 다가오기 때문에 나무를 장식하고 있었다.
  - 나무장식이 곧 끝나가는 데, 맨 위에 올릴 별 장식을 찾을 수가 없었다.
  - 어떻게 할까 고민하는 그의 눈에 갑자기 식탁에 있는 크리스마스 쿠키들이 보였다.
  - 그 중에는 커다란 별 모양 쿠키가 있었다.
  - 그는 별 모양 쿠키를 크리스마스 나무 꼭대기에 장식으로 올렸다. 보기가 좋았고 크리스마스를 즐길 준비가 완료되었다.

⑩ 흥미롭고 독창적인 이야기

• **소년**

- 거인으로 인해 수맥이 끊어져 가뭄에 죽어가는 숲 속 마을에 12살의 소년이 산다.
- 소년은 거인이 빼앗아간 마을의 수호검을 되찾으려 길을 떠난다.
- 거인이 소년을 막아선다.
- 숲의 요정이 소년을 힘이 솟는 샘물이 나오는 샘터로 이끌어준다.
- 소년은 샘물을 마시고 거인과 싸워 이긴다. 그리고 수호검을 빼앗아 샘터에 꽂으니 용이 나와 검을 감기 시작한다.
- 가물었던 땅에 샘터의 물줄기가 뻗어나가며 마을은 다시 풍요해진다.

여섯조각이야기 회복탄력성 평가 기준표

항목	점수	기준	관련요인
주인공	1	의도적으로 해를 끼치는 인물	부정성
	2	부정적으로 인식되는 인물	
	3	다치거나 병든 인물	능동성
	4	움직이지 못하는 사물	
	5	부정적인 상태로 표현된 인물	
	6	추상적 인물이나 두 명 이상의 인물	
	7	나무를 제외한 작은 화초류, 애완동물, 가축	
	8	정체만 표현된 인물(사물, 나무, 동물, 사람, 자연현상)	구체성
	9	구체적으로 표현된 인물	
	10	매우 구체적으로 표현된 인물	

장소	1	주인공이 감금된 장소		부정성 안전성 쾌적성 개방성 구체성
	2	주인공에게 부적절한 장소		
	3	안전하지 않은 장소		
	4	보호와 감상을 위해 구별된 장소		
	5	명확한 언급 없이 암시된 적절한 장소		
	6	안전하지만 쾌적하지 않은 장소		
	7	안전하고 쾌적하지만 고립된 장소		
	8	한 단어로만 표현된 적절한 장소		
	9	구체적으로 표현된 적절한 장소		
	10	매우 구체적으로 표현된 적절한 장소		
과제	1	이유 없이 다른 인물에게 해를 가한다		부정성
	2	자신에게 해를 가한다		
	3	자신의 편익을 위해 다른 인물에게 해를 가한다		
	4	주인공과 관련성이 부족하다		개연성
	5	주인공과 관련되지만 실현 불가능하다		
	6	명시적 과제와 암시적 과제가 모순된다		
	7	주인공과 관련되지만 주인공이 수동적 대상에 머문다		도전성
	8	주인공이 할 만한 것이지만 도전성이 약하다		
	9	주인공이 할 만하고 도전성이 있다		
	10	개연성과 도전성이 있고 그 영향이 외부로 확장된다		
수행	방해자	0	방해자가 없다	개연성
		1	방해자가 있지만 과제와의 관련성이 부족하다	
		2	방해자가 지나치게 강력하다	
		3	숨어있는 방해자가 있다	
		4	방해자가 약하다	
		5	과제와 관련되고 적절한 영향력을 행사한다	
	조력자	0	조력자가 없다	
		1	조력자가 오히려 방해자의 역할을 한다	
		2	조력자의 현실성이 부족하다	
		3	조력자가 약하거나 방해자와의 관련성이 떨어지거나 문제해결과정이 모호하다	
		4	주인공이 방해의 해결을 조력자에게 전적으로 의존한다	

		5	주인공이 조력자와 함께 방해를 해결하고 과제를 수행한다	
결말		1	과제수행에 실패하고 주인공이 다치거나 죽는다	부정성
		2	과제수행에 실패하고 불행하게 끝난다	
		3	과제수행이 유예된다	
		4	과제를 수행하지만 불행하게 끝난다	
		5	과제수행에 그치거나 결과가 처음과 같거나 수행 후 잠든다	
		6	과제수행에 성공하고 개연성이 부족한 행복한 결말	개연성
		7	과제수행에 실패하지만 긍정적인 결말	낙관성
		8	과제수행에 성공하고 행복하지만 주인공의 죽음이 암시된다	
		9	과제수행에 성공하고 주인공의 상황이 긍정적으로 변한다	
		10	과제수행에 성공하고 주인공의 행동이 긍정적으로 변한다	
관계		1	죽음의 위협과 파괴적 대립이 지배적이다	부정성
		2	주인공이 고립되어 있다	
		3	절망, 두려움, 슬픔이 지배적이다	
		4	적대적 대립이 지배적이다	
		5	상대적 갈등이 지배적이다	낙관성
		6	중립적 갈등이 지배적이다	
		7	우호적 갈등이 지배적이다	
		8	갈등을 우회적으로 해결 한다	변형성
		9	일방의 변화로 갈등을 해결하고 포용한다	
		10	쌍방의 변화로 갈등을 해결하고 포용한다	
허구		1	허구나 현실의 틀을 일관되게 유지하지 못 한다	개연성
		2	주인공이 중간에 바뀐다	
		3	과제가 중간에 바뀐다	
		4	자신을 주인공으로 실제 경험을 이야기한다	허구성
		5	자신을 주인공으로 상상의 이야기를 만든다	
		6	자신의 현실을 평면적으로 허구화한다	
		7	구조에 따라 단순한 상상의 이야기를 만든다	창조성

8	사건의 배열이 자연스러운 이야기를 만든다	
9	극적 변화가 담긴 흥미로운 이야기를 만든다	
10	흥미롭고 독창적인 이야기를 만든다	

8) 하위 요인

여섯조각이야기 회복탄력성 척도는 앞서 본 것처럼 주인공은 누구인가, 주인공은 어디에 사는가, 주인공이 해야 할 일은 무엇인가, 방해자와 조력자가 과제수행과정에 어떻게 작용하는가, 이야기가 어떻게 끝나는가, 이야기가 얼마나 잘 만들었는가의 일곱 개의 범주로 구성되며, 회복탄력성의 낮고 높은 정도를 양으로 표시하기 위해 각 범주의 적절성을 부정성, 능동성, 구체성, 안전성, 쾌적성, 개방성, 개연성, 도전성, 낙관성, 변형성, 허구성, 창조성의 12가지 요인을 적용하여 10단계의 리커트 척도로 변환합니다. 그리고 그렇게 산출된 7개의 점수를 서로 관련된 것끼리 묶으면 회복탄력성을 구성하는 하위 요인의 양상이 나타납니다.

『회복탄력성』의 저자 김주환은 회복탄력성이 자기조절능력, 대인관계능력, 긍정성으로 이루어지는데, 자기조절능력은 다시 감정조절력과 충동통제력과 원인분석력의 합이고, 대인관계능력은 소통능력과 공감능력과 자아확장력의 합이며, 긍정성은 자아낙관성과 생활만족도와 감사의 합이라고 세분하여 보여줍니다. 그에 따르면 회복탄력성은 모두 아홉 개의 하위 요인을 갖는 셈입니다.

각 요인을 좀 더 자세히 살펴보면 이렇습니다. 감정조절력은 어려운 상황이 닥쳤을 때 부정적인 감정을 통제하고 긍정적 감정과 건강한 도전의식을 불러일으키는 힘으로서 스트레스 상황에서도 평온함을 유지할 수 있는 능력입니다. 충동통제력은 기분에 휩쓸려 충동적 반응을 억제하는 힘으로서 스스로 동기를 부여하고 만족을 지연시킴으로써 고통스러운 과정을 즐거움으로 승화시키는 태도라 할 수 있습니다. 원인분석력은 자신이 처한 상황을 객관적이고 정확하게 파악해서 대안을 찾을 수 있는 능력이자 자신에게 닥친 사건들에 대해 긍정적이면서 객관적인 스토리텔링을 할 수 있는 능력입니다. 이 세 가지 요인이 자기조절능력을 구성하지요.

두 번째인 대인관계능력에서 자아확장력이란 다른 사람과의 관계 속에서 자신을 이해하는 힘으로, 자기와 타인을 별개가 아니라 연결된 존재로 파악하는 태도입니다. 좀 더 흔한 말로 바꾸면 역시사지의 능력이며 그래서 도덕적인 기본 속성으로 간주되기도 합니다. 공감능력은 다른 사람의 마음을 재빨리 파악하고 깊이 공감함으로써 원만한 인간관계를 맺는 힘입니다.

그리고 긍정성은 자신의 장점과 강점을 낙관적으로 바라보는 태도라 할 수 있는 자아낙관성과 행복의 기본 수준이라 할 수 있는 생활만족도 그리고 삶과 주변 사람에 대해 감사하는 태도와 관련이 깊습니다.

이를 좀 다른 방식으로 말하면 회복탄력성은 자신과 삶을 긍정적으로 바라보고 도전할 것, 다른 사람을 자기와 연결된 존재로서 대할 것, 현실에 대한 정확한 인식을 바탕으로 감정을 잘 다스릴 것을 요구한다고 할 수 있습니다. 그리고 여섯조각이야기는 KRQ-53의 하위 요인들을 그대로 포함합니다. 먼저 주인공과 주인공이 사는 장소는 스토리텔러가 자신을 어떻게 바라보는지, 얼마나 능동적이고 중요한 사람이라고 느끼는지를 보여줍니다. 자아낙관성과 연관지을 수 있을 것입니다. 그리고 주인공의 과제와 과제 수행과정은 무엇보다 개연성과 도전성을 집중적으로 분석합니다. 스토리텔러의 원인분석력을 측정하는 척도라 할 수 있겠지요. 문제해결과정과 결말에 관한 척도는 스토리텔러가 갈등을 어떻게 인식하여 해결하는지를 통해 다른 사람에 대한 태도와 자기 자신과 미래에 대한 희망의 정도를 볼 수 있습니다. 이는 KRQ-53의 자아확장력과 낙관성과 관련지을 수 있고 그것을 다시 감정조절력으로 통합할 수 있을 것입니다. 마지막으로 상상의 이야기를 잘 만들었는지를 살펴봅니다. 상상의 이야기를 만드는 것은 스토리텔러가 익숙한 현실에서 빠져나올 수 있는지, 특정 대상을 기존의 것과 다른 관점에서 볼 수 있는지와 관련됩니다. 다시 말해 창조성입니다. 그것은 기존의 부여된 의미를 버리고 자기 나름의 의미를 능동적으로 부여하는 것으로서 문제해결능력의 근본이자 회복탄력성의 주요 요인이라 할 수 있습니다.

그래서 스토리텔러의 회복탄력성 정도와 양상을 투사하는 여섯조각이야기는 자아낙관성, 원인분석력, 감정조절력, 창조성의 네 가지 하위 요인으로 구성된다고 정리할 수 있습니다. 하위 요인을 분류함으로써 여섯조각이야기 회복탄력성 척도를 적용할 때 회복탄력성의 총점뿐 아니라 하위 요인별 분포와 변화의 양상을 관찰할 수 있습니다.

07 진단평가의 예

1) 참여자 A

참여자 A 30대 초반 미혼 직장 여성으로 거식증을 동반한 양극성 장애를 앓았습니다. 독립하기 전까지 약 15년 동안 가족의 묵인 속에서 언니로부터 신체적 정서적 학대를 받은 역사가 있었고, 상담을 시작할 당시 씹는 음식을 전부 거부하여 3주 사이에 체중이 7kg 줄어든 상태였습니다.

(1) 첫 번째 여섯조각이야기

• 나

- 열린 공간에 둥둥 떠다니는 동그라미가 있다.
- 동그라미는 안전한 공간을 찾아야 한다.
- 종이 상자를 발견해 그 안으로 들어갔는데, 검은 물체가 상자 안으로 들어오려 한다.
- 조력자는 없다.
- 동그라미는 검은 물체에서 벗어나기 위해 자신을 아주 작은 동그라미들로 분해한다.
- 나중에 검은 물체가 사라지고 분해되었던 작은 동그라미들이 다시 합체를 한다. 그러나 처음과 같지는 않다.

항목		점수											하위 특성	소계	총점
		0	1	2	3	4	5	6	7	8	9	10			
1	주인공							*					자아 낙관성	9/20	32 /70
2	장소				*										
3	과제										*		원인 분석력	14/20	
4	수행과정						*								
5	결말		*										정서 조절력	2/20	
6	관계		*												
7	허구								*				창조성	7/10	

① 주인공이 능동적이고 구체적인가?

주인공은 동그라미입니다. 추상적인 개념체에 해당하며 동그라미라는 것 외에 다른 수식이 없습니다.

② 주인공이 사는 곳이 적절하고 구체적인가?

동그라미는 열린 공간에 있고 그곳을 둥둥 떠다닙니다. 안전한 공간을 찾아야 한다는 과제로 미루어 볼 때 열린 공간은 동그라미에게 안전하지 않은 위험한 곳임을 알 수 있습니다. "떠다닌다"는 표현은 일반적으로 여섯조각이야기에서 주인공의 불안정한 입지와 불안감을 투사합니다.

③ 주인공이 할 법하고 도전적인 과제인가?

동그라미는 안전한 공간을 찾아야 합니다. 안전한 공간을 만들 수 있을 만큼 시간적 여유도 허용되지 않는 급박한 상황입니다. 안전한 공간이라는 표현을 감안해 안전 유형으로 볼 수 있지만 이야기의 맥락을 고려하면 생존의 뉘앙스가 짙게 배어있습니다. 명시적 과제와 암시적 과제 모두 주인공이 할 법하고 도전적인 과제라 할 수 있습니다.

④ 과제수행과정이 개연성 있게 전개되는가?

방해자는 검은 물체로 간신히 동그라미가 숨은 안전한 공간으로 들어오려 합니다. 검은 물체라고만 되어 있어 어떤 악의적 의도를 갖고 있고 어떤 가학적 행동을 하는지 정확히 알 수 없지만 그것에서 벗어나기 위해 자신을 분해하는 것도 서슴지 않는 동그라미의 반응을 볼 때 매우 위협적인 인물임에는 틀림없습니다.

방해자는 그렇게 강력한데 조력자는 단호하게 없다고 말합니다. 이는 외부에 조력의 자원이 있다고 믿기를 거부하는 스토리텔러의 신념을 반영합니다. 그리고 뒤에서 동그라미는 검은 물체를 피하기 위해 자신을 아주 작은 동그라미들로 분해합니다. 기존의 형태를 해체하는 이 같은 행동은 죽음의 변형입니다. 그런데 그것이 외부의 힘이 아니라 동그라미 스스로 선택한 것이라는 점에서 주인공은 자해를 문제해결 방법으로 취한다고 할 수 있으며, 이것은 상담을 시작했을 당시 스토리텔러의 상황을 그대로 보여줍니다.

⑤ 이야기가 만족스럽게 끝나는가?

조력자가 없는 상황에서 동그라미는 어떻게든 살아남기 위해 자신을 분해합니다. 다행히 그 전략이 유효했는지 검은 물체는 사라지고 동그라미는 다시 합체했지만 작은 동그라미들로 나뉘었던 흔적은 없어지지 않습니다. 자해라는 극단적인 방법을 통해 살아남았지만 그 상처와 흉터가 생생함을 말합니다. 따라서 안전한 공간

을 찾는 과제 수행에도 실패했고 살아남았지만 주인공이 다친 결말
에 해당합니다.

⑥ 인물들의 상호작용이 긍정적인가?

이 이야기에는 주인공과 방해자만 등장합니다. 그리고 방해자
인 검은 물체가 상자 안으로 들어오려 한다는 것 외에 더 이상의
표현이 없습니다. 하지만 검은 물체는 동그라미가 자해를 불사할
만큼 피하고 싶은 대상으로서 그 목숨을 박탈하려는 적대적인 위협
으로 나타나며, 따라서 이야기 자체에는 폭력적인 표현이 거의 없
지만 인물의 상호작용 양상은 죽음의 위협과 파괴적 대립이 지배적
이라 볼 수 있습니다.

⑦ 상상의 이야기를 잘 만들었는가?

인물에 대한 설명이 전반적으로 부족하여 주어진 구조에 따라
만든 단순한 상상의 이야기라 할 수 있습니다.

총점이 32점으로 평균보다 15점이 낮습니다.8 창조성을 제외
한 자아낙관성, 원인분석력, 정서조절력의 점수가 고루 낮지만 그
중에서도 특히 정서조절력이 2점으로 극히 낮아 스토리텔러가 심각
하게 절망적이고 비관적인 상태에 있음을 알 수 있습니다.

자해와 자살 위험이 높은 상태에서 시작한 참여자 A와의 상담

---

8 10대부터 60대까지 다양한 스토리텔러들이 만든 약 500편의 여섯조각이야기를 회
 복탄력성 척도로 분석한 결과 47점을 평균치로 얻을 수 있었습니다.

은 장기간의 피학대 경험으로 인한 감각둔화와 공포 반응을 고려하여 상담 초기에는 안전감을 구축하는 데 주력했습니다. 그 이후에 중요한 개입은 참여자의 상처 입은 아이가 학대자로부터 주입당한 부정적인 메시지 − 이 쓰레기 같은 년아, 너 같은 게 왜 사니? − 를 스스로 반복하고 있음을 명료화하고 그 부당한 신념을 내려놓도록 돕는 것이었습니다. 그리고 상담 후반에는 신데렐라 이야기를 변형하여 극화하면서 죽음의 집에서 탈출하여 안전하고 따뜻한 자신의 세상을 열어낼 수 있도록 돕는 어른을 강화했습니다. 그 결과를 두 번째 여섯조각이야기로 확인하면 다음과 같습니다.

(2) 두 번째 여섯조각이야기

• 조화

− 돌멩이가 땅 속에 살고 있었습니다.
− 돌멩이는 땅 속에서 사는 것이 편안했습니다.
− 그러다 지하수가 나타나 돌멩이를 옮기려고 했습니다.
− 돌멩이가 가기 싫어하자 땅의 흙이 단단하게 돌멩이 앞을 막아주었습니다.
− 흙이 막아준 덕분에 지하수는 방향을 틀어 다른 길을 찾았고 돌멩이와 흙은 친구가 되었습니다.
− 돌멩이와 흙은 행복하게 사이좋게 잘 살았고 지하수도 좋은 곳으로 흐르며 잘 살았습니다.

항목		점수											하위 특성	소계	총점
		0	1	2	3	4	5	6	7	8	9	10			
1	주인공					*							자아 낙관성	12/20	55 /70
2	장소									*					
3	과제									*			원인 분석력	17/20	
4	수행과정										*				
5	결말										*		정서 조절력	18/20	
6	관계										*				
7	허구									*			창조성	8/10	

① 주인공이 능동적이고 구체적인가?

주인공은 돌멩이로 이야기에서 전혀 움직이지 않는 것으로 보아 스스로 움직이지 못하는 사물로 간주합니다. 첫 번째 이야기의 동그라미라는 추상적 인물에서 능동성은 떨어지지만 구체성이 확보된 주인공이라 할 수 있습니다.

② 주인공이 사는 곳이 적절하고 구체적인가?

돌멩이는 땅 속에 삽니다. 그리고 그 곳에 사는 것이 편안하다고 말합니다. 열린 공간에서 떠다니면서 안전한 공간을 찾던 동그라미에 비하면 돌멩이는 매우 안전하고 쾌적한 장소에 있습니다. 첫 번째 이야기의 과제인 안전을 이미 성취한 상태라 할 수 있습니다.

③ 주인공이 할 법하고 도전적인 과제인가?

돌멩이는 땅 속에 사는 것이 편안하다고 말합니다. 과제를 기술하는 표현으로는 적당하지 않지만 뒤의 이야기를 고려하면 '편안한 지금의 자리를 지키고 싶다' 정도로 이해할 수 있습니다. 개연성이 있지만 도전성은 약한 과제라 할 수 있겠습니다. 과제 유형은 안전으로 첫 번째 이야기의 명시적 과제와 동일하며, 이후 줄거리의 전개에서 안전 이외의 암시적 과제는 관찰되지 않습니다.

④ 과제수행과정이 개연성 있게 전개 되는가?

방해자는 돌멩이를 다른 데로 옮기려 하는 지하수입니다. 첫 번째 이야기에서 검은 물체가 작은 상자에 들어간 동그라미에게 접근했던 것과 공간적 침해라는 점에서는 유사하지만 지하수는 그 정체와 의도가 분명하다는 점에서 검은 물체의 모호함과 구별됩니다.

조력자는 흙입니다. 이동하기 싫어하는 돌멩이에 공감하여 단단하게 지하수를 막아 다른 데로 흐르게 합니다. 방해자와 조력자의 선택과 그를 통한 문제해결과정이 매우 설득력 있게 전개됩니다. 다만 문제해결과정에서 주인공인 돌멩이가 움직이기 싫다는 의사를 표현할 뿐 나머지는 조력자가 전적으로 감당하는 것이 아쉬울 뿐이지요.

방해자의 정체와 방해의 의도와 방해의 구체적 양상이 모두 모호하고 조력자는 아예 없었던 첫 번째 이야기에 비하면 과제수행과정의 개연성과 구체성이 눈에 띄게 좋아졌음을 볼 수 있습니다.

⑤ 이야기가 만족스럽게 끝나는가?

돌멩이는 편안한 자리를 고수한다는 과제를 성공적으로 수행하고 조력자인 흙과 친구가 되어 행복합니다. 그리고 길을 바꾼 지하수도 좋은 곳으로 흐르며 잘 삽니다. 주인공의 상황이 모두 긍정적으로 변했습니다.

안전한 곳을 찾는다는 과제 수행에 실패하고 조력자 없이 살아남기 위해 자신을 작은 동그라미들로 쪼개는 자해를 불사했던 첫 번째 이야기에 비하면 더할 수 없이 만족스러운 결말이라 할 수 있습니다. 든든한 조력자가 있고 그와 친밀한 관계로 발전하며 문제 해결과정이 방해자에게도 도리어 긍정적인 영향을 미쳤다는 결말은 스토리텔러의 견고한 낙관성을 투사합니다.

⑥ 인물들의 상호작용이 긍정적인가?

돌멩이와 지하수의 갈등은 각자의 입장 차이에서 오는 것입니다. 이야기는 그 상대적 갈등을 한쪽의 변화로써 해결합니다. 조력자의 압력이 있긴 했지만 방해자인 지하수가 그에 순응하여 다른 선택을 함으로써 갈등이 원만하게 해결되고 모두에게 만족스러운 결말을 맞습니다. 죽음의 위협과 파괴적인 대립이 지배적이었던 첫 번째 이야기와 매우 다른 양상입니다.

⑦ 상상의 이야기를 잘 만들었는가?

사건의 배열이 자연스러운 이야기입니다.

총점은 첫 번째 이야기보다 23점 높아져 55점으로 평균을 꽤 상회하는 수준입니다. 회복탄력성의 강화에 가장 기여한 것은 정서조절력 항목으로 첫 번째 이야기의 2점에서 18점으로 올라 무려 16점의 차이를 나타냅니다. 극한 공포와 비관적 상태에서 안정되고 낙관적인 상태로의 방향 전환이 확실히 이루어졌음을 알 수 있습니다.

3) 참여자 B

20대 중반의 미혼 여성인 참여자 B는 두 차례의 성폭력 피해 경험으로 인해 PTSD를 심하게 겪었습니다.

(1) 첫 번째 여섯조각이야기

• **웅덩이**

- 길가에 웅덩이가 있었다.
- 웅덩이는 사라지고 싶었다.
- 그런데 비가 쏟아졌다.
- 해가 나서 마르기도 했다.
- 기온이 내려가고 눈이 와서 얼어붙었다.
- 지나가던 사람이 얼어붙은 웅덩이에 미끄러져 넘어졌다.

항목		점수											하위 특성	소계	총점
		0	1	2	3	4	5	6	7	8	9	10			
1	주인공					*							자아 낙관성	7/20	28 /70
2	장소				*										
3	과제			*									원인 분석력	9/20	
4	수행과정								*						
5	결말			*									정서 조절력	5/20	
6	관계				*										
7	허구								*				창조성	7/10	

① 주인공이 능동적이고 구체적인가?

주인공은 웅덩이입니다. 제 힘으로 움직일 수 없는 사물로 볼 수 있습니다.

② 주인공이 사는 곳이 적절하고 구체적인가?

웅덩이가 있는 곳은 길가입니다. 길가는 웅덩이가 생길 수 있지만 사람이나 다른 인물들로 인해 사라지거나 변형될 여지가 다분한 안전하지 않은 장소라 할 수 있습니다.

③ 주인공이 할 법하고 도전적인 과제인가?

웅덩이의 과제는 사라지는 것입니다. 회복탄력성이 매우 낮은 죽음/잠 유형에 해당하는 과제입니다. 아마도 웅덩이는 어느 날 비가 와서 생겨났을 것이고 그렇게 우연히 생겨난 웅덩이는 자신의 존재가 만족스럽지 않아 사라지기를 원합니다. 여기 담긴 스토리텔러의 메시지는 '왜 날 여기 이런 모습으로 있게 했어. 싫어. 없어질 거야'에 가까울 것입니다.

④ 과제수행과정이 개연성 있게 전개 되는가?

방해자는 웅덩이의 몸피를 더 키우는 비고, 해가 물을 말려 웅덩이가 사라지는 데 도움을 주기도 합니다. 방해와 조력의 힘이 비슷한데, 기온이 내려가 웅덩이의 물이 얼어버립니다. 추위가 숨어있는 방해자라 할 수 있습니다.

그리고 조력자인 해가 물을 증발시키지만 그 과정에 주인공이 기여하는 것은 전혀 없습니다.

⑤ 이야기가 만족스럽게 끝나는가?

행인이 얼어붙은 웅덩이에서 미끄러져 넘어집니다. 웅덩이는 사라지고자 하는 과제수행에 실패할 뿐 아니라 다른 인물에게 피해를 입힙니다. 그것은 웅덩이가 자신의 불행과 무관한 엉뚱한 대상에게 분풀이를 하는 것으로도 읽을 수 있지만 어쨌거나 주인공의 존재가 부정적인 영향으로 발현된다는 점에서 불행한 결말이라 할 수 있습니다.

⑥ 인물들의 상호작용이 긍정적인가?

이야기의 등장인물 모두가 주인공과 직접적인 이해관계를 갖지 않은 채 각자의 특성으로 인해 방해나 조력의 역할을 하게 됩니다. 즉 갈등만 놓고 보면 중립적 갈등으로 분류할 수 있습니다. 그런데 이 이야기에서는 문제해결을 중심으로 한 갈등 관계가 부각되기보다 사라지고자 하는 주인공의 절망과 슬픔이 두드러집니다.

⑦ 상상의 이야기를 잘 만들었는가?

주어진 구조에 따라 만든 단순한 이야기입니다.

회복탄력성 총점이 28점으로 매우 낮습니다. 그것은 자아낙관성(7점), 원인분석력(9점), 정서조절력(5점)의 점수가 모두 한 자리수로 고루 낮기 때문입니다. 그에 비해 창조성 항목은 7점으로 상대적으로 높은 편이며 그것을 강점으로 활용할 수 있습니다.

참여자 B는 첫 번째 여섯조각이야기에서 나타나듯 자기 자신과 타인과 삶을 건조하고 차갑게 비관했고 상담과 상담자에 대한 태도 역시 예외가 아니어서 치료적 개입을 거부할 때가 많았습니다. 그래서 가능한 한 여러 매체를 제공한 후 참여자가 원하는 것을 원하는 대로 표현하도록 하거나 회기마다 참여자가 내놓는 주제를 따라가는 방식을 취했습니다. 하지만 그 가운데서도 상담의 목표는 정서적 외상과 자신을 분리시키면서 동시에 그것을 자신의 역사로서 수용하는 것에 두었습니다. 특히 참여자 B는 자신에 대한 극단적인 분리와 특정 대상에 대한 의존으로써 정서적 외상의 고통

을 회피했기 때문에 왜곡된 그 거리를 적절하게 조절하는 데 주력
했습니다. 그 같은 개입의 결과는 다음과 같습니다.

(2) 두 번째 여섯조각이야기

• **꼬랑지 이야기**

   − 고양이 꼬랑지가 집에 살았다.

   − 꼬랑지는 밖으로 나가고 싶었다.

   − 하지만 굳건한 창살 때문에 나갈 수가 없다.

   − 그런데 프라이팬에 불이 붙어 집에 불이 났다.

   − 소방관이 꼬랑지를 구해주었다.

   − 꼬랑지는 소방관에게 안겨 있다.

	항목	점수											하위 특성	소계	총점
		0	1	2	3	4	5	6	7	8	9	10			
1	주인공									*			자아 낙관성	15/20	47 /70
2	장소							*							
3	과제									*			원인 분석력	15/20	
4	수행과정						*								
5	결말					*							정서 조절력	10/20	
6	관계							*							
7	허구								*				창조성	7/10	

① 주인공이 능동적이고 구체적인가?

주인공은 고양이 꼬랑지입니다. 정확하게 표현되지는 않았지
만 집에 사는 것으로 보아 주인이 있는 반려동물로 볼 수 있습니
다. 그리고 주인공에게 이름이 생긴 것을 주목할 수 있습니다.

② 주인공이 사는 곳이 적절하고 구체적인가?

주인공은 집에 삽니다. 두 번째 문장만 보면 집은 고양이 꼬랑
지에게 한 단어로만 표현된 적절한 장소로 볼 수 있습니다. 그런데
이후 줄거리를 따라가면 주인공은 창살이 있는 집에서 나가고 싶어
합니다. 집은 고양이 꼬랑지를 가둔 감옥이나 동물원은 아니지만
벗어나고 싶은 곳임은 분명합니다. 그런 점에서 안전하고 쾌적하지
만 고립된 공간으로 이해할 수 있습니다.

③ 주인공이 할 법하고 도전적인 과제인가?

주인공의 과제는 집에서 밖으로 나가는 것입니다. 탈출 유형에
속하는 과제로 개연성과 도전성이 있습니다. 그런데 한 가지 궁금
한 것은 주인공이 길고양이가 아니라 집에 사는 고양이임에도 불구
하고 주인에 대한 언급이 전혀 없다는 점입니다. 주인이 어디에 있
는지, 도망치고 싶을 만큼 나쁜 주인인지 알 수 없지만 어쨌거나
주인공 고양이 꼬랑지는 지금의 집에서 나가고 싶어 하고 마지막에
는 자신을 구해준 소방관의 품에 안깁니다. 주인이 없는 상태에서
새로운 주인을 만나는 이야기인 것이지요. 그런 맥락에서 보면 이
야기의 명시적 과제는 탈출이지만 암시적인 과제는 사랑일 수도 있
습니다.

④ 과제수행과정이 개연성 있게 전개 되는가?

방해자는 굳건한 창살입니다. 안전한 집 자체가 일종의 감옥
역할을 하는 것입니다.

조력자는 화재입니다. 프라이팬의 불이 번져 방해자인 굳건한

창살을 포함해 집 전체와 주인공까지 태워 없앨 수 있는 위험한 상황으로, 스토리텔러는 방해를 더 큰 방해로써 압도함으로써 문제를 해결하고 있습니다.

이것은 첫 번째 이야기에 나타난 자해적 소망(웅덩이가 사라지기를 원함)의 흔적으로 읽을 수도 있고, 숨어있는 방해자(기온이 내려가고 눈이 내림)로 인해 이야기가 결말로 급진전되었던 것의 반복으로 볼 여지도 있습니다. 그러나 어쨌거나 첫 번째 이야기가 과제수행에 실패하고 불행한 결말로 전개된 데 비하면 두 번째 이야기는 개연성은 충분하지 않지만 과제수행을 성공으로 이끌어갑니다.

⑤ 이야기가 만족스럽게 끝나는가?

다행히 소방관이 주인공을 발견하여 구해줍니다. 실질적인 조력자가 소방관이라고 할 수 있고, 이야기에서 소방관은 조력자를 넘어 구원자의 역할을 합니다. 그를 만나 주인공은 살아서 집 밖으로 나오지만 이야기는 거기서 더 진행하지 않고 멈춥니다. 과제수행에 그치는 결말이라 할 수 있습니다.

⑥ 인물들의 상호작용이 긍정적인가?

집 밖으로 나가고 싶어 하는 주인공을 방해하는 것은 굳건한 창살입니다. 의도적으로 주인공을 방해할 의도를 갖고 있는 않은 대상으로서 입장이나 이해관계의 차이에서 발생하는 상대적 갈등에 해당합니다.

이야기에 등장하지 않는 고양이 꼬랑지의 주인이 주인공을 보호할 목적으로 창살을 만든 것이라면 상대적 갈등이 아니라 우호적 갈등으로 분류할 수도 있겠지만, 그것은 주어진 단서보다 지나치게 많은 것을 고려하는 것일 수 있어 포기합니다. 그리고 굳건한 창살과 고양이의 갈등은 화재라는 우연한 사건에 의해 폭력적으로 일소됩니다. 앞서 갈등 관계와 무관한 행인에게 드러난 스토리텔러의 분노가 두 번째 이야기에서는 방해자에게 옮겨진 것을 관찰할 수 있습니다.

⑦ 상상의 이야기를 잘 만들었는가?

주어진 구조에 따라 만든 단순한 이야기입니다. 주인공이 왜 집 밖으로 나가고 싶어 하는지, 주인은 어디 있는지 등이 잘 설명되지 않습니다.

회복탄력성 총점이 28점에서 19점 올라 평균에 해당하는 47점이 되었습니다. 창조성 항목을 제외한 자아낙관성(15점), 원인분석력(15점), 정서조절력(10점) 항목의 점수가 모두 올랐고 그 중 상승폭이 가장 큰 항목은 8점이 오른 자아낙관성입니다.

SUMMARY ·

01_ 여섯조각이야기 회복탄력성 척도는 여섯조각이야기에 나타난 참여자의 회복탄력성 정도를 양적으로 측정할 목적으로 제가 개발한 진단평가 도구입니다.

02_ 여섯조각이야기는 스토리텔링을 활용한 투사 검사이며 그래서 스토리텔링을 통해 경험에 의미를 부여하는 기억자아의 문제라 할 수 있는 회복탄력성을 측정하기에 유리합니다.

03_ 영웅 여정의 축소판이라 할 여섯조각이야기를 진단평가 도구로 사용한다는 것은 누구나 자신의 삶에서 영웅이고 영웅이어야 함을 뜻합니다.

04_ 여섯조각이야기 회복탄력성 척도는 여섯조각이야기에서 주인공은 누구인가, 주인공은 어디에 사는가, 주인공이 해야 할 일은 무엇인가, 방해자와 조력자가 과제수행과정에서 어떻게 작용하는가, 이야기가 어떻게 끝나는가, 인물들은 갈등을 어떻게 다루는가, 이야기가 얼마나 잘 만들어졌는가의 일곱 가지 범주를 끌어냅니다.

05_ 그리고 각 범주를 주인공이 능동적이고 구체적인가, 주인공이 사는 곳이 적절하고 구체적인가, 주인공이 할 법하고 도전적인 과제인가, 과제수행과정이 개연성 있게 전개되는가, 이야기가 만족스럽게 끝나는가, 인물들의 상호작용이 긍정적인가, 상상의 이야기를 잘 만들었는가를 기준으로 10개의 리커트 척도로 계량화합니다.

06_ 여섯조각이야기 회복탄력성 척도는 자아낙관성, 원인분석력, 정서조절력, 창조성의 하위특성으로 세분할 수 있고 총점은 70점이며 약 500명의 자료를 근거로 할 때 평균은 47점으로 나타났습니다.

07_ 여섯조각이야기의 과제 유형을 죽음/잠에서 파괴, 생존/번식, 탈출, 안전, 복수, 휴식, 섭식, 노동, 놀이/친교, 여행, 모험/추구, 경쟁, 성공, 변신, 인내, 사랑, 지배/통제, 양육/조력, 희생까지 20개로 분류할 수 있습니다.

PART 03

진단평가의 실제

진단평가의 실제

여기서는 한 사례를 들어 상기한 진단평가 도구를 사용하여 어떻게 참여자의 문제와 원인을 파악하고 개입 방향과 방법을 설계할 수 있는지를 구체적으로 보이고자 합니다. 일종의 사례개념화(case conceptualization)1가 될 수 있겠지요.

---

1 사례개념화란 참여자의 문제와 원인, 개입 방향과 방법 등을 이론적으로 설명하는 일입니다. 사례개념화가 상담현장에서 사용된 것은 1990년대 후반으로, 1990년대부터 소개된 증거기반상담(evidence based practicum)의 영향을 받았을 가능성이 크다고 할 수 있습니다. 증거기반상담은 내담자와 상담자가 아닌 제3자라도 상담 과정과 결과를 쉽게 확인할 수 있도록 상담이 객관적이고 과학적인 근거를 갖출 것을 요구하지요. 그런 맥락에서 내담자의 문제와 관련된 선행연구를 검토하여 적절한 개입의 근거를 선택하고, 그에 따른 성과를 객관적으로 입증하여 관련 전문가 집단과 공유하기를 권합니다.
실제로 미국의 경우에는 보험회사가 상담자에게 상담 시작 전에 사례개념화를 바탕으로 한 상담 계획을 요구하고, 종결 후에도 역시 결과보고서를 제출하는 것이 일반적이라고 합니다. 우리나라는 아직 심리치료나 예술치료에 그 같은 외부의 압력은 없지만, 상담을 상담자와 참여자만의 밀실 관계로 한정하지 않고 개방하여 관련된 다른 사람들과 공유하는 것은 꼭 필요한 변화라 여겨집니다. 그렇게 할 때 상담자는 자신의 전문성을 효율적으로 숙련시킬 수 있고, 참여자의 권익을 보호하는 데도 유용하여 일석삼조의 효과를 기대할 수 있습니다.
사례개념화는 상담자가 특정한 상담 이론에 기반 하여 사례를 개념적으로 설명하는 것으로서 그 배경이 정신분석이냐, 인본주의냐, 인지행동적 접근이냐, 개인심리학이냐에 따라 서로 다른 관점과 체계를 가질 수 있습니다. 그렇지만 차이가 아닌 공통점에 주목하여 어떤 심리치료적 배경을 갖든 상관없이 보편적인 사례개념화는 참여자의 호소 문제를 구체화하고, 그것을 촉발한 요인을 찾아, 증상과 관련된 부적응적 패턴을 규명한 다음 그에 대해 어떤 목표와 전략을 가지고 접근할 것인가를 설계하는 절차들로 구성됩니다. 다시 말해 사례개념화는 사례에 대한 이해를 바탕으로 구체적인 개입의 방향을 제시하는 일종의 지도로서 상담의 전 과정에서 결정적인 역할을 하는 것이지요.
상담자에게 요구되는 역량을 해석과 실행의 두 가지로 볼 때, 사례개념화로 구체

참여자는 40대 중반의 기혼 여성으로 프리랜서로 일했습니다. 피해망상으로 인해 대인관계에서 차단과 고립을 겪는 문제로 상담을 의뢰한 그녀는 어린 시절에 두 차례 성학대 피해 경험이 있었고 그것을 방지하지 못한 엄마를 심하게 원망했습니다.

01 사전평가

이 사례에서는 여섯조각이야기와 초기 회상 극화의 두 가지 진단평가 도구를 적용했고, 첫 번째 여섯조각이야기는 초기 상담에서 실시했습니다.

1) 첫 번째 여섯조각이야기

• 그림자의 분노

- 억울하고 슬픈 그림자가 구덩이에 갇혀 있다.
- 그림자는 해님이 보고 싶었다.
- 착한 사람은 구덩이에 뚜껑을 덮고 OK와 YES로 꾹꾹 눌렀다.
- 악당 새가 그림자를 불쌍히 여겼다.
- 악당 새는 뚜껑을 치우고 그림자를 구덩이에서 나오게 해 주었다.
- 그림자는 해님을 느끼지도 못하고 착한 사람에게 화를 냈다.

화되는 해석 능력이 뛰어나다면 그 설계를 유연하고 적절하게 이행하고 수정하는 실행 능력 또한 함께 상승할 가능성이 높다 할 수 있을 것입니다.

항목		점수											하위특성	소계	총점
		0	1	2	3	4	5	6	7	8	9	10			
1	주인공			*									자아 낙관성	3/20	35 /70
2	장소		*												
3	과제										*		원인 분석력	18/20	
4	수행과정										*				
5	결말					*							정서 조절력	8/20	
6	관계					*									
7	허구							*					창조성	6/10	

① 주인공이 능동적이고 구체적인가?

억울하고 슬픈 그림자가 주인공입니다. 그림자는 대상이 빛을 차단하여 생기는 것으로 대상의 형태를 닮되 빛과의 관계에 따라 왜곡하기도 하지요. 그림자는 일종의 어둠으로서 악이나 공포를 상징하기도 하고 대상에 꼭 붙어서 그 움직임을 반영하는 특성으로 인해 분신이나 배후에서 조종하는 힘을 나타내기도 합니다. 어떤 경우든 대체로 그림자는 부정적인 이미지라 할 수 있으며, 게다가 스토리텔러가 '억울하고 슬픈'이라고 감정을 콕 집어 말함으로써 주인공인 그림자의 부정적 이미지를 확정합니다.

② 주인공이 사는 곳이 적절하고 구체적인가?

그림자는 구덩이에 갇혀 있습니다. 구덩이가 일종의 감옥의 역할을 하는 것입니다. 이야기에서는 주인공이 구덩이에 갇힌 이유나 가둔 사람이 명확하게 나타나지는 않습니다. 그러나 그림자의 억울함과 슬픔은 부당하게 갇혀 있는 상황에서 비롯되는 것으로 보이며, 해님이 보고 싶다고 하는 것을 보아 구덩이가 꽤 깊다고 짐작할 수 있습니다.

③ 주인공이 할 법하고 도전적인 과제인가?

구덩이에 갇힌 그림자는 해님을 보고 싶어 합니다. 주인공이 해야 하는 일을 물었으므로 그림자는 구덩이를 빠져나가야 한다거나 해를 보기 위해 탈출하려 한다고 하는 게 더 자연스러울 텐데 스토리텔러는 해가 보고 싶다고 탈출의 주제를 완곡하게 말합니다. 탈출 자체는 그림자가 할 만한 일이고 위험과 실패의 가능성이 크기 때문에 도전성 역시 큰 과제라 할 수 있지만 지나치게 완곡화된 표현에서 탈출의 의지를 의심할 여지가 있어 보입니다.

④ 과제수행과정이 개연성 있게 전개되는가?

방해자는 착한 사람입니다. 그는 구덩이에 뚜껑을 덮고 그림자에게 'OK'와 'YES'를 강요합니다. 여섯조각이야기에서 방해자는 나쁜 사람으로 표현되는 것이 보통입니다. 그런데 스토리텔러는 그림자의 탈출을 방해하는 것이 외부의 요구를 수용하기만 하는 착한 사람이라고 말하는 것으로 보아 자신에게 무엇이 방해가 되는지를 잘 알고 있다고 여겨집니다.

조력자는 그림자를 불쌍히 여긴 악당 새입니다. 외부의 요구를 전적으로 수용하기보다 자신의 욕구와 상황을 먼저 살피는 태도를 '착한 사람'에 대한 대구로 '악당 새'라 부르고 있습니다. 악당 새는 착한 사람을 물리치고 구덩이에 갇힌 그림자를 꺼내주는 방식으로 조력을 행사합니다. 문제를 해결하는 데 있어 주인공의 몫이 거의 없고 조력자에게만 의존합니다.

⑤ 이야기가 만족스럽게 끝나는가?

해님이 보고 싶어 구덩이에서 빠져나오려 했던 그림자가 막상 나와서는 해님은 안중에 없이 방해자인 착한 사람에게 화를 내는 데 집중합니다. 거기서 탈출하는 것만큼 복수가 주인공에게 중요한 욕구임을 알 수 있습니다. 다시 말해 이 이야기의 명시적 과제는 탈출이지만 암시적 과제는 복수이며, 결말을 고려할 때 스토리텔러는 암시적 과제인 복수에 더 집중하고 있다고 볼 수 있습니다. 그 결과 그림자는 구덩이에서 탈출했지만 해를 보려 했던 원래 과제는 미완으로 남고 말았습니다.

⑥ 인물들의 상호작용이 긍정적인가?

방해자인 착한 사람은 의도적으로 그림자를 구덩이에 가두고 나오지 못하게 합니다. 그리고 탈출을 두고 주인공과 방해자와 조력자의 적대적 대립이 이야기가 끝날 때까지 지속됩니다.

⑦ 상상의 이야기를 잘 만들었는가?

허구의 형식을 일관되게 지키고 있지만 상상의 깊이가 충분하지 않아서 자신의 심리적 현실을 평면적으로 허구화하는 데 그칩니다. 그리고 이야기가 전개되는 고리들이 충분히 설명되지 않습니다.

종합적으로 볼 때 스토리텔러의 회복탄력성은 평균보다 12점 적은 35점으로 상당히 낮은 편에 속합니다. 하위 특성 중 자아낙관성이 극히 취약하고 그 다음으로 정서조절력이 부정적으로 편향되어 있으며 원인분석력과 창조성은 양호한 편입니다.

구덩이에 갇힌 억울하고 슬픈 그림자는 참여자 A의 자아낙관성이 매우 낮음을 보여줍니다. 자신이 처한 현실을 벗어나야 할 것으로 부정하면서 그와 관련한 감정으로는 억울함과 슬픔을 꼽고 있습니다.

양적으로 측정된 참여자 A의 원인분석력은 양호하지만 여기서 좀 더 주목할 수 있는 것은 방해자와 조력자의 양상이 일반적인 경향에 비교할 때 뒤바뀐 점입니다. 방해자를 외부의 요구를 수용하기만 하는 착한 사람으로 놓고 방해자는 가해자를 연상시키는 악당새로 명명한 것을 내면의 역할 갈등에 대한 참여자의 자기 인식으로 읽을 수도 있지만, 외부의 실제 관계의 맥락으로도 볼 수 있습니다. 방해자와 조력자로 표상되는 실제 대상을 찾을 수 있는 것이지요. 그렇게 볼 때 착한 사람은 다른 사람의 요구를 들어주느라 정작 중요한 대상은 돌보지 못했다 여기는 엄마와 연결됩니다. 그것은 다시 엄마에 대한 강력한 양가감정과 '엄마는 착한 사람이지만 내게는 나쁜 사람이다'라는 무의식적 사고를 추정하게 합니다.

참여자의 정서조절력은 20점 중 8점으로 상당히 낮습니다. 그리고 "해님을 보고 싶다"로 완곡하게 표현된 명시적 과제와 착한 사람에게 화를 내는 것에 집중한 암시적 과제의 관계를 볼 때 지금 자신이 처한 현실에서 벗어나고자 하는 욕망보다 자신을 그렇게 만들었다고 믿는 엄마를 원망하는 데 더 에너지를 쏟고 있다고 볼 수 있습니다.

또한 자신의 상황을 평면적으로 허구화한 거친 이야기를 만든 것은 참여자가 아직 자신의 문제로부터 거리를 두고 객관적으로 조망할 수 있는 힘이 부족함을 나타냅니다.

2) 초기 회상 극화

초기 회상 극화는 3회기에 진행했고 참여자는 모두 세 가지의 기억을 떠올렸습니다.

(1) 문구점

"네댓 살 무렵이었을 거예요. 엄마와 함께 문방구 골목을 지날 때면 전 항상 그 앞에 서서 유리창으로 진열된 상품들을 한참 동안 넋 놓고 바라보곤 했어요. 그러다가 꼭 갖고 싶은 게 있으면 엄마에게 사달라고 졸랐죠. 제가 고집이 세서 엄청 졸라댔는데 엄마는 제가 그럴수록 더 버텼어요. 그런 일들이 잦아지니까 나중엔 엄마가 목욕탕에서 집으로 갈 때 문방구를 피해 다른 골목으로 가려고 했지만, 그 날은 제가 억지로 엄마를 끌고 문방구 골목으로 갔어요. 뒤에서 엄마가 지켜보며 재촉하는데도 물릴 때까지 보다가 인형을 사달라고 졸라댔어요. 하지만 엄마가 자꾸 고집을 피우면 혼자 두고 집에 가겠다고 으름장을 놓는 바람에 어쩔 수 없이 따라갔답니다."

참여자는 이 장면에서 슬픔과 '엄마가 안 사줘서 나는 못 가져'라는 생각을 찾았습니다. 생활양식은 '나는 외부에 의해 통제 당하고, 타인은 의욕을 꺾으며, 세상은 실망스럽다'로 정리할 수 있을 것입니다.

'엄마가 안 사줘서 나는 못 가져'라는 생각을 더 정확히 펼치면 '내가 가지고 싶어 하면 엄마가 사줘야 하는데 엄마는 그렇게 하지 않았고 그래서 속상해'라고 할 수 있습니다. 정서적 외상에 대한 책임을 엄마에게 지워 지나치게 원망하는 참여자의 문제적 증상이 고스란히 드러납니다.

(2) 시계 배우기

"여섯 살쯤이었어요. 주변에 시계를 볼 줄 아는 아이들이 몇몇 있었는데 그게 샘이 났는지 하루는 엄마가 절 앉혀 놓고 그림을 그려가며 시계 보는 법을 가르쳐주었어요. 근데 제가 잘 못알아들어서 엄마가 화를 많이 냈죠. 다행히 그 날 얼마 있다 외삼촌이 와서 시계 보는 법을 다시 가르쳐주었고 그때부터 저도 시계를 볼 수 있게 되었어요."

참여자는 이 기억을 극화하면서 엄마가 등장하는 것만으로도 주눅이 들어 대답을 잘 하지 못했고 장면을 마치고는 서럽게 울었습니다. 그리고 그 경험에서 무서움과 '난 모르겠는데 어떡하지?'라는 생각을 찾았습니다. 생활양식을 추출한다면 '나는 무능하고, 타인은 의욕을 꺾으며, 세상은 고통스럽다'에 가까울 것입니다.

이 기억 속에서 엄마는 과한 기대로 아이에게 할 수 없는 것을 강요하고 그것이 충족되지 않았을 때 아이를 비난하며, 아이는 그런 엄마 앞에서 두려워하며 꼼짝 못하는 무력한 상태로 나타납니다. '세상이 나를 할퀴려 들기 때문에 난 꼼짝도 할 수 없어'라고 말하는 참여자의 상처 입은 아이를 그대로 보여주는 장면입니다. 그런데 막상 참여자는 여기서 그 판단조차 드러내지 못하고 '난 모르겠는데 어떡하지?'라며 떨고 있습니다. 두려움에 얼어붙은 반응이며 함입 상태를 반영합니다.

그래도 다행인 것은 외삼촌의 등장입니다. 참여자는 세상이 전부 엄마처럼 위협적이지는 않다는 것을 알고 있습니다.

(3) 밤비와 덤보

"4살 무렵이었던 거 같아요. 동화책에서 본 그림이 아주 선명하게 기억나요. '밤비와 덤보'가 나오는 그림이었어요."

때로 참여자는 이렇게 사진처럼 단순한 이미지만 떠올리기도 합니다. 그런 경우에도 장면을 극화할 수 있으며 극화를 통하면 기억을 말로 회상할 때보다 그와 관련된 감정과 생각이 뚜렷해지는 것을 관찰할 수 있습니다. 이 사례에서는 참여자에게 이미지 속 밤비와 덤보가 되어 각 인물이 행동을 한다면 어떻게 할지 상상해서 해보라고 했는데, 막상 장면에 들어가자 참여자는 방에 누워 자신으로서 두 인물과 대화를 나누었습니다. 내용은 밤비와 덤보가 놀이터에 가자고 하는데 어린 동생을 돌봐야 해서 나가기가 어렵다고, 만일 동생을 두고 나가 놀면 엄마한테 혼날 거라며 밖으로 나가기를 포기하는 것이었습니다.

참여자는 장면을 마친 후 해당 기억과 관련한 생각으로 '내 맘대로 할 수 없어서 답답하다'를 찾았고 감정은 답답함이라고 했습니다. 생활양식은 '나는 외적으로 통제 당하고, 타인은 냉담하며, 세상은 불쾌하다'로 정리할 수 있을 것입니다.

02 사례개념화

1) 기본 정보

(1) 호소문제

참여자는 '남자들이 쫓아올지도 모른다', '누군가 내 것을 빼앗아 갈지도 모른다'는 피해 망상적 사고에 시달렸고 그로 인해 한 직장을 안정적으로 다니지 못했습니다. 특히 남자를 상대하는 것을 두려워해서 할 수 있는 일이 낮에 여자들과 하는 것으로 한정되어 일자리를 구하는 것이 쉽지 않았습니다. 그 같은 고립과 차단의 양상은 일과 관련된 사람들 이외에 남편을 포함한 가족이나 친구들과의 관계에서도 나타났으며, 살아남는 것 말고 앞으로 어떻게 살아야 할지 모르겠다는 말에서 짐작되듯이 자기 자신으로부터도 동떨어져 있었습니다.

(2) 부적응적 패턴

참여자의 피해 망상적 사고가 무엇보다 중요한 부적응적 패턴입니다. 그리고 그에 대한 반동으로 스스로 노예 같다 느낄 만큼 다른 사람의 요구와 욕구를 지나치게 신경 쓰고 만족시켜주려 하는 행동을 또 다른 부적응적 패턴으로 꼽을 수 있습니다. 또 참여자 스스로는 크게 불편을 느끼지 않았지만 40대 중반의 기혼 여성이라는 배경과 어울리지 않게 어린 아이의 말투를 사용하는 것이 세 번째 부적응적 패턴일 수 있습니다.

(3) 원인

피해 망상적 사고를 불러온 것은 어린 시절에 겪은 두 차례의 정서적 외상으로 추정할 수 있습니다. 두 번 모두 평소에 알고 지내던 남자들이 학대를 가했고 그로 인해 다른 사람에 대한 적대적 태도와 특히 남자에 대한 두려움이 각인될 수 있었을 것입니다. 그리고 외상을 입은 후 그것을 보호자에게 말하고 적절하게 돌봄을 받지 못한 것이 PTSD를 고착시켰을 것으로 보입니다.

그러나 다른 한편으로 참여자는 그런 자신의 상태를 알아 달라지려는 노력2을 지속해왔고 다행히 그녀를 있는 그대로 수용하는 남편이 강력한 조력자가 되어주었습니다.

2) 사례이해

참여자의 상처 입은 아이는 함입 상태와 분열 형태 구조의 경계에 있다고 보입니다. 피해망상은 그녀를 여전히 에워싸고 있는 정서적 외상의 흔적입니다. 외상의 공포가 변연계의 경보 체계에 이상을 일으켜 위험을 과대평가하도록 만든 것이지요. 하지만 그녀는 공포로 인해 얼어붙어 있지 않습니다. 그리고 자신의 죽음을 소망하지도 않습니다. 만약 그랬다면 여섯조각이야기의 과제 유형이 탈출이 아니라 죽음/잠으로 나타났겠지요. 그녀는 자신을 가둔 정서적 외상이라는 구덩이에서 벗어나고자 합니다. 그리고 자신을 거기에 가둔 사람에게 복수하고 싶어 합니다. 가해와 피해의 뚜렷한 대립 관계와 가해자를 응징함으로써 어두운 구덩이에서 탈출하여 밝고 빛나는 꼭대기로 상승하고자(해님을 만나고자) 하는 욕망은 분열 형태 구조의 상상력을 그대로 보여줍니다.

그런데 문제는 가해자를 잘못 특정하고 있다는 점입니다. 공포의 실체인 가해자 대신 자신을 정서적 외상으로부터 보호하지 못하고 그 후에도 적절한 돌봄을 제공하지 않은 엄마에게 분노를 쏟아붓는 것이지요. 초기 회상 극화에서 여실히 나타나듯 — '엄마가 안

---

2 참여자는 몇 년 동안 월 1회 열리는 PTSD 피해자 자조 모임에 꾸준히 참여했습니다.

사줘서 나는 못 가져', '난 모르겠는데 어떡하지?', '내 맘대로 할 수
없어 답답해' − 참여자는 자신을 학대한 사람에 대한 분노를 엄마
에게 전치시키면서 자신은 스스로 방어할 수 없는 어리고 약한 피
해자의 역할을 반복했습니다.

3) 상담 계획

이 사례에서 상담에서 가장 큰 목표는 참여자가 정서적 외상
의 경험을 자신의 역사로 받아들이는 것에 두었습니다. 그리고 그
를 위해 엄마에 대한 분노를 충분히 표현하는 데서 시작해 현실을
바로보지 못하고 엄마를 원망하는데 고착된 자신의 상처 입은 아이
를 직면한 후에 그 아이를 돌볼 수 있는 돕는 어른의 역할을 찾아
강화하도록 촉진하고자 했습니다.

이를 초기 회상 극화에서 다룬 장면별로 나누어 구체화하면
이렇습니다.

(1) 문구점

'엄마가 안 사줘서 나는 못 가져'라는 판단은 '내가 갖고 싶다
고 해서 엄마가 무조건 사줘야 하는 건 아니다', '인형을 못 가져서
슬프지만 그것이 엄마 탓은 아니다', '내게 나쁜 일이 생겼다고 해
도 그것이 엄마가 책임질 일은 아니다'로 바꾸는 것이 중요했습니
다. 그리고 한 발 더 나아가 '인형을 사주지 못한 엄마도 속상했을
것이다', '나쁜 일을 막지 못해서 엄마도 나만큼 고통스러웠을 것이
다'까지 갈 수 있도록 안내했습니다.

(2) 시계 배우기

외삼촌이라는 조력자에 힘입어 참여자는 실은 엄마도 자신을 혼내려고 시계를 가르친 건 아니라는 사실을 새롭게 발견할 필요가 있습니다. 오히려 미리 겁을 집어먹고 입을 다물어버리는 자신의 행동이 엄마를 가해자로 만드는 것일 수 있음을 알아야 하는 것이지요. '난 모르겠는데 어떡하지?'라고 혼잣말 하는 대신 "엄마, 무서워요. 그렇게 화내지 말아요. 잘 못하는 게 잘못은 아니잖아요. 나도 잘 하고 싶은데 지금은 잘 안 돼서 속상해요. 나중에 다시 가르쳐 주세요"라고 말함으로써 관계가 일방적인 가해와 피해로 경색되는 것을 막을 수 있습니다.

물론 그만큼 정확한 자기주장을 할 수 있기까지 가장 중요한 것은 참여자가 스스로에게 돕는 어른이 되어 주는 것입니다. '잘 못해서 속상하고 무섭구나. 영영 못 볼까봐 겁도 나고. 근데 까짓 거 시계쯤 못 봐도 괜찮아. 나중에 얼마든지 배울 수 있어. 그때가 되면 내가 아주 쉽게 가르쳐줄게. 엄마가 저렇게 화를 내는 건 네가 잘못해서가 아니라 네가 더 똑똑하길 바라는 마음 때문에 그런 거야. 네 잘못이 아니란다. 그러니까 주눅 들지 않아도 돼. 시계 보는 것과 상관없이 넌 참 예쁜 아이야.' 이렇게 자신을 안전하게 수용할 수 있을 때 비로소 과도한 공포에서 한 발 빠져나와 상황을 제대로 볼 수 있는 힘이 생기니까요.

(3) 밤비와 덤보

참여자의 상처 입은 아이는 '내 맘대로 할 수 없어서 답답하다'

라고 믿고 있습니다. 그렇게 믿고 있기 때문에 정말로 맘대로 할수 없는지를 전혀 확인하지 않습니다. 실제로 돕는 어른으로서 초기 회상을 변형하는 단계에서 제가 아이에게 다가가 등을 쓸어주면서 "답답하고 심심하지. 나가서 놀고 싶구나. 놀고 싶어 해도 괜찮아. 엄마한테 밖에 나가 놀고 싶다고 말하자"고 했는데, 참여자는 엄마한테 말해봤자 소용없고 또 엄마가 바쁘니까 당연히 엄마를 도와야 한다며 놀러 나가고 싶다는 말을 하지 않았습니다. 타인을 냉담한 대상으로 놓으면서 동시에 타인에게 통제 당하는 것을 당연한 일로 내면화하는 패턴을 볼 수 있습니다.

그러므로 이 경우에는 자신의 욕망을 가로막고 있는 당위를 먼저 걷어내는 것이 필요합니다. '엄마는 바쁘니까 당연히 엄마를 도와야 해'가 아니라 '나도 동생을 돌보는 대신 밖에 나가서 놀고 싶어. 엄마한테 말하면 다른 방법이 있을지도 몰라'라고 생각을 바꿔야 합니다. 그래서 돕는 어른으로서 저는 "놀고 싶어 하는 건 네 잘못이 아니야"라고 상처 입은 아이의 무거움을 덜어주면서 자신의 욕망을 다른 사람의 눈으로 평가하기보다 그 자체로 인정하고 수용하도록 촉진했습니다. 그런 후에라야 타인을 자신을 통제하는 냉담한 대상으로 여기는 잘못된 믿음을 변형할 수 있습니다. 자신의 욕망을 솔직하게 말하고 그것이 타인을 통해 충족되는 경험을 함으로써 자신의 신념이 과도한 일반화의 산물이었음을 확실하게 깨닫게 되는 것이지요. 그것만으로도 부족하지 않지만 더 나아갈 수도 있습니다. '내 맘대로 할 수 없어서 답답하다'는 생각과 감정의 뿌리에는 '난 언제나 내가 하고 싶은 대로 해야 해'라는 또 다른 신념이 있습니다. 그러나 그것은 다분히 유아적인 망상에 지나지 않으며

'세상이 늘 내 뜻대로 되지는 않아' 혹은 '세상은 내 뜻과는 상관없이 움직이는 거야'가 훨씬 사실에 가깝습니다. 이것을 아예 모르거나 부인하는 사람은 없을 테지만, 우리 안에 사는 자라지 않는 상처 입은 아이는 그 불편한 사실을 잘 보려하지 않습니다. 그래서 '내 맘대로 할 수 없어 답답하다'는 생각과 느낌이 들 때 돕는 어른을 소환할 필요가 있습니다. 돕는 어른으로서 골질을 하는 상처 입은 아이에게 이렇게 말해주는 것이지요. '하고 싶은 대로 할 수 없어서 답답하지. 언제나 원하는 대로 할 수 있으면 얼마나 좋을까? 그런데 우리가 사는 세상은 그런 곳이 아니란다. 그러니까 우리가 거기에 맞춰야 해. 원하는 대로 할 수 있는 때가 있고 그렇지 못할 때가 있다는 걸 받아들여야 하는 거지. 우리는 비교를 통해 경험을 경험하기 때문에 늘 원하는 대로 할 수 있다면 얼마 안 가 그게 어떤 느낌인지도 잘 모르게 된단다. 뜻대로 되지 않을 때가 있어서 뜻대로 할 수 있는 게 선명해지는 법이란. 내 얘기가 좀 어렵지? 그래도 잘 들어줘서 고마워.'

03 사후평가

돕는 어른으로서 초기 기억 속의 상처 입은 아이를 만나 그 경험을 변형한 후에는 오이디푸스 이야기를 통해 참여자가 엄마와 정서적 외상과 상처 입은 아이를 모두 기꺼이 감당할 자신의 운명으로 받아들일 수 있도록 촉진했습니다. 그리고 마지막 단계에서는 그 힘을 바탕으로 긍정적인 미래를 구체화하는 것으로 마무리했습니다.

그 결과를 종결 회기에 실시한 두 번째 여섯조각이야기로 확인하면 다음과 같습니다.

(1) 두 번째 여섯조각이야기

• 사노라면

- 동물원에 헤엄치기 좋아하는 물개가 있었다.
- 물개는 바다로 가서 헤엄치고 싶었다.
- 조련사와 동물원에서 주는 맛있는 물고기와 철망이 물개를 막았다.
- 생각하기 좋아하는 물개가 어느 날 동물원 바깥으로 나가는 차를 타고 탈출하자고 했다.
- 물개 두 마리는 차를 타는 데 성공했지만 내린 곳은 바다에서 멀었다.
- 천신만고 끝에 도착한 바다에서 둘은 미소를 지은 채 헤엄치다 죽었다.

	항목	점수											하위 특성	소계	총점
		0	1	2	3	4	5	6	7	8	9	10			
1	주인공										*		자아 낙관성	13/20	56 /70
2	장소					*									
3	과제									*			원인 분석력	18/20	
4	수행과정									*					
5	결말									*			정서 조절력	16/20	
6	관계									*					
7	허구									*			창조성	9/10	

① 주인공이 능동적이고 구체적인가?

헤엄치기 좋아하는 물개가 주인공입니다. 물개는 능동성이 충분하며 스토리텔러는 주인공을 구체화하기 위해 좋아하는 행위로 그를 수식합니다. 첫 번째 이야기의 주인공이 "억울하고 슬픈 그림자"였던 것에 비하면 큰 변화라 할 수 있습니다.

② 주인공이 사는 곳이 적절하고 구체적인가?

물개는 동물원에 삽니다. 동물원은 쾌적하고 안전한 장소이지만 물개가 그 곳에 살기로 선택하지 않았을 뿐 아니라 충분히 자유롭지 못하고 관람객의 편의를 위해 제공된 서비스라는 점에서 완곡화된 감옥이라 할 수 있습니다. 첫 번째 이야기의 구덩이와 두 번째 이야기의 동물원은 주인공이 갇혀있다는 점에서 동일하지만 적어도 동물원은 대상을 악의적으로 감금하기 위한 공간이 아니며 자유를 구속하면서 동시에 보호와 돌봄을 제공한다는 점에서 스토리텔러의 달라진 자기인식을 반영합니다.

③ 주인공이 할 법하고 도전적인 과제인가?

바다로 가서 헤엄치는 것이 물개가 해야 할 일입니다. 동물원에서 빠져나가 바다로 가는 것은 거의 불가능해 보일 만큼 쉽지 않습니다. 하지만 헤엄치기 좋아하는 물개에게 동물에서의 탈출은 개연성과 도전성이 충분한 과제라 할 수 있습니다.

또한 두 번째 이야기에서는 명시적 과제와 암시적 과제가 따로 나뉘지 않습니다. 동물원에서 빠져나가 바다에서 헤엄치겠다는 욕망이 줄거리 전체를 관통합니다. 그리고 과제를 진술하는 방식

역시 해님을 보고 싶다는 말로 탈출을 말했던 첫 번째 이야기와 달리 우회하지 않고 직접적입니다. 지금의 자기로부터 벗어나 달라지고 싶다는 욕망을 전면에 정확하게 나타냅니다.

④ 과제수행과정이 개연성 있게 전개되는가?

조련사와 맛있는 물고기와 철망이 방해자입니다. 물개를 통제하는 외부 세력과 유혹의 방식으로 의존하게 만드는 것을 모두 방해자로 정확하게 꼽고 있습니다. 물개로서의 현실 인식이 돋보이는 대목입니다. 반면 조력자는 생각하기 좋아하는 물개로 그가 동물원에서 나가는 차를 타고 바다로 가자고 구체적인 탈출 방법을 제안합니다. 주인공이 문제해결과정에서 어떤 역할을 했는지가 좀 더 선명해질 필요가 있습니다.

첫 번째 이야기의 방해자는 오케이와 예스를 강요하는 착한 사람이었고 조력자는 악당새였습니다. 스토리텔러가 자신의 현실을 평면적으로 허구화했음을 고려할 때 그 같은 인물 선택은 '다른 사람들에게 지나치게 순응적인 내가 싫어. 나쁜 사람처럼 보이더라도 다른 사람보다 내 욕구에 더 충실하고 싶어'라는 생각과 자책의 감정을 투사한다고 볼 수 있을 것입니다. 그러나 그 같은 인식은 탈출과 관련한 현실을 외부와의 관계를 고려하지 않고 지나치게 내면화하는 한계를 보여줍니다.

그에 비해 두 번째 이야기는 위협과 유혹의 방식으로 탈출을 방해하는 것을 모두 꼽음으로써 스토리텔러의 현실 인식이 자기 내면 뿐 아니라 외부로도 확장되었음을 확인해줍니다. 그리고 조력자는 생각하기 좋아하는 물개입니다. 그와 같은 선택에 투사된 스토리텔러의 마음은 '여기서 탈출하는 게 만만치는 않아. 지금처럼 그냥 익숙한 데서 편하게 지내고 싶기도 해. 하지만 곰곰이 잘 생각해 보면 분명히 방법이 있을 거야. 정말 내가 원하는 걸 할 수 있을 거야'라 할 수 있을 것입니다. 개연성과 낙관성이 충분한 상상입니다.

⑤ 이야기가 만족스럽게 끝나는가?

조력자의 아이디어에 따라 동물원에서 벗어나는 데는 성공했지만 바다에 도착하지는 못했습니다. 하지만 두 물개는 포기하지 않고 천신만고 끝에 바다에 다다라 기쁜 마음으로 함께 헤엄을 치다가 죽음을 맞았습니다. 과제수행에 성공해 행복한 결말을 맞지만 그것을 누린 시간이 짧아 아쉽습니다.

첫 번째 이야기에서는 그림자가 구덩이를 빠져나와서도 애초에 하고자 했던 해님을 만나는 것보다 방해자인 착한 사람에게 화를 내는 데 집중했습니다. 그에 비해 두 번째 이야기에서는 과제를 완결할 뿐 아니라 그 과정에서 관계가 확장됩니다. 주인공과 조력자가 과제수행과정에서 서로에게 없어서는 안 될 중요하고 친밀한 대상이 되는 것이지요. 이것은 동물원에서 탈출해 바다에서 마음껏 헤엄치는 것만큼 만족스러운 결말에 기여하는 중요한 측면입니다.

⑥ 인물들의 상호작용이 긍정적인가?

강력한 방해자로 인해 과제를 수행하기가 쉽지 않았고 그들이 여전히 건재하지만 이야기에서 주인공은 그들과 대립하지 않습니다. 방해자인 조련사와 맛있는 물고기와 철망은 동물원이라는 구조 안에서 자신의 역할을 할 뿐이라는 상대적 갈등에 대한 인식이 방해자를 공격적으로 통제하지 않고 갈등을 우회할 수 있는 대안을 찾도록 한다고 추측됩니다.

첫 번째 이야기에서 적대적 대립이 해결되지 않고 방해자에 대한 공격적 통제로 이어졌다면 두 번째 이야기는 상대적 갈등을 우회적으로 풀어내는 방식으로 발전했다고 할 수 있습니다.

⑦ 상상의 이야기를 잘 만들었는가?

단 여섯 개의 문장으로 상당한 위기와 고난과 변화가 있는 성숙한 드라마를 만들었습니다.

첫 번째와 두 번째 이야기가 모두 탈출을 주제로 합니다. 스토리텔러는 외상의 부작용을 충분히 떨쳐내지 못한 자신의 현실을 자각하고 거기서 벗어나는 데 온 힘을 집중하고 있습니다. 극히 취약했던 자아낙관성 항목의 점수가 3점에서 13점으로 10점 상승하여 큰 폭의 변화를 나타냈고, 정서조절력 역시 8점에서 18점으로 10점이 높아져 평균적인 범위에 들어왔으며, 총점은 35점에서 21점이 올라 56점이 되었습니다. 이것은 스토리텔러를 지배하던 자기 자신과 타인에 대한 부정적인 생각과 감정이 긍정적으로 바뀜으로써 회복탄력성이 상당히 강화되었음을 말해줍니다.

그리고 첫 번째 이야기를 통해 참여자가 함입 상태와 분열 형태 구조의 경계에 있음을 확인했다면, 두 번째 이야기는 참여자의 상상력이 신비 구조로 옮아갔음을 보여줍니다. 분열 형태 구조의 상상력이 삶과 죽음을 가파르게 나누어 그 대립을 적대적으로 소거하려 한다면, 신비 구조의 상상력은 죽음의 얼굴들을 완곡화 함으로써 자궁과 같은 항상성의 공간으로의 하강을 추구하며 갈등을 우회하는 특징을 갖습니다.

두 이야기 모두 탈출을 과제로 내세우지만 첫 번째 이야기가 그림자를 가둔 구덩이에서의 탈출이라면 두 번째 이야기는 물개가 안락하고 쾌적한 동물원에서 탈출하는 것으로 '감옥'이라는 현실에 대한 완곡화가 뚜렷하게 나타납니다. 또 물개가 동물원을 빠져나와 가고자 하는 곳은 바다입니다. 바다는 아마도 물개가 동물원으로 옮겨지기 전에 태어나고 자란 곳일 것입니다. 물개의 고향이자 자궁으로 볼 수 있지요. 그런 맥락에서 보면 "천신만고 끝에 도착한 바다에서 둘은 미소를 지은 채 헤엄치다 죽었다"로 맺는 두 번째 이야기는 모태로의 회귀이자 그 안으로의 달콤한 침잠을 욕망하는 것으로 읽을 수 있습니다. 그리고 첫 번째 이야기와 달리 두 번째 이야기에서는 방해자와의 대립이나 방해자에 대한 응징이 없습니다. 방해자는 변함없이 작동하지만 그것을 피해 동물원을 빠져나가는 방법을 택하며, 탈출에 성공한 이후에도 관심사가 이동하지 않고 바다로 가는데 온 힘을 다합니다. 갈등을 우회하는 신비 구조의 상상력과 정확하게 일치합니다.

APPENDIX 01

여섯조각이야기의 과제 유형에 따른 분류

　여섯조각이야기를 구성하는 두 번째 구조인 과제는 주인공을 움직이는 힘이자 이야기를 전개하는 추진력으로서 플롯의 기능을 할 뿐 아니라 스토리텔러의 욕망의 방향과 힘의 크기를 보여주는 청사진이라 할 수 있습니다. 그런 맥락에서 여섯조각이야기의 과제 유형을 분류한다는 것은 우리의 욕망이 무엇을 향해 어떻게 움직이는지 그 스펙트럼을 일별하는 일이기도 합니다.

　죽음/잠에서 파괴, 생존/번식, 탈출, 안전, 복수, 휴식, 섭식, 노동, 놀이/친교, 여행, 모험/추구, 경쟁, 성공, 변신, 인내, 사랑, 지배/통제, 양육/조력, 희생에 이르는 20개의 유형은 약 500편의 여섯조각이야기를 바탕으로 분류한 것입니다. 각 유형은 스토리텔러가 삶의 에너지를 어디에 쓰고자 하는지를 보여주며 그것으로써 거칠게나마 회복탄력성의 정도를 가늠할 수도 있습니다. 가령 죽음/잠, 생존/번식, 탈출, 안전, 휴식, 섭식이 회복탄력성이 낮은 유형의 과제에 해당한다면, 노동, 놀이/친교, 여행, 경쟁, 사랑, 파괴, 복수가 중간 정도의 회복탄력성을 반영하는 과제라 할 수 있고, 모험/추구, 성공, 변신, 인내, 지배/통제, 양육/조력, 희생을 가장 회복탄력성이 높은 유형의 과제로 볼 수 있을 것입니다. 물론 이것은 과제 유형만 놓고 볼 때의 경향일 뿐 정확한 측정을 위해서는 여섯조각이야기 회복탄력성 척도를 사용하는 것이 좋습니다.

여섯조각이야기를 분석하다보면 과제 유형이 한 가지로만 나타나지 않을 수 있습니다. 두 번째 칸에서 주인공이 해야 할 일을 물을 때 답한 것과 이후 줄거리에서 나타나는 것이 서로 다른 경우가 종종 있지요. 그럴 때는 앞의 명시적 과제와 뒤의 암시적 과제 두 가지를 모두 의미 있게 볼 필요가 있는데, 명시적 과제가 스토리텔러의 의식적 사고를 좀 더 반영한다면 전개과정에서 드러난 암시적 과제는 스토리텔러의 무의식적 욕구와 신념에 더 가깝다고 할 수 있습니다.

01 죽음/잠

주인공이 죽거나 잠드는 것을 과제로 내세웁니다. 이 유형은 함입 상태에 있는 회복탄력성이 극히 저하된 참여자들에게서 자주 관찰되며, 심한 무력감과 우울감을 호소하는 경우가 많습니다. 주인공이 죽거나 잠드는 것으로 결말을 내는 것은 이 유형의 간접적이고 약화된 표현이라 볼 수 있습니다.

• 어떻게 할 것인가

- 마을 사람들에게 미움을 받아 공허함에 빠진 사람이 있다.
- 그는 바다로 들어가 죽으려 한다.
- 그의 마음 한쪽에서 사람들이 미워한다고 해서 사라질 필요는 없다고 말한다.

- 다른 한쪽에서는 마을로 돌아갈 필요도 없고 더 살 필요도 없다고 말한다.
- 물속에서 정신을 차린 그는 헤엄쳐 다시 마을로 돌아간다.
- 마을 사람들과 얘기를 잘 끝내고 행복하게 산다.

• **잠이 많은 버섯돌이 – 우울증(1)[1]**

- 어느 마을에 잠이 많고 게으른 버섯돌이가 살고 있었다.
- 버섯돌이는 늦잠은 기본이고 틈만 나면 잠을 잤다.
- 화가 난 엄마가 소리를 지르고 못 자게 했다.
- 짜증난 버섯돌이는 자기 위해 자물쇠로 방문을 잠그고 귀마개로 귀를 막았다.
- 화가 난 엄마가 못 나오게 문을 막아 버리고 밥도 주지 않았다.
- 버섯돌이는 다시는 늦잠 자지 않겠다고 싹싹 빈 후에 밖으로 나올 수 있었고 그 후 부지런한 버섯이 되었다.

02 생존/번식

우호적이지 않거나 위협적인 환경 속에서 죽지 않고 살아남으려 합니다. 또는 번식을 통해 자손을 남기는 것을 과제로 세웁니다. 살아남아야 한다는 과제는 살아남기가 힘들고 고되다는 스토리텔러의 심정을 투사하는 것으로 이 유형 역시 회복탄력성이 저하된

---

1 우울증으로 상담을 의뢰한 참여자가 만든 첫 번째 여섯조각이야기라는 뜻입니다.

참여자들에게서 자주 볼 수 있습니다.

- **조수간만의 차 – PTSD(2)**
  - 바닷가에 소라게가 살았다.
  - 소라게가 해야 하는 일은 사는 것이다.
  - 어느 날 해변에 구멍이 나타났다.
  - 밀물이 구멍을 덮었다.
  - 썰물이 되자 구멍이 다시 나타났고 소라게에게 그것은 더 크게 느껴졌다.
  - 이제는 밀물이 되어 구멍이 보이지 않아도 소라게는 그것이 무서웠다.

- **매미나방은 해충이 아니다**
  - 숲에 중국에서 들어온 해충인 매미나방이 있었다.
  - 매미나방은 알을 많이 낳아 자손을 번식시켜야 했다.
  - 그런데 사람들이 매미나방의 성충과 알을 발견하는 족족 죽였다.
  - 비가 많이 내려 사람들이 숲에 접근하기 어려웠다.
  - 매미나방은 덕분에 알을 낳고 돌봤지만 일부가 비에 떠내려가는 것은 어쩔 수 없었다.
  - 매미나방은 쉬면서 다른 숲으로 옮겨가야겠다고 생각했다.

03 안전

안전 유형은 위협적인 환경 속에서 살아남으려 한다는 점에서 생존 유형과 비슷합니다. 그러나 안전 유형은 외부의 위협으로부터 주인공을 보호하는 공간을 확보하는 데 초점을 맞춥니다. 역시 회복탄력성이 저하된 참여자들에게서 자주 볼 수 있으며 특히 스토리텔러의 높은 불안과 내재된 분노를 투사하는 경우가 많습니다.

- **이로운 동물 - 아스퍼거 증후군(2)**
  - 돼지가 살았다.
  - 돼지는 벌레들을 내쫓고 자기 땅을 지켜야 한다.
  - 그런데 벌레들을 내쫓았더니 해충들이 작물을 시들게 해버렸다.
  - 그런데 돼지가 내쫓았던 벌레들이 돌아와 해충을 잡아먹었다.
  - 덕분에 작물들이 잘 자랐다.
  - 돼지는 '내 땅'이라는 푯말을 치웠다.

- **어느 날 - 우울증(1)**
  - 옛날에 어떤 사람이 살았는데
  - 울타리를 만들고 있었다.
  - 갑자기 늑대가 나타나서
  - 집으로 숨어 경찰에 신고를 했다.
  - 경찰이 늑대를 쫓아내고 그 사람은 울타리를 완성했다.
  - 하루를 마치고 휴식을 취했다.

04 탈출

주인공이 자신의 의지와 관계없이 갇혀 있고 거기서 빠져나가려고 합니다. 탈출 유형에서 주인공은 일반적으로 피해자(victim)로 표현됩니다. 다시 말해 탈출 유형의 과제는 '나는 내가 속한 여기가 싫어. 다른 곳으로 갈 테야'라는 메시지를 전한다고 할 수 있습니다. 달라지고 싶지만 그것을 이루는 방식이 주인공 자신이 변하는 것이 아니라 공간을 바꾸는 것이라는 게 변신 유형과 구별되는 점입니다.

- **잊힌 포도 씨 – 우울증(1)**

  - 옛날에 물고기 배 속에 갇힌 포도 씨가 살았다.
  - 포도 씨는 수 년 동안 나오려고 했다.
  - 그런데 물고기가 계속 음식을 먹어서 번번이 실패했다.
  - 어느 날 물고기가 어부에게 잡혔다.
  - 물고기는 팔려가고 포도 씨는 뱃속에서 나왔다.
  - 하지만 포도 씨는 적응하지 못하고 죽었고 아무도 그를 기억하지 못했다.

- **느린 느린 느린**

  - 나무늘보가 집에 살았다.
  - 나무늘보는 본래 있던 곳으로 돌아가 자유롭게 살고 싶었다.
  - 나무늘보를 데려온 아줌마는 그를 지극한 사랑으로 보살폈다.
  - 아줌마의 아이는 늘보를 좋아했지만 그의 소망을 알아 문을 열어주었다.

- 나무늘보는 그 곳을 떠났다.
- 고향까지 가는 길은 멀었지만 늘보는 늘보답게 갔다. 그리고 그 길의 기억을 늘보지도로 만들었다.

05 휴식

주인공이 수동적으로 대상을 소비하거나 공간 이동이 크지 않은 상태에서 움직이면서 여가를 보냅니다. 대개 책을 읽거나 음악을 듣거나 산책을 하는 식입니다. 수동적인 소비에 그치는 휴식의 경우 저하된 회복탄력성의 표지로 읽을 수 있으나 그림이나 이야기 전체의 흐름과 관련하여 살필 필요가 있습니다.

• **공주와 호수 - PTSD(1)**
- 숲 속에 공주가 있다.
- 공주는 호숫가를 걸어야 한다.
- 벌레들이 나타나 공주가 놀란다.
- 공주가 물을 뿌리자 벌레들이 없어진다.
- 공주는 호숫가 산책을 마치고 집에 간다.
- 결말 없음

• **사랑과 평화 - 우울증(1)**
- 평화롭고 고요하고 쾌적한 산 속에 한 사람이 산다.
- 그 사람은 나무에 해먹을 걸고 음악을 듣고 책을 읽으며 논다.
- 누군가 나타나서 시끄럽게 한다.

- 또 다른 사람이 기타로 아름다운 음악을 연주해준다.
- 나는 그 음악에 맞추어 춤을 춘다.
- 음악을 연주해 준 사람과 나는 따스한 햇볕 아래 누워 잠을 잔다. 그리고 죽는다.

06 섭식

생존 주제의 변형으로 취약한 주인공이 먹을 것을 구하는 형태로 나타납니다. 섭식 유형은 특히 애착에 대한 욕구를 반영한다고 할 수 있습니다.

• 삶, 먹고 사는 것 - PTSD(1)

- 풀밭에 토끼가 산다.
- 토끼는 먹어야 한다.
- 역시 먹을 것을 구하던 다람쥐가 토끼의 먹이를 빼앗는다.
- 토끼는 다시 혼자 먹이를 찾아다닌다.
- 그러다 먹을 것을 구해 먹는다.
- 다시 먹이를 구할 때까지 쉰다.

• 하이에나의 한 끼 원정 - 공황장애(1)

- 하이에나는 오지에 살고 있다. 먹을 게 없었다.
- 하이에나는 배가 고프다. 먹이가 간절하다.
- 산 너머 먹이 냄새를 맡았지만 산은 너무 높고 가파르다. 일단 넘자!

- 산중턱에 생각지 못했던 좁은 터널이 있었다.
- 터널 끝에 무엇이 있는지 알 수 없었지만, 하이에나는 터널로 향했다.
- 터널 끝에서 하이에나는 먹이 냄새를 맡았고 내려와 먹이를 차지했다.

07 노동

가장 많은 분포를 나타내는 유형이며, 주인공이 자신의 역할을 수행하는 데 족합니다. 그런 점에서 주인공이 할 법하기는 하지만 도전성이 부족한 과제 유형으로 볼 수 있습니다.

• 어제 오늘 내일 – 불안장애(1)

- 아파트에 주인공이 산다.
- 자동차를 타고 일하러 가야 한다.
- 접촉사고가 나서 길이 막힌다.
- 다른 차를 타고 일하러 간다.
- 일을 성공적으로 마친다.
- 집으로 돌아와 의자에 앉아 따뜻한 차를 마시며 쉰다.

• 고독한 자연인 – 우울장애(1)

- 산 속에 할머니가 살고 있었습니다.
- 할머니는 설거지를 해야 했습니다.
- 그런데 머리에 가득한 생각들로 쉽사리 하지 못했습니다.

- 하지만 오랜만에 가족의 방문이 있어 할 수밖에 없었습니다.
- 깨끗하게 설거지를 마쳤습니다.
- 가족을 만나 반가웠지만 할머니는 또 한 번 설거지를 해야 했습니다.

08 놀이/친교

주인공이 자발적으로 혼자나 여럿이 어울려 뭔가를 하며 즐거워합니다. 휴식 유형보다는 참여자의 회복탄력성이 높은 상태라 할 수 있습니다. 놀이의 주제는 이야기가 전개되면서 친교로 이어지는 경우가 많습니다.

• 지금 여기 함께

- 도시 외곽 동산 밑에 부부가 살고 있었다.
- 부인을 정원 가꾸기를 남편은 목공일을 좋아했다.
- 사람들이 부부의 정원을 구경하러 오기 시작해서 감당하기 힘들 만큼 찾는 이가 많아졌다.
- 남편은 부인에게 사람들에게 꽃을 기르는 방법을 가르쳐주면 어떠냐고 했다.
- 부인은 손님들에게 차를 대접하며 정원 가꾸는 방법을 알려주었다.
- 집집마다 아름다운 꽃이 피어났다.

- **외롭지 않은 영희의 미래 – 불안장애(2)**
  - 영희는 산 밑 전원마을에 살고 있다.
  - 친구들과 어울리며 자기 생활도 충실히 살아갔다.
  - 어느 날 친구를 만나 얘기하는 도중 갑자기 날씨가 안 좋아져서 도중에 돌아왔다.
  - 며칠 후 또 다른 친구가 찾아와서 민희 네에 같이 가자고 했다.
  - 그 집에 놀러가서 차를 대접받으며 셋은 여행을 가기로 마음을 모았다.
  - 한 달 후 멋진 배를 타고 크루즈 여행을 갔다. 영희는 배에서 맥주를 마시며 친구들과 밤하늘을 보며 기분이 좋았다.

09 여행

주인공이 있던 곳을 떠나 다양한 곳을 돌아다닙니다. 일반적으로 여섯조각이야기에서 여행 유형으로 구분되는 이야기는 여행지에서의 경험보다 지금 여기를 떠나는 데 초점이 있다는 점에서 탈출 주제의 완곡한 변형이라 볼 수도 있습니다.

- **자전거의 여행 – 우울증(1)**
  - 자전거가 있었다.
  - 자전거가 할 일은 원하는 길로 신나게 달리는 것이다.
  - 그런데 먹고 토하는 버릇과 사람들 시선을 피해 집에만 있으려는 마음이 방해를 한다.

- 하지만 사랑하는 가족이 도움을 준다.
- 그래서 자전거는 집에서 나와 움직인다.
- 나중에는 비행기를 타고 넓은 세상을 여행한다.

• **배노란 꽁지새의 여행**

- 깊은 숲 속 한 마리 배노란 꽁지새가 살고 있었습니다.
- 이 새는 멀리 여행을 가서 멋진 풍경을 즐기고 싶었어요.
- 그런데 어떤 도시에 도착하자 전봇대의 벗겨진 전깃줄에 부딪혀 날개를 다치고 말았어요.
- 그때 그 도시에 살던 비둘기 부부가 자신들의 집에서 다친 날개를 쉬었다 가라며 집에 초대해주었어요.
- 충분히 쉬고 회복한 배노란 꽁지새는 다시 여행을 할 수 있게 되었어요. 높은 하늘을 날며 보았던 모습은 정말 황홀했답니다.
- 집으로 돌아온 배노란 꽁지새는 마을의 다른 새들에게 여행 이야기를 들려주며 다른 친구들과 다음 여행을 기약했답니다.

10 파괴

주인공은 이유 없이 혹은 정당하지 않은 이유로 다른 대상에 해를 가하고 그에 대해 별 가책을 느끼지 않습니다. 스토리텔러가 자기 내면의 혼란을 부정적이고 가학적인 역할로 드러내고자 할 경우 이런 유형의 이야기를 만들 수 있습니다.

- **고통의 근원**

  - 입 속에 충치가 산다.
  - 그의 역할은 다른 이를 공격해서 지독한 고통을 주는 것이다. 이유는 없다.
  - 그는 양치와 매일 치열하게 대적한다.
  - 음식 찌꺼기와 소주가 도와준다.
  - 치과의사에 의해 실패한 그는 뽑혀 입 밖으로 나온다.
  - 그는 결국 쓰레기통에 버려진다.

- **행복한 조커**

  - 고담 시의 작은 아파트에 살며 코미디언을 꿈꾸는 조커
  - 그는 유명한 코미디언이 되어 쓸모없는 사람을 죽인다.
  - 경찰들이 그를 방해한다.
  - 가난하고 힘없는 사람들이 도와준다.
  - 코미디언도 실패하고 엄마도 죽지만 정권을 장악한다.
  - 마음껏 술 마시고 쇼핑을 즐기며 행복하게 살아간다.

11 복수

주인공은 신체적/정신적 피해에 대해 가해자에게 보상을 받고자 합니다. 복수는 주로 방해자에 대한 응징으로 나타납니다. 이는 스토리텔러가 방해자로 표상되는 대상에 대해 강한 분노를 품고 있을 가능성이 큽니다.

- **잭의 복수**
  - 잭은 부유한 나라의 왕이었는데 이웃나라의 왕이 쳐들어와 나라와 금을 모두 빼앗겼다.
  - 잭은 이웃나라의 왕을 죽이고 빼앗긴 것을 되찾아야 한다.
  - 그런데 적국의 전력이 만만치 않다.
  - 선왕이었던 형이 도와준다.
  - 둘이 힘을 합해 싸우다가 형이 죽었다.
  - 잭은 마지막까지 남아 적국의 왕을 죽이고 왕좌와 금을 되찾았다.

- **미친 사랑**
  - 어느 마을에 철수가 살았다. 그의 아버지가 회사의 부도로 쓰러져 돌아가신다.
  - 철수는 아버지의 부하직원 김 이사가 자금을 빼돌렸다는 사실을 알게 되어 복수를 계획한다. 어머니는 그 사이 병을 앓다 돌아가시고 그는 혼자가 된다.
  - 그러다 영희를 만나 사랑에 빠지고 그녀가 빚을 갚아주는 바람에 철수는 복수를 잊는다.
  - 정신을 차린 철수가 복수를 하려는데 영희가 나타나 김 이사를 아빠라 부르며 껴안는다.
  - 철수는 고뇌에 빠지지만 영희를 너무도 사랑해서 복수를 접는다.
  - 그런데 억울하게 잘린 노동자가 김 이사를 찔러 죽인다.

12 경쟁

　주인공은 같은 대상이나 목표를 놓고 다른 인물들과 다툽니다. 경쟁 유형의 과제는 대체로 주인공이 무엇을 해야 하는가라는 물음에 대한 답으로는 등장하지 않습니다. 표면적으로는 노동이나 성공 유형에 해당하지만 문제해결과정에서 주인공과 동일한 목표를 가진 인물이 방해자로 등장하여 특정 대상을 놓고 다툴 때 경쟁 유형의 이야기로 판단합니다. 경쟁 유형의 이야기는 청소년들에게서 자주 관찰되며 스토리텔러의 불안을 반영한다고 할 수 있습니다. 경쟁에서 이기는 것보다 과제를 수행하는 과정 자체의 기쁨을 누리는데 초점을 더 둘 수 있도록 촉진하는 것이 필요합니다.

• 슬픈 멜론들 - 청소년 우울증(1)

- 멜론이 있었다.
- 멜론은 사람에게 먹혀야 했다.
- 그런데 경쟁자인 당도가 더 높은 포도가 나타났다.
- 과도가 멜론을 먹기 좋게 잘라주었다.
- 그래서 사람이 멜론을 맛있게 먹었다.
- 친구 멜론들이 주인공 멜론의 장례식을 치러주었다.

• 힘내라, 광대!

- 사람들을 웃기지 못해 우울한 광대가 있다.
- 광대는 사람들을 웃겨야 한다.
- 더 재미있는 광대 때문에 웃길 수 있는 기회가 별로 없다.
- 자신만의 재능을 보여줄 수 있는 아이디어가 필요하다.

- 개성 있는 연기로 경쟁자 광대보다 더 좋은 반응을 얻는다.
- 무대에서 사람들을 즐겁게 해주며 인기를 얻어 뿌듯하다.

13 사랑/구애

주인공은 특정 대상과 친밀하고 지속적인 관계를 맺기 위해 노력합니다.

• 고무신
- 대한민국에 한 청년이 살았습니다.
- 그 청년은 사랑하는 여자와 잘 지냈습니다.
- 그런데 청년이 군대에 가게 되었습니다.
- 하지만 시간은 흘러가게 되어 있습니다.
- 여자 친구는 고무신을 거꾸로 신지 않고 청년을 기다려주었습니다.
- 청년이 제대를 하고 두 사람은 행복하게 살았습니다.

• 주인님아, 그 강을 건너지 마오!
- 충견인 진돗개가 있었다.
- 사랑하는 주인이 죽자 진돗개는 저승까지 따라갔다.
- 하지만 염라대왕은 진돗개를 어떻게 처리할지 몰라 머뭇거렸다.
- 고민하던 염라대왕은 진돗개를 그냥 천국으로 보냈다. 지옥에는 이미 케르베로스가 있기 때문이다.

- 천국의 문 앞에 도착하자 멀리서 누가 부드럽게 손짓을 했다.
- 진돗개는 천국에서 주인을 다시 만나 행복하게 살았다.

14 통제/지배

주인공은 다른 대상을 통제하고 지배하는 방식으로 영향력을 행사합니다. 다수의 힘센 자에게 맞서는 약자(희생자의 플롯) 역시 저항으로 나타난 통제의 욕구로 볼 수 있습니다. 양육/조력 유형과 다른 점은 관심의 초점이 대상이 아니라 주인공 자신에게 있다는 것입니다.

• 머나먼 여정

- 넓은 바다에 고래 떼를 이끄는 대장 고래가 살았다.
- 대장 고래는 고래 떼를 이끌고 먼 섬 근처로 이동해야 했다.
- 그런데 거기로 가기 싫어하는 고래들이 있어 반대를 했다.
- 대장 고래는 반대하는 고래들을 하나하나 설득했다.
- 그래서 넓은 바다를 헤엄쳐 섬 근처로 갈 수 있었다.
- 드디어 임무를 마친 대장 고래는 편히 쉬었다.

• 사제의 저항

- 책을 쓰는 사제가 있었다. 그는 독실한 신자였다.
- 신권을 인정하지 않는 왕과 영주들이 권력을 잡고 독재했다. 그래서 주인공은 그들에 반대하는 책을 출판했다.
- 나라의 왕과 영주들이 그 책을 금지하고 사제를 찾아 사형

시키도록 했다.

- 새로운 변혁을 원하는 세력이 반란을 일으켰다.
- 반란군이 승리하여 왕과 영주를 처형했다.
- 기득권을 확보한 혁명가들은 다시 주인공의 책을 금지시키고 그를 추방했다.

15 성공

주인공이 난관을 극복하고 취약한 상태에서 좀 더 강력한 상태로 옮겨갑니다. 난관은 곧잘 시험의 형태를 취합니다. "더 높이, 더 멀리, 더 빨리"의 올림픽의 이상을 추구하는 성공 유형은 그 같은 성취로 인해 궁극적으로 누구에게 어떤 유익을 끼치게 될 것인지를 함께 살펴보도록 할 필요가 있습니다.

• 꿈은 이루어진다

- 노래를 좋아하는 한 아이가 있었다.
- 그 아이는 어릴 때부터 멋진 가수가 되는 것이 꿈이었다.
- 그래서 부모님께 말씀드렸지만 부모님도 반대하고 친구들도 모두 비웃었다.
- 하지만 아이는 방탄소년단을 보며 꿈을 포기하지 않았다.
- 혼자서 열심히 연습해서 기획사 오디션에 합격했고
- 몇 년 동안 훈련 받은 뒤 데뷔를 해서 꿈꾸던 스타가 되었다.

• 행복한 꽃

- 덕 위에 꽃 한 송이가 있었습니다.
- 이 꽃은 2m까지 자라고 싶었습니다.
- 심술쟁이 구름이 강한 바람을 뿜어 꽃이 곧게 자라지 못하게 방해했습니다.
- 하지만 온화한 여왕 구름이 더 큰 바람을 불어 심술쟁이 구름을 내쫓았습니다.
- 꽃은 맑게 빛나는 하늘 아래에서 쑥쑥 자라날 수 있었습니다.
- 꽃은 2m까지 뻗어 올랐고, 나비와 벌이 꽃의 씨앗을 널리 퍼뜨려 언덕이 온통 아름다운 꽃으로 가득했습니다.

16 변신

주인공이 특정한 상태에서 다른 상태로 달라지고자 하며, 변신은 신체적이고 심리적인 측면을 모두 아우릅니다. 변신의 주제는 스토리텔러의 성장에 대한 욕구를 나타낸다는 점에서 긍정적이지만 현재의 자신을 전적으로 부정하지 않도록 유의할 필요가 있습니다.

• 연필심 이야기 – 우울증(3)

- 연필 공장에 연필이 있었다.
- 각 부분으로 나뉘어 있는데 합쳐져서 온전한 연필이 되어야 한다.
- 그런데 연필을 만들어야 하는 아저씨가 술에 취해 일을 하지 않는다.

- 아저씨의 어머니가 아들을 위해 기도를 한다.
- 어머니가 죽고 나자 아저씨는 후회를 하며 연필 만들기에 나선다.
- 완성된 연필은 아이들에게 꿈과 희망을 전한다.

• 수퍼마리오

- 거인나라에 살고 있는 크지 못하는 주인공
- 천년 버섯을 먹으면 키가 커질 수 있다.
- 하지만 그 버섯은 거인 나라의 악명 높은 왕이 가지고 있다.
- 주인공을 도와주는 든든한 친구가 있다.
- 나쁜 왕을 물리치고 버섯을 얻었다.
- 주인공은 키가 커졌다.

17 인내

주인공이 유혹을 참아 이겨내고자 합니다. 익숙한 유혹의 대상을 단호하게 떨쳐낼 때 주인공은 이전과 달리 한결 성장할 수 있습니다. 그런 맥락에서 성공이나 변신의 유형과 관련이 있지만 인내 유형의 이야기는 유혹을 극복해내는 데 초점을 둡니다.

• 아기의 도전

- 귀여운 아기가 있었어요.
- 세 살이 되는 아기는 쪽쪽이와 작별을 해야 했어요.
- 하지만 2년 동안 빠는 기쁨을 주었던 쪽쪽이와 정이 깊이

들어 쉽지 않았어요.

- 아기의 또 다른 친구가 있었으니 바로 베개!
- 아기는 긴긴 밤을 쪽쪽이 없이 베개와 보내기로 했어요.
- 아쉽지만 아기는 결국 쪽쪽이와의 작별에 성공했답니다.

• **놓지 마! 정신줄!**

- 소년원에 16살 정신줄이 산다.
- 정신줄은 부정적 생각과 싸워 이겨야 한다.
- 돈, 술, 담배 등이 유혹한다.
- 수갑, 감옥, 내미는 손이 도와준다.
- 내미는 손을 잡고 희망을 얻어 다시 새롭게 시작한다.
- 자격증을 취득하고 정신줄은 안정적으로 생각하고 판단할 수 있게 된다.

18 모험/추구

주인공은 갖고 싶거나 자신에게 큰 영향을 미칠 중요한 뭔가를 찾아 나섭니다. 그 대상은 물질적인 것일 수도 있고 추상적인 것일 수도 있습니다.

• **불을 찾아서**

- 어둠의 나라에 해골이 외롭게 있었다.
- 불이 있으면 좋겠다고 생각만 하던 해골이 드디어 불을 찾아 나섰다.
- 불을 나눠준다는 궁전에 다다랐지만 문 앞을 지키는 병사

들이 해골을 막았다.

- 궁전으로 오는 길에 만난 소녀가 "애는 나한테 꽃을 준 해골이에요"라고 말해주었다.
- 그 말에 거짓말처럼 궁전 문이 열렸다.
- 해골은 그토록 찾고 기다렸던 불을 어둠의 나라에 가져왔지만 기대만큼 환해지지는 않았다. 어둠의 나라는 여전히 어두웠지만 그래도 해골은 기뻤다.

• **토끼의 도전**

- 대륙에 토끼 한 마리가 살고 있다.
- 토끼는 자기가 나고 자란 땅에 누가 또 사는지 알아내려 한다.
- 그런데 지도가 없다.
- 10km쯤 가다보니 다람쥐 마을이 나왔고, 서로를 처음 본 토끼와 다람쥐가 모두 놀랐다.
- 토끼의 사정을 들은 다람쥐가 지도를 선물해주었다.
- 토끼는 지도를 보고 대륙의 다른 끝으로 탐험을 떠난다.

19 양육/조력

주인공이 다른 대상을 돌보고 키우거나 다른 대상에게 도움을 주고자 합니다. 양육/조력 유형의 과제는 회복탄력성이 상당히 양호한 편에 속합니다.

- **시금치 맨의 노래**

  - 공기 좋고 물 맑기로 소문난 마을에 노래를 잘 부르는 시금치 맨이 있었다.
  - 시금치 맨은 노래를 불러주어 시금치가 잘 자라도록 해주었다.
  - 다 자란 시금치를 따기 위해 주인이 밭에 왔다.
  - 시금치 맨은 아직 덜 익은 체 해서 살아남았다.
  - 하지만 결국 뽑히는 것이 시금치의 숙명이었고 시금치 맨도 예외가 아니었다.
  - 반찬통으로 들어간 시금치 맨은 거기서도 노래를 멈추지 않았고, 사람의 위에서도 노래했다. 시금치 맨을 먹은 사람은 뽀빠이처럼 기운이 났을 것이다.

- **인어와 고래**

  - 바다에 인어가 살았다.
  - 인어는 상처 입은 고래를 돌봐준다.
  - 포경선이 고래를 잡고 상처 낸다.
  - 신이 바다에 폭풍을 일으켜 포경선을 난파시킨다.
  - 고래와 인어는 정신을 잃은 선원들을 육지에 데려다 준다.
  - 고래와 인어들과 신이 평화롭게 지낸다.

20 희생

주인공이 다른 대상을 위해 자신의 뭔가를 포기합니다. 양육/조력 유형과 비슷하지만 희생 유형은 주인공이 자기보전의 본능을 넘어서 해를 입거나 죽기를 불사합니다. 실제 여섯조각이야기에서 흔히 볼 수 있는 유형은 아니며, 이를 다룰 경우 스토리텔러가 희생에 내포된 자신의 욕구를 알아차릴 수 있도록 돕는 것이 중요합니다.

• 행복한 사탕

- 동그란 사탕이 하늘을 날고 있어요.
- 동그란 사탕은 참새들에게 자신의 일부를 나눠주려 해요.
- 그런데 비가 오네요. 사탕이 녹을지도 몰라요.
- 그때 큰 새가 나타나 참새와 동그란 사탕을 감싸주네요.
- 그래서 동그란 사탕은 녹지 않고 신의 사탕을 참새에게 나눠줍니다.
- 모두가 떠나고 자신의 몸은 작아졌지만 동그란 사탕은 행복했답니다.

• 따뜻할 때 먹어라

- 저는 만두 띵호아입니다.
- 사람들의 영양을 보충해주는 것이 저의 목표입니다. 지금 어떤 사람이 저를 먹으려고 해요.
- 그런데 옆에 있던 친구가 살찐다며 저를 먹지 말라고 방해해요.
- 그 사람은 저를 사서 먹지 않고 길가에 놓아 둬요.
- 배고픈 길고양이들이 저를 발견하고 맛있게 먹어서 행복해요.
- 저는 길고양이의 영양분이 되었습니다.

01 초기회상극화 분석 양식

진단일	년 월 일
참여자	

장면에 대한 기술

생활양식		
나는	☐ 수용된다	☐ 수용되지 않는다.
	☐ 안전하다	☐ 안전하지 않다
	☐ 중요하다	☐ 중요하지 않다
	☐ 유능하다	☐ 무능하다
	☐ 능동적이다	☐ 수동적이다
	☐ 협력한다	☐ 반항한다
	☐ 독립적이다	☐ 의존적이다
	☐ 내적으로 통제한다	☐ 외부에 의해 통제된다
타인은	☐ 믿을 수 있다	☐ 믿을 수 없다
	☐ 나를 보살펴준다	☐ 냉담하다
	☐ 우호적이다	☐ 적대적이다
	☐ 관용적이다	☐ 편협하다
	☐ 나를 격려 한다	☐ 의욕을 꺾는다
	☐ 가치 있다	☐ 가치 없다
세상은	☐ 안전하다	☐ 두렵다
	☐ 풍요롭다	☐ 실망스럽다
	☐ 만족스럽다	☐ 고통스럽다
	☐ 조화롭다	☐ 불쾌하다
	☐ 흥미롭다	☐ 따분하다
	☐ 건설적이다	☐ 파괴적이다
	☐ 기운 나게 한다	☐ 쇠약하게 한다
	☐ 다룰 수 있다	☐ 압도적이다

욕망의 언어	
감정	
생각	☐ 의문　　☐ 판단　　☐ 기호 ☐ 금기/당위　☐ 의지　☐ 욕망

02 감정조각상 분석 양식

진단일	년 월 일
참여자	

감정	조각상	공간언어					보편적 특질	평가
		중력	에너지	지위	거리	접촉		
슬픔		☐ 상승	☐ 긴장	☐ 우위	☐ 접근	☐ 개방	하강 이완	
		☐ 하강	☐ 이완	☐ 열위	☐ 회피	☐ 폐쇄		
기쁨		☐ 상승	☐ 긴장	☐ 우위	☐ 접근	☐ 개방	상승 확장	
		☐ 하강	☐ 이완	☐ 열위	☐ 회피	☐ 폐쇄		

두려움		☐ 상승 ☐ 하강	☐ 긴장 ☐ 이완	☐ 우위 ☐ 열위	☐ 접근 ☐ 회피	☐ 개방 ☐ 폐쇄	긴장 열위 회피 폐쇄	
용기		☐ 상승 ☐ 하강	☐ 긴장 ☐ 이완	☐ 우위 ☐ 열위	☐ 접근 ☐ 회피	☐ 개방 ☐ 폐쇄	긴장 대등 접근	
분노		☐ 상승 ☐ 하강	☐ 긴장 ☐ 이완	☐ 우위 ☐ 열위	☐ 접근 ☐ 회피	☐ 개방 ☐ 폐쇄	긴장 우위 접근	

사랑		☐ 상승	☐ 긴장	☐ 우위	☐ 접근	☐ 개방	이완 대등 접근	
		☐ 하강	☐ 이완	☐ 열위	☐ 회피	☐ 폐쇄		
혐오		☐ 상승	☐ 긴장	☐ 우위	☐ 접근	☐ 개방	긴장 우위 회피	
		☐ 하강	☐ 이완	☐ 열위	☐ 회피	☐ 폐쇄		
경이		☐ 상승	☐ 긴장	☐ 우위	☐ 접근	☐ 개방	상승 열위 접근	
		☐ 하강	☐ 이완	☐ 열위	☐ 회피	☐ 폐쇄		
총평								

03 여섯조각이야기 회복탄력성 척도 양식

진단일	년 월 일
참여자	

회복탄력성 점수표

하위특성	항목	기준	점수	소계
자아 낙관성	주인 공	의도적으로 해를 끼치는 인물	1	/20
		부정적으로 인식되는 인물	2	
		다치거나 병든 인물	3	
		움직이지 못하는 사물	4	
		부정적인 상태로 표현된 인물	5	
		추상적 인물이나 두 명 이상의 인물	6	
		나무를 제외한 작은 화초류, 애완동물, 가축	7	
		정체만 표현된 인물 (사물, 나무, 동물, 사람, 자연현상)	8	
		구체적으로 표현된 인물	9	
		매우 구체적으로 표현된 인물	10	
	장소	주인공이 감금된 장소	1	
		주인공에게 부적절한 장소	2	
		안전하지 않은 장소	3	
		보호와 감상을 위해 구별된 장소	4	
		명확한 언급 없이 암시된 적절한 장소	5	
		안전하지만 쾌적하지 않은 장소	6	
		안전하고 쾌적하지만 고립된 장소	7	
		한 단어로만 표현된 적절한 장소	8	
		구체적으로 표현된 적절한 장소	9	
		매우 구체적으로 표현된 적절한 장소	10	

하위특성	항목	기준		점수	소계
원인 분석력	과제		이유 없이 다른 인물에게 해를 가한다.	1	/20
			자신에게 해를 가한다.	2	
			자신의 편익을 위해 다른 인물에게 해를 가한다.	3	
			주인공과 관련성이 부족하다.	4	
			주인공과 관련되지만 실현 불가능하다.	5	
			명시적 과제와 암시적 실제 과제가 모순된다.	6	
			주인공과 관련되지만 주인공이 수동적 대상에 머문다.	7	
			주인공이 할 만한 것이지만 도전성이 약하다.	8	
			주인공이 할 만하고 도전성이 있다.	9	
			개연성과 도전성이 있고 그 영향이 외부로 확장 된다.	10	
	수행	방해자	방해자가 없다.	0	
			방해자가 있지만 과제와의 관련성이 부족하다.	1	
			방해자가 지나치게 강력하다.	2	
			숨어있는 방해자가 있다.	3	
			방해자가 약하다.	4	
			과제와 관련되고 적절한 영향력을 행사 한다.	5	
		조력자	조력자가 없다.	0	
			조력자가 오히려 방해자의 역할을 한다.	1	
			조력자의 현실성이 부족하다.	2	
			조력자가 약하거나 방해자와의 관련성이 떨어지거나 문제해결과정이 모호하다.	3	
			주인공이 방해의 해결을 조력자에게 전적으로 의존한다.	4	
			주인공이 조력자와 함께 방해를 해결하고 과제를 수행한다.	5	

하위특성	항목	기준	점수	소계
정서 조절력	결말	과제수행에 실패하고 주인공이 다치거나 죽는다.	1	/20
		과제수행에 실패하고 불행하게 끝난다.	2	
		과제수행이 유예 된다.	3	
		과제를 수행하지만 불행하게 끝난다.	4	
		과제수행에 그치거나 결과가 처음과 같거나 수행 후 잠든다.	5	
		과제수행에 성공하고 개연성이 부족한 행복한 결말.	6	
		과제수행에 실패하지만 긍정적인 결말.	7	
		과제수행에 성공하고 행복하지만 주인공의 죽음이 암시된다.	8	
		과제수행에 성공하고 주인공의 상황이 긍정적으로 변한다	9	
		과제수행에 성공하고 주인공의 행동이 긍정적으로 변한다.	10	
	관계	죽음의 위협과 파괴적 대립이 지배적이다.	1	
		주인공이 고립되어 있다.	2	
		절망, 두려움, 슬픔이 지배적이다.	3	
		적대적 대립이 지배적이다.	4	
		상대적 갈등이 지배적이다.	5	
		중립적 갈등이 지배적이다.	6	
		우호적 갈등이 지배적이다.	7	
		갈등을 우회적으로 해결 한다.	8	
		일방의 변화로 갈등을 해결하고 포용한다.	9	
		쌍방의 변화로 갈등을 해결하고 포용한다.	10	

하위특성	항목	기준	점수	소계
창조성	허구	허구나 현실의 틀을 일관되게 유지하지 못 한다.	1	/10
		주인공이 중간에 바뀐다.	2	
		과제가 중간에 바뀐다.	3	
		자신을 주인공으로 실제 경험을 이야기한다.	4	
		자신을 주인공으로 상상의 이야기를 만든다.	5	
		자신의 현실을 평면적으로 허구화 한다.	6	
		구조에 따라 단순한 상상의 이야기를 만든다.	7	
		사건의 배열이 자연스러운 이야기를 만든다.	8	
		극적 변화가 담긴 흥미로운 이야기를 만든다.	9	
		흥미롭고 독창적인 이야기를 만든다.	10	
회복탄력성		총점		/70

진단일	년	월	일
참여자			

회복탄력성 간이 점수표

항목		점수											하위 특성	소계	총점
		0	1	2	3	4	5	6	7	8	9	10			
1	주인공												자아 낙관성	/20	/70
2	장소														
3	과제												원인 분석력	/20	
4	수행과정														
5	결말												정서 조절력	/20	
6	관계														
7	허구												창조성	/10	

REFERENCE

Arthur J. Clark 저, 박예진·김영진 공역, 초기 회상의 의미와 해석, 학지사, 2019

G. 레이코프 M. 존슨 지음, 노양진·나익주 옮김, 삶으로서의 은유, 박이정, 2006

The Actor as Athlete of the Emotions : The Rasaboxes Exercise, Michele Minnick & Paula Murray Cole, rasaboxes.org

가스통 바슐라르 지음, 정영란 옮김, 대지 그리고 휴식의 몽상, 문학동네, 2013

강신주 지음, 강신주의 감정 수업, 민음사, 2013

너새니얼 브랜든 지음, 임정은 옮김, 낭만적 사랑의 심리학, 교양인, 2019

데이빗 리드 존슨·수재너 펜직·스테픈 스노우 공편, 박미리·김숙현 공역, 연극치료의 진단평가, 학지사, 2013

딜런 에번스 지음, 임건태 옮김, 감정, 이소출판사, 2002

G. 레이코프 지음, 임지룡 외 옮김, 몸의 철학, 박이정, 2002

로널드 토비아스 지음, 김석만 옮김, 인간의 마음을 사로잡는 스무 가지 플롯, 풀빛

루이스 브레거 지음, 홍강의·이영식 옮김, 인간발달의 통합적 이해, 이화여자대학교출판문화원, 1998

리차드 쉐크너 지음, 이기우·김익두·김월덕 옮김, 퍼포먼스 이론 II, 현대미학사, 2004

신상미·김재리 지음, 몸과 움직임 읽기, 이화여자대학교 출판부

아리스토텔레스 저, 천병희 옮김, 시학, 문예출판사, 2004

이명우 지음, 사례개념화의 실제, 학지사, 2017

이안 로버트슨 지음, 임형경 옮김, 스트레스는 나쁜 것이 아닙니까,
    알에이치코리아, 2018

이재숙 역주, 나띠야 샤스뜨라, 소명출판, 2004

조지프 캠벨 지음, 이윤기 옮김, 천의 얼굴을 가진 영웅, 민음사,
    2018

질베르 뒤랑 지음, 진형준 옮김, 상상계의 인류학적 구조들, 문학동
    네, 2007

키스 존스톤 지음, 이민아 옮김, 즉흥연기, 지호, 2000

필 존스 지음, 이효원 옮김, 드라마와 치료, 울력, 2005

INDEX

저자소개

이효원

다양한 개인 및 집단과 만나는 연극치료사로서 2005년 한국연극치료협회 연극치료사 양성과정에서 강의를 시작한 이후 여러 학교에서 연극치료를 가르치고 있다.
『연극치료와 함께 걷다』와 『연극치료 QnA』, 『연극치료에서 이야기를 어떻게 쓸 것인가』를 썼고 『건강한 애착과 신경극 놀이』, 『회상연극』 등 15권의 연극치료 관련 서적을 옮겨왔으며, 연극과 성장 연구소에서 상처 입은 아이를 위한 연극치료(DWC)를 실행하고 있다.

연극치료 진단평가 매뉴얼

초판발행	2021년 1월 15일
지은이	이효원
펴낸이	노 현
편 집	전채린
기획/마케팅	노 현
표지디자인	조아라
제 작	고철민 · 조영환
펴낸곳	㈜ 피와이메이트
	서울특별시 금천구 가산디지털2로 53 한라시그마밸리 210호(가산동)
	등록 2014. 2. 12. 제2018-000080호
전 화	02)733-6771
f a x	02)736-4818
e-mail	pys@pybook.co.kr
homepage	www.pybook.co.kr
ISBN	979-11-6519-116-0 93180

copyright©이효원, 2021, Printed in Korea

정 가   17,000원

박영스토리는 박영사와 함께하는 브랜드입니다.